泰山学院学术著作出版基金资助出版

吉登斯
历史唯物主义
研究引论

李　聪　著

首都师范大学出版社
CAPITAL NORMAL UNIVERSITY PRESS

图书在版编目(CIP)数据

吉登斯历史唯物主义研究引论 /李聪著. —北京:首都师范大学出版社,2020.10

ISBN 978-7-5656-5585-2

Ⅰ. ①吉… Ⅱ. ①李… Ⅲ. ①吉登斯—历史唯物主义—研究 Ⅳ. ①B03

中国版本图书馆 CIP 数据核字(2020)第 018292 号

JIDENGSI LISHIWEIWUZHUYI YANJIU YINLUN

吉登斯历史唯物主义研究引论

李聪 著

责任编辑 罗 菁

首都师范大学出版社出版发行

地 址 北京西三环北路 105 号

邮 编 100048

电 话 68418523(总编室) 68982468(发行部)

网 址 http://cnupn.cnu.edu.cn

印 刷 北京虎彩文化传播有限公司

经 销 全国新华书店

版 次 2020 年 10 月第 1 版

印 次 2020 年 10 月第 1 次印刷

开 本 910mm×640mm 1/16

印 张 20

字 数 228 千

定 价 58.00 元

前　言

吉登斯是在继承思想家马克思、涂尔干和韦伯等古典社会学思想的基础上，通过建构“结构化理论”来完成其历史唯物主义研究工作的。“结构化理论”借助其所具有的横断科学的功能，确证各种社会形态的结构化特征，即社会结构既是社会行动的结果，同时又是社会行动的开端。吉登斯通过对作为支配力量的“配置性资源”“权威性资源”“监控”“暴力”以及“生活政治”等概念的建构，沟通了主体和客体、行动和结构之间的传统二元对立关系。在思想谱系上，吉登斯的“结构化理论”是对古希腊以来“逻各斯”精神和“努斯”精神之间关系探索的再深入，是对亚里士多德的“实体总体性”、康德的“美学总体性”、黑格尔的“概念总体性”和马克思的“实践总体性”的继承和发展。吉登斯的历史唯物主义研究主要体现在其著作《历史唯物主义的当代批判：权力、财产与国家》(1981 年第一版，1994 年第二版)、《民族—国家与暴力》(1985 年版)和《超越左与右——激进政治的未来》(1994年版)中，这三本著作分别从不同的角度对历史唯物主义进行了研究。

《历史唯物主义的当代批判：权力、财产与国家》侧重于以“结构化理论”来诠释历史唯物主义，其理论意旨错误地认为要消灭历史唯物主义所谓“决定论”“化约论”和“进化论”倾向，吉登斯从历史社会学的角度，借助20世纪60年代以来哲学社会科学领域的新见解来诠释了社会历史的变迁。在理论基础上，从胡塞尔的现象学到福柯的微观权力探究，从弗洛伊德、拉康的精神分析学到戈夫曼的微观社会学，吉登斯通过萃取历史唯物主义“行动”和“结构”两个元素，试图对历史唯物主义进行重构，虽然这种重构是建立在吉登斯对历史唯物主义的价值误判和时代误置基础之上，但从学术“证伪”的嬗变逻辑看，吉登斯利用“结构化理论”进行的社会历史分析，却是思想史上一次全新的尝试和有益的探索。

现代民族国家并非历史唯物主义的研究重点，如果说马克思对现代资本主义采用了“生产力—生产关系(经济基础)—上层建筑”的结构分析，并通过这个链条中各个元素间的辩证对抗作为社会历史分析基础的话，吉登斯则采用了一种多维度的“结构化”动态模式来对现代资本主义进行全息分析。在《民族—国家与暴力》中，吉登斯分析了现代西欧从“传统帝国”到“绝对主义国家”，再到现代“民族国家”的整体演进过程，并指出这种演进是权力支配基础上“时空延伸”的必然结果。从这个角度看，吉登斯对现代“民族国家”的分析是对历史唯物主义社会历史演进理论的有益补充。

《历史唯物主义的当代批判：权力、财产与国家》和《民族—

国家与暴力》都是在纯理论意义上对历史唯物主义进行的分析研究，而《超越左与右——激进政治的未来》则是吉登斯指向未来的、力图扬弃历史唯物主义“解放政治”意蕴的“生活政治”建构。在后现代主义思潮和哈贝马斯等思想家的影响下，吉登斯参与新自由主义、社群主义以及新共和主义等各种社会思潮间的论战，他的“生活政治”就是建立在这些论战的基础上，同时结合商谈伦理和多元文化建构而形成的一种理想社会图景。

在新时代中国特色社会主义建设过程中，批判性地去理解吉登斯的历史唯物主义研究，对新时代中国特色社会主义建设实践和马克思主义理论的返本开新，都具有重大的价值和意义。

目　录

导　论 …………………………………………………………… (001)
第一章　吉登斯历史唯物主义研究的理论前提 ………… (043)
　第一节　吉登斯社会学思想简说 ………………………… (046)
　第二节　“结构化理论”：批判研究的理论前设 …… (056)
第二章　吉登斯历史唯物主义研究的结构化向度 ……… (079)
　第一节　总体的现代性批判 ……………………………… (081)
　第二节　现代资本主义的多维性 ………………………… (122)
　第三节　时间、权力与监控 ……………………………… (137)
第三章　吉登斯历史唯物主义研究的国家向度 ………… (153)
　第一节　传统国家的四维结构 …………………………… (155)
　第二节　国家的历史性演进 ……………………………… (169)
　第三节　现代资本主义国家的工具主义 ……………… (177)

第四章　吉登斯历史唯物主义研究的未来向度 …………（195）
第一节　指向未来的“生活政治” ……………………（197）
第二节　生活政治的形成 ……………………………（211）
第三节　生活政治面临的挑战 ………………………（220）
第五章　吉登斯历史唯物主义研究的时代价值及其内在局限 ……………………………………………（229）
第一节　吉登斯历史唯物主义研究的时代价值 ……（232）
第二节　吉登斯历史唯物主义研究的局限性 ………（238）
第三节　人类命运共同体对吉登斯“生活政治”的超越 ……………………………………（257）
后　记 …………………………………………………（283）
致　谢 …………………………………………………（304）

导 论

一、研究缘起

黑格尔在《哲学史讲演录》的“导言”中，把哲学史看作是充满哲学家尸骸的思想战场[①]，波普尔把这种思想战场称为科学命题先后相继的不断“证伪”[②]，库恩则称之为不同科学“范式”[③]的不断更替。进入 21 世纪以后，随着左翼政党在法国、英国、德国、荷兰和丹麦纷纷失去执政地位，“粉红色”的欧洲不复存在，加之 2016 年英国脱欧和美国特朗普上任，在国际政治格局中，单边主义、极端民族主义和经济民粹主义纷纷登台，“第三条道路”破产，基于这些现实政治实践的挫败，作为左翼思想家，曾活跃于 20 世纪 90 年代前后的英国著名社会学家安东

---

① 黑格尔在《哲学史讲演录》中，认为人类思想史的演进是后来的思想替代之前的思想，后来的思想家“杀死”前面的思想家，思想战场是一个“充满着已经推翻了的和精神上的死亡了的系统”。

② Karl R. Popper, *Conjectures and Refutations*, New York: Harper and Row, 1965.

③ [美]托马斯·库恩:《科学革命的结构》，金吾伦、胡新和译，北京：北京大学出版社，2003 年。

尼·吉登斯，也仿佛成为一个“过气”的学者。既然如此，笔者为什么还要选择吉登斯及其历史唯物主义研究作为研究对象呢?对于这个问题的回答需要从马克思主义研究的三种话语模式谈起。

总体上看，马克思主义理论形态具有三个主导性维度，笔者把其概括为“政治话语”“信仰话语”和“学术话语”。这三种话语形式的关系错综复杂，按照葛兰西的霸权理论和“有机知识分子”学说，任何一种话语都是一种阶级立场上的无意识言说，所谓不偏不倚的理论话语，本质上都是“政治话语”，为了实现一个共同体的集体认同和有机团结，主导性言说必然是意识形态的建构，这种为了统治的需要而进行的话语建构，即为“政治话语”；而在群众的视野范围内，精神意识一旦经过某种“政治话语”的建构，就会成为与“信仰”关涉的集体无意识。人类的发展历史表明，“政治话语”和“信仰话语”需要的不是理性的审视，而是通过一种政治宣传和偶像崇拜，进而建构成某种统治的合法性基础。在历史上，“政治话语”曾被法西斯主义利用得淋漓尽致，“信仰话语”曾引发长达200年的“十字军东征”和惨绝人寰的“圣巴托罗缪之夜”。不管是“政治话语”还是“信仰话语”，在人类历史上都曾用“血和火”的文字载入人类的编年史，它们分别是两种非理性话语的建构，而一旦运用理性思维对其进行审视，另一种话语形式势必会产生，那就是对“政治话语”和“信仰话语”带有批判和解构色彩的“学术话语”。“学术话语”在人类思想史上不断对“政治话语”和“信仰话语”进行祛魅和解构，文艺复兴之后，伴随着理性精神对基督教的持续质疑，发源于英国和法国的“双元革命”促使科学和民主蓬勃发展，以理性精神为内蕴的“学术话语”开始逐步形成自己的话语权，甚至形成话语霸权。总之，一个思想体系从宏观上看，一般都是由“政治话语”“信仰话语”和“学术话语”三个维度组成，其中“政治话语”表现为意识形态，“信仰话语”表现为偶像崇拜，“学术话语”表现为真理探索。

马克思主义作为一种思想体系也适合以上规则，它自产生以来，就面临着三种话语形式的错综复杂的内在纠葛。马克思主义既是一套科学理论体系，又是极具革命性的政治实践，同时还是国际共产主义战士们的精神信仰。但是马克思在生前，因为担心自己的思想会如同黑格尔的思想一样沦为“国家哲学”，从而丧失自己思想本身的“精神创造的本质”，特别是对于当时很多人对其思想的误读，马克思竟声称自己不是马克思主义者；恩格斯在一封信中也提到，如果“把马克思主义垄断化并使它成为一种国际宗教，就意味着卡尔·马克思精神的死亡”。[①] 这些论述其实也佐证了马克思主义在马克思还健在的时候，就面临着“政治话语”和“信仰话语”对其思想的误读和错解。

如何真正“回到马克思”呢？这是对学者智力和能力提出的一个巨大挑战。通过分析马克思主义发展史上对马克思思想定

① 北京大学聂锦芳教授在2016年第6期《读书》杂志上叙说了在马克思的故乡特里尔访学过程中所收集到的最新资料。马克思的“我不是马克思主义者”这句话，中国学者原来一般都根据恩格斯在1890年8月5日致康·施米特的信，认为这句话是批判19世纪70年代末法国马克思主义者把历史唯物主义解读为“经济决定论”，聂锦芳收集的最新资料表明，这句话其实不是针对法国马克思主义者的，而是针对当时马克思特别担心自己的学说会沦为政党政治斗争的工具而说的。（聂锦芳：《到马克思的故乡去》，选自《读书》，2016年第6期，第74—75页）

性的三个不同路向，可以为更好地把握马克思主义的精神实质提供可资思考的宏观视角。

(一)“经济决定论”路向

恩格斯逝世后，在第二国际内部，形成了以伯恩斯坦为代表的右派修正主义、以考茨基为代表的中派调和主义、以卢森堡和普列汉诺夫为代表的左派激进主义三个派别。这三个派别开启了对马克思思想进行定性的研究。如普列汉诺夫在《一元论历史观之发展》、梅林在《论历史唯物主义》、拉法格在《思想起源论——卡尔·马克思的经济决定论》、考茨基在《唯物主义历史观》等著作中，都倾向于重视“经济”在社会历史演进中的决定性作用，否定上层建筑的反作用，他们用“历史唯物主义”“唯物主义历史观”“经济唯物主义”等不同名称来指称马克思思想，进而形成对马克思思想“经济决定论”的基本定性。

考茨基是第二国际内把马克思思想“科学化”和“实证化”的主要代表人物。他把马克思主义解释成像其他实证科学一样的“实证科学”，他反复论证，哲学在马克思主义那里并不是核心的内容，从理论和实践的角度看，马克思主义在本质上是全然不包括任何哲学问题上的特定立场的。他在拉布里奥拉的《关于历史唯物主义》一书中，赞扬其“非常明确和非常有说服力地指出了马克思主义的科学性质”①。所以，在考茨基看来，强调马克思主义是哲学与强调马克思主义是科学，这两者是不能同时

① [奥]卡尔·考茨基：《考茨基文选》，王学东编，北京：人民出版社，2008年，第86页。

成立的。他在排除马克思主义哲学内容的同时，竭力说明了马克思主义是科学。就如他自己所言："我认为马克思主义不是哲学，而是一种经验科学。"[①]梅林也明确地认为，马克思主义是一种"和任何哲学都断绝了关系"的历史唯物主义，[②]"奠定历史唯物主义的基础，原是马克思最大的科学业绩"。[③]梅林还将历史唯物主义同达尔文进化论做比较，以此来说明历史唯物主义产生的革命性影响。拉法格则从方法论的角度认为历史唯物主义方法对于马克思来说只是研究的工具，对于马克思把它运用于实验的同时又用简练的文体表述出来而感到满足。[④]拉法格高度赞赏历史唯物主义产生的意义，认为历史唯物主义揭示了社会形态更替的客观必然性。

而作为第二国际左派人物的普列汉诺夫，认为马克思主义是一个有机整体，它包含经济学说、历史理论、哲学和科学社会主义几个部分。历史唯物主义处于基础地位，"现代社会主义的创始人是唯物主义的坚决拥护者，唯物主义是他的整个学说的基础"。[⑤]所谓历史唯物主义是基础，就是指历史唯物主义对其他几个组成部分起决定作用，它是这些组成部分得以产生的依据和方法。普列汉诺夫继承了恩格斯晚年关于思维和存在的

---

① [奥]卡尔·考茨基：《一封关于马克思和马赫的信》，《国际共运史研究资料》(第3辑)，北京：人民出版社，1981年，第251页。

② [德]梅林：《保卫马克思主义》，吉洪译，北京：人民出版社，1982年，第148页。

③ [德]梅林：《马克思传》(上卷)，樊集译，北京：人民出版社，1965年，第163页。

④ [法]保尔·拉法格：《思想起源论》，王子野译，北京：生活·读书·新知三联书店，1963年，第7页。

⑤ 《普列汉诺夫哲学著作选集》(第2卷)，北京：生活·读书·新知三联书店，1961年，第377页。

关系，特别是二者何为第一性、何为第二性问题的基本看法。他认为："唯物主义是唯心主义的直接对立物。唯心主义企图以这种或那种精神的属性来解释自然界的一切现象和物质的一切属性。唯物主义恰恰相反，它企图以物质某些属性和人体或者一般动物肢体的某些组织来解释心理现象。所以那些在他们看来物质是第一性的因素的哲学家属于唯物主义者的营垒；而所有那些认为第一性的因素是精神的则是唯心主义者。"①并且认为马克思是坚持了彻底的唯物主义一元论。同样作为第二国际左派的卢森堡，主要从资本积累问题的论述中阐明资本主义崩溃的必然性，她说："毫无疑问，关于帝国主义经济根源的解释，必须从资本积累规律中推断出来，因为，根据经验常识，作为一个整体的帝国主义只不过是一个特定的积累方法。"②在她看来，资本主义是第一个不能单独存在的经济形态，它具有驱逐其他一切非资本主义经济形态的倾向。卢森堡根据资本积累实现的条件，把资本主义的发展划分为三个阶段：资本对自然经济的斗争，资本对商品经济的斗争，资本在世界舞台上为争夺现存的积累条件而斗争。③ 在这三个阶段中，帝国主义属于"资本在世界舞台上为争夺现存的积累条件而斗争"的阶段，所以，卢森堡得出的一个重要判断是"资本主义历史生命上的最后阶段就是帝国主义，而形成这种资本主义社会形态的帝国主

---

① ［俄］普列汉诺夫：《普列汉诺夫哲学著作选集》(第 1 卷)，北京：生活·读书·新知三联书店，1959 年，第 569—570 页。

② ［德］罗莎·卢森堡：《帝国主义与资本积累》，絮金如等译，哈尔滨：黑龙江人民出版社，1982 年，第 69 页。

③ ［德］罗莎·卢森堡：《资本积累论》，北京：生活·读书·新知三联书店，1959 年，第 290—291 页。

义阶段，其推动力就是一种资本的本性，一种排他性的资本本性。”所以，卢森堡认为，资本主义向世界范围扩张的同时，非资本主义领域在不断缩小；当全世界都成为资本主义的生产关系之时，资本主义会因为追求剩余价值的本性得不到宣泄而末日来临，她指出：“资本主义是第一个具有传播力的经济形态，它具有囊括全球，驱逐其他一切经济形态，以及不容许敌对形态与自己并存的倾向。但是，同时它也是第一个自己不能单独存在的经济形态，它需要其他经济形态作为传导体和滋生的场所。……它必然要崩溃，因为它由于内在原因不可能成为世界普遍的生产方式。”①卢森堡是在用一种经济分析的方法说明资本主义灭亡的必然性，这仍然带有对马克思思想进行“经济决定论”定位的意味。

从总体来看，在第二国际内部，虽然左翼和右翼都强调了“主体能动性”的重要性，但是对马克思思想进行“经济决定论”定性的观点还是占据了主流。当这种观点把社会历史看作一个不以人的意志为转移的客观必然性过程时，主体能动性在这个过程中的作用就会被大大低估，在整个社会革命的过程中，主体性被遮蔽，整个的社会历史演进就成为一个机械僵化的过程。

(二)“历史决定论”路向

第二国际左派普列汉诺夫的观点影响了列宁对马克思思想的定性。列宁在与俄国民粹派斗争时，他强调社会历史发展的

---

① ［德］罗莎·卢森堡：《资本积累论》，北京：生活·读书·新知三联书店，1959年，第376页。

“自然历史过程”，正如其所说：“只有把社会关系归结于生产关系，把生产关系归结于生产力的水平，才能有可靠的根据把社会形态的发展看作自然历史过程。”①作为列宁继任者的斯大林，在1938年主持的、由联共(布)中央特设委员会编写的《苏联共产党(布)历史简明教程》一书“第四章第二节”中，将马克思主义哲学体系正式规定为“辩证唯物主义与历史唯物主义”，这就是今天我们所说的“教科书体系”。斯大林通过编纂《教程》进一步论证了原始公社制、奴隶占有制、封建制、资本主义、社会主义五大形态，并且“定死”了人类社会演进的“五大形态”对各个民族的普世性意义，这实际上遮蔽了我们对马克思原著论述的一个理解和解读，从而陷入了“历史决定论”的泥沼之中，就如同法兰克福学派主将哈贝马斯在《交往与社会进化》一书中的评价：“1938年，斯大林编撰、整理了历史唯物主义，他所采取的方法导致了巨大的后果，以致于以后的历史唯物主义研究，一直在很大程度上被限定在这个理论框架内。”②斯大林对马克思思想的历史决定论解释其实暗含着对马克思思想性质的一元化定位，这种对马克思思想的理解造就了苏联僵化的“斯大林模式”，这种模式产生的路径依赖直接催生了苏联的政治经济危机。

除了共产国际对马克思思想进行了“历史决定论”的解释之外，西方马克思主义内部的科学派也开始对马克思思想进行“历

---

① 《列宁选集》(第1卷)，北京：人民出版社，1995年，第8—9页。

② [德]于尔根·哈贝马斯：《交往与社会进化》，张博树译，重庆：重庆出版社，1989年，第134页。

史决定论”的定性，主要表现就是“结构主义的马克思主义”和“分析主义的马克思主义”对马克思思想的定性分析。

阿尔都塞的“症候阅读法”认为，马克思思想的演进过程在1845年左右发生了一个“认识论断裂”。在此之前是“意识形态时期”，在此之后是“科学时期”，阿尔都塞强调：“从1845年起，马克思同一切把历史和政治归结为人的本质的理论彻底决裂。这一决裂包括三个不可分割的理论方面：第一，制定同建立在崭新概念基础上的历史理论和政治理论，这些概念是社会形态、生产力、生产关系、上层建筑、意识形态、经济起最后决定作用以及其他特殊的决定因素，等等。第二，彻底批判任何哲学人道主义的理论要求。第三，确定人道主义为意识形态。”[①]所以，马克思主义是一种理论上的反人道主义，而人道主义的本质则是资产阶级的意识形态，在这种基本观点的基础上，阿尔都塞通过其结构主义方法论的“多元决定”和“无主体的过程”，对马克思主义的社会形态演进动力进行了界定。在他看来，由于马克思抛弃了哲学人道主义的思维方式，故而在描述历史时否定了主体的预设，把历史本身视为一个完全客观的无主体过程。阿尔都塞以此否定了机械决定论、历史宿命论和目的论，把社会历史演进理解为一个客观结构的矛盾运动过程。他认为，这个过程本身是受到多种因素相互作用的影响的，这些因素在发挥作用时并不存在绝对不变的模式，而是受制于它们之间独特的关系。“多元决定”就是强调社会矛盾总是一个复

---

① ［法］路易·阿尔都塞：《保卫马克思》，北京：商务印书馆，1984年，第196—197页。

杂的统一体，这个复杂的统一体具有一个由多环节主导结构的统一性，在其中，每一个矛盾结构的每一个基本环节与主导结构中的各个环节之间的关系，都是复杂整体的存在条件，即社会是一个由多种矛盾的相互作用决定的，由某种矛盾占统治地位的客观结构。可见，阿尔都塞是通过一种无主体的多元决定间接对社会形态演进的动力进行了定位，当然，即使作为对马克思“科学性”的解释，也并不意味着阿尔都塞是一个社会形态演进的决定论者。

除了结构主义的“科学主义”之外，英美分析主义马克思主义认识到“客观要素”在社会形态演进中的重要推动作用，从而对马克思的思想进行一种“历史决定论”的定位。

分析主义的马克思主义代表 G. A. 柯亨，承袭罗素、维特根斯坦的英国分析传统，认为马克思关于生产力是社会历史发展动力的思想是有其理论依据的。在其代表作《卡尔·马克思的历史理论》一书的开头，柯亨就明确说明此书的目的便是“为历史唯物主义辩护，提供支持它的论证”。那么，柯亨是如何提供辩护的呢？柯亨着眼于从技术视角去探究马克思的社会形态理论，并在对马克思原著的分析过程中引进功能主义分析，特别是在解释生产力与生产关系、生产力与经济结构时，从功能主义的角度论证了生产力是社会发展的基本动力。在“历史的动力”问题上，经过对黑格尔“理念”“自由”等概念的分析，柯亨指出：“历史是人类产业的历史，它在生产力中发展着，它的动力和载体是经济结构，当这种经济结构促进的增长超过了它的容纳量的时候，它就要衰亡。”[①]由此，历史的主体是生产力而非黑格尔的“世界精神”，历史的形式“不是文化而是经济结构”，并进一步指出“意识的角色是由发展着的生产力来担当”的。在他看来，生产力的发展和一个社会的精神境界之间存在着一种“正相关”的关系，只有在生产力发达的基础上，社会的伦理氛围才能更加公平正义。所以，“为了实现一个更公平、更人道的完善社会，我们必须开发出新的工具和技术”。[②] 同时，在柯亨看来，生产力作用与伦理之间的这种关系是理解马克思历史发展最终动因理论的前提，因为任何有可能危及社会有组织的物质生产能力进而改变社会和政治的努力都有可能遭受厄运。由此可见，分析主义的马克思主义通过分析马克思的文本，明确生产力对于社会结构的基础作用和对于社会发展的动力作用，进而得出马克思思想是一种“历史决定论”的结论。

(三)“主体性”路向

对马克思思想的“主体性”强调，主要表现在以卢卡奇、柯尔施和葛兰西为代表的早期西方马克思主义，以及后来人道派的马克思主义理论之中。

早期西方马克思主义主要是指以柯尔施、卢卡奇和葛兰西为代表的马克思主义解释者。这种解释路向首先表现为柯尔施对第二国际马克思理论“科学主义”解释模式的抗拒，以及重新

① ［英］G. A. 柯亨：《卡尔·马克思的历史理论——一个辩护》，岳长龄译，重庆：重庆出版社，1989 年，第 302 页。

② ［英］G. A. 柯亨：《卡尔·马克思的历史理论——一个辩护》，岳长龄译，重庆：重庆出版社，1989 年，第 61 页。

论证“马克思主义与哲学”的关系。针对第二国际认为科学社会主义是在观察基础上的纯粹科学的观点，柯尔施认为这是对马克思思想的误解，造成了“马克思的唯物辩证法的流动的方法论冻结成了一些关于不同的社会领域里的历史现象的因果联系的理论公式”，于是，马克思主义成了“经济学体系”，甚至是一个“地理学和生物学的体系”。正是在这种决定论的误导下，马克思社会形态演进论才遭受了种种歪曲或扭曲，柯尔施将这些歪曲或扭曲概括为：“一个统一的关于社会革命的一般理论被变成了对于资产阶级的经济秩序、资产阶级的国家、资产阶级的教育体系、资产阶级的宗教、艺术、科学和文化的批判。这些批判按其本性来说，不再必然发展为革命的实践。”①柯尔施宣称，这种对马克思历史唯物主义进行歪曲的实质是从根本上抹杀了马克思主义主体的能动性，其结果必然是违背了马克思对历史规律科学内涵的真实理解，即历史规律是通过作为主体的人的能动创造来实现的，这是基本的前提。然而，到了特定的社会历史发展阶段，人反而被自己所创造的对象所奴役和支配。马克思主义的诞生，正是要超越这种作为主体的人被外部经济环境制约的状态。

与柯尔施一样，卢卡奇也极力反对第二国际对马克思的实证化理解，开始重新解释马克思主义，从其新黑格尔主义和新康德主义立场出发，开始强调马克思作为主体性的“总体性”。

卢卡奇对当时第二国际中广为流行的庸俗唯物主义和资产

---

① ［德］卡尔·柯尔施：《马克思主义和哲学》，荣新海等译，重庆：重庆出版社，1989年，第28页。

阶级实证主义观点进行了激烈的批判。在他看来，以伯恩斯坦和考茨基为代表的第二国际将历史唯物主义理解为经济决定论、技术决定论，“这种观点明显地导向历史宿命论，导向对人和社会活动的取消”。[①] 卢卡奇认为，马克思主义哲学是一种社会历史理论，社会历史发展不是一个经济客体的自发过程，它不能离开人类主体的实践活动。在资本主义社会的物化过程中，无产阶级被异化为经济力量的附属物，被畸变为经济客体，这种客体化，最确切地揭示了商品关系非人化的本质。在这种条件下，无产阶级不仅丧失了历史的主体地位，而且与经济客体相分离。马克思主义的重任就是要把被分裂的主体与客体再重新统一起来。“这个同一的主—客体，这个行动的主体，这个发生中的‘我们’，就是无产阶级。”[②]卢卡奇高度评价马克思的历史唯物主义，认为历史唯物主义是一种科学的方法，它对资本主义社会制度做出了准确的判断，它用“科学的冷静之光”来审视西方资本主义“温情脉脉的面纱”，并在这个基础上揭露了资本主义的本质。但是，很多第二国际的庸俗马克思主义者，依据经济发展的“自然规律性”，指望经济发展借助它自身的绝对权力而不诉诸“超经济”的暴力来实现资本主义向社会主义的过渡，这无疑是向资产阶级主动缴械投降。在他看来，客观经济过程的“必然性”只是实现了功能转换而已，他说：“在向资本主义的过渡中，不管暴力有多大的经济意义，但经济却始终是首要的

① 杜章智编：《卢卡奇自传》，李清青、莫立知译，北京：社会科学文献出版社，1986年，第265页。

② ［匈］格奥尔格·卢卡奇：《历史与阶级意识》，杜章智、任立、燕宏远译，北京：商务印书馆，1996年，第165页。

原则，而暴力仅仅是为经济服务的、促进经济的、为经济清除前进道路上的障碍的原则。”[①]这不是对经济过程“必然性”的否定，恰恰相反，这是一个扬弃和飞跃的过程。这种扬弃和飞跃的根本目的不在于其本身，而是服从于人及其需要的。这样才能真正体现历史唯物主义的功能，无产阶级才会走上摆脱对象化社会力量的强制性道路。

作为西方马克思主义重要代表人物的葛兰西则在资产阶级意识形态批判和“文化霸权”的基础上，强调了马克思主义主体性在推动社会形态演进中的重要作用。十月革命胜利后不久，葛兰西就发表了著名文章《反〈资本论〉的革命》以支持十月革命，指出十月革命的胜利有力地驳斥了宿命论的公式，这种宿命论认为“事件应该如何沿着事先确定的进程发展下去”，葛兰西在这里把批判的矛头直接指向第二国际的机械决定论，他还把以伯恩斯坦和考茨基为代表的第二国际对马克思的庸俗化理解称为“实证主义和自然主义”。他高度评价列宁领导的布尔什维克是真正的马克思主义者，是马克思主义思想的忠实践行者。针对列宁的激进革命思想，他指出：“这种思想认为历史上占统治地位的因素不是天然的经济事实，而是人，社会中的人，彼此联系着的人，他们互相达成协议，并通过这些接触（文明）发展一种集体的社会意志；是了解经济事实的人，他们对经济事实做出判断并使之适应自己的意志，直到这种意志成为经济的动力并形成客观现实，这种客观现实存在着、运动着，并且终于

① ［匈］格奥尔格·卢卡奇：《历史与阶级意识》，杜章智、任立、燕宏远译，北京：商务印书馆，1996年，第346页。

像一股火山熔岩一样，能够按照人的意志所决定的那样，在任何地方、以任何方式开辟道路。”[①]可见，葛兰西在黑格尔和克罗齐的主体辩证法影响下对经济决定论进行了批判，褒扬社会历史发展进程中人的主体力量。他还强调马克思主义作为一种“实践哲学是绝对的‘历史主义’，思想的绝对世俗性和此岸性，一种历史的绝对的人道主义”，[②] 从而在凸显实践哲学的人道性特点中，确立了实践本体论的主导地位。

早期西方马克思主义之后，人道派马克思主义是对法兰克福学派、弗洛伊德主义的马克思主义、存在主义的马克思主义等西方马克思主义流派的称谓。人道派的西方马克思主义在生命哲学、新黑格尔主义、弗洛伊德主义以及存在主义等西方思潮的影响下，把人的“主体性”或“自我意识”作为重要问题予以重视。

法兰克福学派倾全力于人的主观结构、心理倾向和大众文化的分析批判。从 20 世纪 30 年代开始，霍克海默就认为唯物主义理论的经济概念形式是一种新的哲学，它“从历史存在出发去解释人及其世界的整体”，批判自笛卡尔以来的传统所谓追求客观性知识的实验科学，批判传统理论忽视了科学的社会功能，漠视人的实际生活，认为马克思主义的辩证法批判理论是对现实社会生活存在的一种审视性批判。所以，倡导一种基于主体革命的干预的人本主义，认为革命成功的根本保障是意识变革。

---

① [意]安东尼奥·葛兰西：《葛兰西文选(1916—1935)》，中共中央马克思恩格斯列宁斯大林著作编译局国际共运史研究所编译，北京：人民出版社，1992 年，第10 页。

② [意]安东尼奥·葛兰西：《实践哲学》，徐崇温译，重庆：重庆出版社，1990 年，第161 页。

霍克海默和阿多诺在《启蒙辩证法》一书中认为，启蒙理性促发的科学技术的发展和资本主义的工业化，使人类与自然界分离并实现了人类对自然界的统治。这种统治让人类付出了沉重的代价，不但掠夺式开发自然资源，而且造成主体间的异化，理性启蒙的结果并不一定有助于人类的解放和社会的进步，因此，需要人类恢复“反思能力”，恢复“其本质”，[①] 重新认识人类自身，认识社会，认识自然，“只有当人们认识了自然的真实面目以后，自然才能成为生存对和平的渴望”。[②] 通过对启蒙理性的批判，霍克海默和阿多诺把推动社会变化的新力量赋予了自然的解放力量，将“自然革命”视为推动社会形态演进的根本性动力。

围绕法西斯主义的兴起及其危害，马尔库塞、赖希、弗洛姆等力图使马克思主义和精神分析学互为补充，从社会心理的分析中找出其社会过程内部的能动因素。马尔库塞在弗洛伊德主义关于“现实原则压抑愉快原则导致本能能量的转移和升华，从而形成人类文明史”命题的影响下，认为：“人的历史就是人被压抑的历史，文化不仅压制了人的社会生存，而且压制了人的生物生存；不仅压制了人的一般方面，还压制了人的本能结构。但这种压制恰恰是进步的前提。”[③]马尔库塞认为弗洛伊德的心理分析理论揭示了人的内部发展线索，而马克思的社会革

① [德]马克斯·霍克海默、西奥多·阿多诺：《启蒙辩证法》，渠敬东、曹卫东译，上海：上海人民出版社，2003 年，第 289 页。

② [德]马克斯·霍克海默、西奥多·阿多诺：《启蒙辩证法》，渠敬东、曹卫东译，上海：上海人民出版社，2003 年，第 290 页。

③ [美]赫伯特·马尔库塞：《爱欲与文明》，黄勇译，上海：上海译文出版社，1987 年，第 3 页。

命理论揭示了人类社会的外部发展线索，所以，马克思主义应该和弗洛伊德主义联系在一起，这样才能形成一种对人的解放性的力量，从而成为推动社会历史演进的主体性力量。基于此，弗洛伊德主义的马克思主义提出通过“心理革命”“文化革命”的方式进行社会形态的改变。“文化革命”是指对人微观的心灵结构的变革，只有依托这种微观革命再辅之以马克思意义上的宏观经济结构革命，将来的人的自由而发展的社会形态才能实现。如同葛兰西认为资本主义的“文化霸权”对市民社会具有文化渗透的作用一样，弗洛伊德主义的马克思主义者也认为福柯式的权力遍布了家庭、学校、教会等，并且这些机构作为一种对人的心灵的压抑性力量而存在。对此，赖希强调“革命”的主要任务表现在教育上，为反对家庭教育对人的压抑，就是让青年、儿童按照自身的需要形成自我调节能力；在人的精神信仰上，反对教会按资产阶级的需要强制人。所以，社会革命就转化为对欲望、本能、个性的解放，以此来代替暴力的政治革命，人的本能革命反而成了社会形态演进的动力。

总之，这种“人道派”西方马克思主义，不管是当代美国马克思主义学者伯特尔·奥尔曼的《辩证法的舞蹈》，还是马克思文论学家弗雷德里克·詹姆逊的《辩证法的效价》，在这些著作中都无意识地强调了马克思主义的强大自主性，或者说，西方马克思主义对马克思思想的定性始终是沿着“主体性”路向前进，表现为对“人性”“人道”乃至主体能动性的高度重视。虽观点各异，但又始终环绕着“人”这一轴心，形成了对马克思思想的“主体性”定位。

在理解马克思主义理论形态的基础上，笔者试图对作为历史唯物主义重要内容的社会形态演进动力问题进行更深入的研究，学界传统观点一般是把马克思对社会历史演进的动力归结为两种动力的辩证统一，简单地说就是“根本动力”和“直接动力”的有机结合。“根本动力”是指把生产力和生产关系、经济基础和上层建筑之间的结构性矛盾看作是社会历史演进的根本性动力，起第一推动力的就是以科学技术为主要元素的生产力；“直接动力”则是指在阶级社会中，基于生产资料占有的不同而形成的阶级之间的斗争，成为推动社会历史演进的最直接动力，理论界通过“根本动力”和“直接动力”之间的“辩证”方式，就处理了社会历史发展动力这一历史唯物主义的重大理论问题。

在笔者看来，这种解释模式显然存在两个无法逾越的困境。一个是理论困境，在马克思的文本中，对于建立在“交往”基础上的社会结构性矛盾推动历史的发展和诉诸人的主体性进行社会革命二者之间，马克思并没有明确表明是“根本”和“直接”的区别，而是把两者作为社会历史演进的共同动力来使用的，并且在不同的历史时期有所侧重，比如其在“青年黑格尔派时期”和 1848 年前夕写作《共产党宣言》时，就特别强调了主体能动性在社会历史变迁中的巨大作用；而当青年马克思写作《德意志意识形态》，以及客居英国写作《〈政治经济学批判〉序言》时，马克思又特别强调了社会历史发展的客观必然性，这种铁的必然性是由生产力与生产关系、经济基础与上层建筑之间的结构性矛盾来推动的。可见，马克思终其一生都在这种“行动”和“结构”之间所形成的张力中徘徊，时而侧重选择“行动”作为社会历史前进的动力，时而选择“结构”作为社会历史前进的动力，这种张力后来就形成在马克思主义诠释史上，学者们对马克思主义社会历史发展动力问题的误解、曲解或肢解，使本来无比丰富的马克思主义理论体系化约为几条抽象的规律和教条，甚至导致了马克思自己声明他也不是马克思主义者。马克思本人在《资本论》第一版“序言”中，讽刺德国人像“柏修斯需要一顶隐身帽来追捕妖怪，我们却用隐身帽紧紧遮住眼睛和耳朵，以便有可能否认妖怪的存在”。① 如果我们对马克思经典著作的看法，如同马克思所嘲讽的当时德国人对变化的世界置若罔闻一样，马克思主义本身就不会有真正的发展，马克思主义研究也只能是一片虚假繁荣和教条主义的盛行，“批判的武器”和“改变世界”必须在重新理性审视的基础上再出发。所以，重新审视就意味着在怀疑中发现新意，在解构中孕育重构，就如同中国传统文化需要创造性转化、创新性发展一样，作为指导中国特色社会主义不断前进的意识形态，马克思主义也需要在新时代继往开来、返本开新。

考察整个西方思想史的演进，尤其是笛卡尔以来的思想史，其中所凸显的主体和客体、必然和偶然之间的关系是社会历史演进动力问题解决的关键，这种主体和客体、必然和偶然之间的关系，在社会历史领域则表现为“行动”和“结构”之间的关系，而如何突破这种只注重“行动”分析或者只注重“结构”分析的二元分析模式呢？哲学思想史上的现象学运动以及在此基础上发展而来的存在主义等都对这个问题进行了探索，而哲学角度的探索走向了一种解释学的循环，是否还有从非哲学的角度去对这个问题进行探索的呢？

---

① ［德］卡尔·马克思：《资本论》(第1卷)，北京：人民出版社，2004年，第9页。

笔者在博士论文中曾对这个问题进行了思考，从宏观上把社会形态演进的两种动力理论归结为“结构性动力”和“主体性动力”，在这个基础上，笔者对马克思社会形态演进动力进行了一元化重构的尝试，在重构的尝试过程中，我显然遇到一个理论性难题：假如把主体进行道德化处理，把主体看作是由多种“人性元”组成的一个整体，这显然进入了一个方法论个人主义的传统窠臼，复杂的人性和主体是如何在后天环境与社会结构中发生了巨大变化呢？而反过来，如果把唯物主义历史观中的结构性因素进行无限放大，夸大社会历史结构对人的基本改造作用，这又犯了“环境决定论”的错误，所以，笔者在研究中出现了“行动”和“结构”之间的内在冲突问题，这也成为一个几乎无法逾越的理论瓶颈，甚至“归而形诸梦”，凝滞成了一种精神上的郁结。这种精神郁结直到笔者了解到了吉登斯的相关研究才得以缓解。在相关文献的阅读中，对于“行动”和“结构”的关系问题，从帕森斯—默顿的结构主义到马林诺夫斯基的功能主义，从米德的符号互动论到戈夫曼的微观社会学，都有对这个问题的相关论述，但这些论述都无法与吉登斯的“结构化理论”相提并论。吉登斯的“结构化理论”恰恰是对唯物史观社会形态演进动力论的关键问题——“行动”和“结构”的关系问题进行思考的理论结晶，吉登斯借助对历史唯物主义的研究，对这个问题进行了多层面探究，这就如同休谟打破了康德“独断论”的迷梦一样，吉登斯破除了笔者关于社会历史演进的进化论思维定式，其对历史唯物主义的开创性研究，为笔者的相关研究提供了思考空间。关于“结构”和“行动”之间的关系，吉登斯在《社会理论的核心问题：社会分析中的行动、结构与矛盾》一书中，做了这样的评价："在马克思那里，黑格尔主义的遗产、积极意识的弦外之音和历史主义的自我来临与行动者为历史规律所驱使的决定论主张，以一种紧张而无法调解的方式混杂在一起。"①历史唯物主义中"行动"和"结构"的关系真的如同吉登斯所言，是用"无法调解的方式混杂在一起"的吗？这就需要对吉登斯历史唯物主义研究进行深入分析，进一步彰显历史唯物主义的真精神和批判意识。

二、研究综述

任何研究都是在前贤研究的基础上展开的，本部分通过国内外学者对吉登斯历史唯物主义研究的文献进行综述，从而加深理解吉登斯的历史唯物主义研究。

(一)国内研究状况

国内学术界自 20 世纪 90 年代以来，对于吉登斯的思想研究就已开始。早在 1993 年，梁光严就吉登斯的现代性观点进行了介绍②；1996 年，由中国社会科学院研究员黄平通过"评传"的方式，对吉登斯的生平简介、学术思想、现代性批判等思想

① [英]安东尼·吉登斯：《社会理论的核心问题：社会分析中的行动、结构与矛盾》，郭忠华、徐法寅译，上海：上海译文出版社，2015 年，第 58 页。

② 梁光严：《关于吉登斯现代性观点的讨论》，《国外社会科学》，1993 年第 2 期。

进行了较为系统的介绍[①]；1998 年，北大教授王铭铭组织翻译了吉登斯的《社会的构成》(由李康和李猛翻译的这本经典著作已在 2016 年出版了修订本)、《民族—国家与暴力》和《现代性与自我认同》三部具有代表意义的作品，王铭铭教授还专门为这三部书撰写了长篇“译序”。在“译序”中，王铭铭教授详细介绍了吉登斯的生平简介及其“结构化理论”，从中可以对吉登斯思想的全貌尤其是其现代性批判理论有一个大致的了解。王铭铭教授把吉登斯的思想发展分为两个时期：第一个时期是 20 世纪 60—70 年代，吉登斯在分析马克思、涂尔干和韦伯三大古典社会学家思想的基础上得出“结构化理论”；第二个时期是 20 世纪 80 年代，随着现实政治的发展，吉登斯开始用自己的理论去分析现代社会并提出自己对现代社会的反思等相关观点。

除了以上对吉登斯思想进行的较为综合的研究之外，国内学界主要是从政治层面对吉登斯的“第三条道路”展开了较为详细的研究，而把吉登斯的历史唯物主义研究作为专题的相关研究则相对较少。国内关于吉登斯的历史唯物主义研究主要集中为以下三种视角。

1.“结构化理论”视角

学者于海早在 1998 年就发文着重介绍了吉登斯“结构化理

① 黄平首先是在 1996 年由山东人民出版社出版的、著名哲学家涂纪亮任总主编、著名社会学家苏国勋任“社会哲学”部分主编的《当代西方著名哲学家评传》(第十卷“社会哲学”)一书中对吉登斯进行了系统介绍；另，黄平在 1996 年《读书》第 6 期发表《解读现代性》、在 2000 年《社会学研究》第 3 期发表《从现代性到“第三条道路”——现代性札记之一》等两篇论文，以对吉登斯的现代性思想以及“第三条道路”政治思想进行了进一步的解读。

论”的基本内涵[①]；杨善华在1999年的著作中，对吉登斯“结构化理论”和“现代性”思想做了详细阐述[②]；郎友兴、李文华也分别于2000年和2001年从不同侧面对吉登斯的“结构化理论”进行了介绍和解读[③]；2002年，复旦大学陈学明、马拥军从马克思主义角度对吉登斯的思想体系进行了全方位的解读，认为吉登斯的思想经历了“清理和综合”“创建新理论”和“策略分析”三个阶段[④]；中国社会科学院陈建伟研究员认为：吉登斯是在基本完成了其“结构化理论”的建构工作之后才开始其历史唯物主义研究工作的，而其“结构化理论”的内容主要体现在吉登斯1976年出版的《社会学方法的新规则：一种对解释社会学的建设性批判》和1979年出版的《社会理论的核心问题：社会分析中的行动、结构与矛盾》这两本著作之中[⑤]；2008年，金小红的著作《吉登斯结构化理论的逻辑》，则具体分析了“结构化理论”与现代性研究和全球化分析的内在关联，同时对“结构化理论”的局限性及全球化分析中的一些问题进行了探讨[⑥]。

特别需要指出的是，中国最为著名的吉登斯研究专家、中山大学郭忠华教授，在对吉登斯学术思想研究进行全面解读的

---

① 于海：《结构化的行动，行动化的结构——读吉登斯〈社会的构成：结构化理论大纲〉》，《社会》，1998年第7期。

② 杨善华主编：《当代西方社会学理论》，北京：北京大学出版社，1999年。

③ 郎友兴：《安东尼·吉登斯：第三条道路》，杭州：浙江大学出版社，2000年；李文华：《吉登斯的努力与反思》，《学术论坛》，2001年第5期。

④ 陈学明、马拥军：《走近马克思：苏东剧变后西方四大思想家的思想轨迹》，北京：东方出版社，2002年。

⑤ 陈建伟：《时空结构中的资源、权力与实践——评吉登斯〈历史唯物主义的当代批判：权力、财产与国家〉》，《社会发展研究》，2015年第1期。

⑥ 金小红：《吉登斯结构化理论的逻辑》，武汉：华中师范大学出版社，2008年。

基础上，对其“结构化理论”进行了细致的研究。早在2004年，郭忠华教授的博士论文就是以“吉登斯的现代性思想”为题目，较为全面地研究了吉登斯对于马克思唯物史观的批判；同时，郭忠华教授发表的《吉登斯对历史唯物主义的反思与“重建”》一文，分析了吉登斯所认为的历史唯物主义“化约论”“进化论”和“功能论”三大观点的缺陷，指出吉登斯对历史唯物主义的反思和“重建”具有一定启发意义的同时，也存在明显的缺陷①。此外，一些学者结合吉登斯的“结构化理论”，围绕中国现状，从“理念指引”与“实践应用”两个向度进行了思考②，这些思考对于解决中国的现实问题具有积极的建设意义。

2.“民族—国家”视角

对于吉登斯历史唯物主义研究的分析，很多学者是从吉登斯的现代民族国家角度入手的。郭忠华教授指出了要“从公民权利、国家主权和民族主义三个维度考察吉登斯对于民族国家的思考”，这三者的关系如下：“民族国家的多元政治以公民权利为前提，但多元政治的发展又形成了民族国家强大的政治监控能力，政治监控反过来对公民权利造成损害……在民族主义与民族国家的关系方面，民族国家塑造了不同性质的民族主义，但民族主义又是挑战民族国家一体化的最持久力量。”③肖滨教授则认为：“(吉登斯)分析了三种不同理念导向下民族主义的不

① 郭忠华：《吉登斯对历史唯物主义的反思与“重建”》，《现代哲学》，2005年第4期。

② 钟兴言：《结构化理论视野下的大学生就业行为分析》，《福建师范大学学报》，2007年第5期；姚上海：《结构化理论视域下农民工社会角色转型问题研究》，《学术论坛》，2010年第8期；朱国芬、李俊奎：《结构化理论视角下的生态教育方法探析》，《兰州学刊》，2009年第5期。

③ 郭忠华：《吉登斯对于民族国家的新思考》，《开放时代》，2007年第5期。

同走向：主权导向下的民族主义既可能具有维护国家主权的正当性，也可能具有扩张本国势力的侵略性。民族建构导向下的民族主义既可以沦为民族同化主义、种族主义，还可以滑向具有分离主义特征的族群民族主义，也可以走向在民族一体与族群多元之间寻求协调的包容型的民族主义。公民权导向的民族主义既可能与自由主义（突出公民的个人自由权）以及民主主义（强调公民的政治民主权）携手，也可能与重视公民美德的共和主义结盟。理性、健康的民族主义在很大程度上取决于对它的理念引导。”①吴素雄博士认为：“吉登斯的结构二重性理论认为人的能动性发挥和社会结构的形成是在人们日常看起来支离破碎、司空见惯的实践活动中实现的，社会结构不仅具有制约性而且具有使动性。正是由于他对实践这一人类理性活动的重视以及历史性这一概念的提出，使得其理论对于马克思唯物史观的批判隐含着强烈的建构主义特征和主体主义偏向。”②

3.“社会思潮”视角

国内学界对吉登斯历史唯物主义研究的分析还集中在对于“社会思潮”的介绍和研究中，这种研究角度因为吉登斯思想本身的实践性特色，尤其是布莱尔从1997年至2007年任英国首相期间，其施政纲领受到了吉登斯的“第三条道路”思想的重要影响，再加上美国克林顿和德国的施罗德等都曾受到吉登斯所谓超越“左”与右的“第三条道路”思想的影响，表现在国内学界，

① 肖滨：《民族主义的三种导向：从吉登斯民族主义的论述出发》，《开放时代》，2007年第6期。

② 吴素雄：《从结构二重性到历史性：吉登斯对马克思唯物史观的重建逻辑》，《探索》，2008年第4期。

吉登斯的“第三条道路”思想曾引发对吉登斯的研究热潮，通过对“第三条道路”的研究间接反映吉登斯历史唯物主义研究的学术成果开始增多。郭忠华教授从吉登斯关于马克思社会主义思想的相关论述入手，认为“对社会主义的反思和重建是吉登斯思想体系的重要组成部分”，指出“(吉登斯)把社会主义划分为革命社会主义和社会民主主义两种类型，……两种社会主义的理论主张都已变得保守和有问题，……提出了复兴社会民主主义的政治纲领”①，郭忠华教授认为吉登斯的理论思考对于探索社会主义理论在当代的发展具有启发意义，但同时也蕴含着内在的矛盾和张力。资深马克思主义研究专家殷叙彝教授则认为，吉登斯在对比社会主义和保守主义的关系时提出“社会主义变得保守了，而保守主义变得激进了”，殷叙彝教授认为，吉登斯的“《超越左与右》所体现的中间道路实际上是社会民主主义和新自由主义的综合。至于这是中间偏左还是中间偏右，是激进中派还是温和中派，还要等实践来检验和证明。”②但是殷叙彝教授认为吉登斯的这种综合带有一定的空想性或者乌托邦性。

当然，“第三条道路”思想不是吉登斯社会理论的核心，吉登斯社会理论的思想核心在于“结构化理论”基础之上的对其现代性的反思，它体现了吉登斯对“现代性后果”的高度理论自觉与批判性反思，这也是一个社会思想家良知和科学的完美统一。

另外，对吉登斯历史唯物主义研究所进行的综合性分析，

---

① 郭忠华：《吉登斯的社会主义观评介》，《当代世界与社会主义》，2009年第2期。

② 殷叙彝：《吉登斯〈超越左与右〉一书评介》，《马克思主义与现实》，2000年第3期。

国内学界有多篇硕博论文需要引起注意。如天津师范大学长期致力于历史唯物主义研究的庞卓恒教授的硕士研究生——张凡的硕士论文《吉登斯社会历史理论批判——评吉登斯“批判唯物史观”三部曲》，是目前为数不多的吉登斯社会历史理论批判研究的学位论文，这篇硕士论文对吉登斯历史唯物主义研究的三本著作进行了研究，该文的选题独到、论述充分，不管是对于史学角度的历史唯物主义研究，还是对于意识形态角度的现代国家建设，都具有重要的理论价值和现实意义①。

(二)国外研究状况

随着吉登斯学术影响的扩大，早在20世纪80年代，就出现了对吉登斯及其社会思想的评论性著作。英国著名的社会思想家戴维·海尔德和约翰·B. 汤普森在1989年出版的《现代社会理论：安东尼·吉登斯和他的批判者》②一书中，对吉登斯的社会学思想进行了介绍；美国著名社会学家乔纳森·H. 特纳(Jonathan H. Turner)以其巨著《社会学理论的结构》为代表，其中，特纳从社会结构运行过程的功能角度出发，将整个社会发展的进化过程及其产生的冲突等进行了阐释，特纳单独将吉登斯的社会学理论放在了“结构理论”板块，并以“延续的传统(一)：吉登斯的结构论”为题目进行了重点阐释，认为“(吉登斯的)著作看上去像是超越了时间、情境、地点等基本和关键进

① 张凡：《吉登斯社会历史理论批判——评吉登斯“批判唯物史观”三部曲》，天津师范大学硕士论文，2006年。

② David Held and John B. Thompson(eds.), *Social Theory of Modern Societies: Anthony Giddens and his Critics*, Cambridge: Cambridge University Press, 1989.

程，因此吸引了许多读者，并赢得了尊敬”[①]。特纳把吉登斯的社会学理论以及对历史唯物主义研究所使用的工具放在“结构理论”中虽然有失偏颇，但通过其深入的分析，他认为吉登斯的理论建构吸取了结构主义元素、功能理论元素、互动论特别是“戏剧理论”元素、现象学特别是常人方法论元素以及心理分析特别是无意识理论元素。[②] 特纳对“结构化理论”关键性元素的分析虽然非常深刻，但对于吉登斯“结构化理论”是怀着一种“横断科学”的方式来看待的。

由J. 克拉克、C. 莫德吉尔和莫德吉尔1990年编辑出版的《安东尼·吉登斯：一致与冲突》是国外研究吉登斯思想的代表性著作[③]。该书收集了数十位知名学者关于吉登斯的研究成果，其内容涵盖吉登斯的“结构化理论”“阶级结构”与“阶级分析”理论、“历史和社会变迁理论”等专题，该书通过正反对比的辩证方式收集了很多对吉登斯思想说“不”的文献资料，这也反映出国外学界的良好风气，在结尾部分还收录了吉登斯对其批评者的回应与总结，廓清了批评者对其思想的误读，通过这种方式反而使吉登斯的思想得以明晰。克莱伊伯的批判性专著——《安东尼·吉登斯》，从批判的立场出发把吉登斯的“结构化理论”比作一种综合了各种理论要素的“煎饼”，认为吉登斯的“结构化理论”是一种内部充满矛盾和冲突的理论，并认为这种综合是不成

---

① [美]乔纳森·H. 特纳：《社会学理论的结构》(第7版)，邱泽奇、张茂元等译，北京：华夏出版社，2006年，第462页。

② [美]乔纳森·H. 特纳：《社会学理论的结构》(第7版)，邱泽奇、张茂元等译，北京：华夏出版社，2006年，第462页。

③ Jon Clark, Celia Modgil, and Sohan Modgil, *Anthony Giddens: Consensus and Controversy*, Falmer Press, 1990.

功的，进而对其思想中存在的各种缺陷和矛盾提出尖锐的批判。奥布赖恩等人编撰的《理论化现代性》也是从批判的角度来对吉登斯的社会学思想进行批判，该书从一个较为广阔的视角对吉登斯的现代性思想进行批判性评估，这种批判性评估包括"社会变迁过程""社会历史发展阶段""自我认同的形成与维护"以及认识论与方法论的关系等方面，该书站在与吉登斯完全对立的立场上，把吉登斯的社会学思想作为错误表征来进行分析，认为吉登斯最大的矛盾之处在于他对主体与客体关系所做的不成功的调和，并详细分析了吉登斯理论体系中存在的四种矛盾。①

国外学界的研究动态随着吉登斯学术思想的嬗变而呈现出不同的样态。20 世纪 90 年代后期，学界更多关注吉登斯的现代化思想。1998 年克里斯托弗·皮尔森、1999 年奥布莱恩②分别就吉登斯"反思性现代化"对世界格局产生的影响和吉登斯思想理论中的现代性因素做了分析研究。国外通过"结构化理论"视角来研究吉登斯也是较常采用的方法。克里斯托弗等编辑出版了《安东尼·吉登斯结构化理论的批判性评估》一书，该书汇集了思想界著名学者对吉登斯"结构化理论"的批判性评估③，通过这些批判性评估，可以对比理解吉登斯的社会学思想。而梅斯卓韦克撰写的《安东尼·吉登斯：最后一个现代主义者》一书，

① Stjepan G. Mestrovic, *Anthony Giddens: The Last Modernist*, New York: Routledge, 1998.

② Martin O'Brien, Sue Penna and Colin Hay, *Theorizing modernity: reflexivity, environment, and identity in Giddens' social theory*, London and New York: Longman, 1999.

③ 转引自胡颖峰：《吉登斯现代性思想研究》，北京：中央编译出版社，2011 年，第 7 页。

则对吉登斯的社会学思想进行了总体性评价，尤其对其现代性思想进行了全面而深刻的分析。相对于国内研究，国外的吉登斯研究总体上较为活跃并呈现出正反对比、批判性研究层出不穷的局面，这也从一定角度凸显出国外吉登斯研究的多元发展，同时又各有侧重的研究态势。

（三）简要评析

对吉登斯历史唯物主义的研究，国内外学者都从不同的角度进行了分析。吉登斯的历史唯物主义研究虽然集中在三部主要的著作中，但同时也融合在其他一系列的著作之中。所以，吉登斯历史唯物主义研究首先显示出的特点就是分散性，这种分散性表现在吉登斯的历史唯物主义研究融合夹杂在其现代性批判和“结构化理论”的建构之中，所以，吉登斯学术视域中的历史唯物主义其实是在广义上的指称，其更多是泛指整个马克思主义理论体系。综观国内外对吉登斯历史唯物主义研究所做的诠解，笔者认为存在以下三个问题。

第一，研究广度偏狭的问题。对吉登斯历史唯物主义研究所进行的分析，从广度上缺乏对其进行社会历史背景的深入分析。这种情况主要反映在对吉登斯思想缺乏一个更为全面深入的“总体性”①研究。吉登斯的思想发展是经历了一个漫长的过程的，在这个过程中，吉登斯提出了侧重点迥异的各种理论，

① “总体性”研究方法是一种黑格尔式的总体辩证法，卢卡奇在《历史与阶级意识》一书中专门就这个问题进行了论述，进而恢复了黑格尔的总体辩证法在马克思主义理论解释中的作用，这便破解了僵化决定论对马克思主义主体能动性的束缚，从而突破了“第二国际”对历史唯物主义的“经济决定论”解释。

但它们之间绝不是等量齐观、没有重点的，而是贯穿着一条连续的线索，其理论的各个方面都是围绕着这一线索而展开的，而很多分析都是就某种观点去分析某种观点，缺乏对吉登斯历史唯物主义研究外在产生机制的总体有机分析，不能形成对吉登斯思想发展的规律性和理解性认识。郭忠华教授的博士论文虽然对吉登斯思想进行了非常好的“移步换景”式全息有机研究，但这个研究是以文本为基本主线，相对忽略了文本背后的社会历史背景的深入分析。

第二，研究深度不够的问题。对吉登斯历史唯物主义研究所进行的分析仍缺乏一种政治哲学维度的更深入的挖掘。比如，吉登斯在批判历史唯物主义“进化论”的同时，提出作为现代性标志的“监控”的重要作用，在对吉登斯历史唯物主义研究进行分析的论著或论文中，就缺乏从福柯权力谱系学的角度来分析吉登斯社会学理论建构的内在根据。另外，吉登斯的批判者常常指责吉登斯在行动与结构问题上依然存在偏差，历史唯物主义研究的效用性不强、概念庞杂等，而在指出这些吉登斯历史唯物主义研究偏差的同时，却没有找出这些偏差得以出现的深层次原因，追根溯源，这种状况的出现，就在于这些分析缺乏对吉登斯历史唯物主义研究政治哲学维度的深刻诠解。

第三，研究方向单一的问题。所谓研究方向单一化，就是学界缺乏从整体的角度来对吉登斯历史唯物主义研究三部曲进行理解。很多研究要么专门就《历史唯物主义的当代批判》进行研究，突出其中第一、二章中特别强调的“结构化理论”，要么专门就吉登斯所认为的现代性得以存在的四个维度中的一个维度进行专门研究，这种结果就导致这样一种状态：从总体上来看，有对吉登斯“现代性”思想进行研究的专著和论文[①]；有对吉登斯“结构化理论”进行研究的专著和论文[②]；也有从吉登斯的“解放政治”和“生活政治”入手来进行研究的专著和论文[③]；还有对吉登斯的“风险社会”研究的专著和论文[④]……但就是缺乏对吉登斯的历史唯物主义研究进行整体性分析的相关成果，这直接导致对吉登斯历史唯物主义研究所进行的诠解呈现出碎片化和原子化等不良倾向。

---

① 胡颖峰：《吉登斯现代性思想研究》，北京：中央编译出版社，2011 年；郭忠华：《解放政治的反思与未来：安东尼·吉登斯现代性思想研究》，北京：中央编译出版社，2006 年；洪晓楠、吴迪：《吉登斯现代性思想再反思》，《厦门大学学报(哲学社会科学版)》，2005 年第 1 期；冯颜利、杨炯：《马克思与吉登斯现代性思想比较》，《马克思主义与现实》，2011 年第 3 期；山小琪：《吉登斯的现代性理论及其对当代中国的启示》，《马克思主义与现实》，2005 年第 4 期；岳天明：《社会困局与个体焦虑：吉登斯的现代性思想》，《西北师大学报(社会科学版)》，2013 年第 5 期；郭忠华：《现代性·解放政治·生活政治——吉登斯的思想地形图》，《中山大学学报(社会科学版)》，2005 年第 6 期。

② 金小红：《吉登斯结构化理论的逻辑》，武汉：华中师范大学出版社，2008 年；陆春萍、邓伟志：《社会实践：能动与结构的中介——吉登斯结构化理论阐释》，《学习与实践》，2006 年第 2 期；张云鹏：《试论吉登斯结构化理论》，《社会科学战线》，2005 年第 4 期。

③ 许丽萍：《吉登斯生活政治范式研究》，北京：人民出版社，2008 年；郑少华：《行动的自我与身体——吉登斯生活政治研究》，杭州：浙江工商大学出版社，2016 年；郑伟：《从解放政治到生活政治——吉登斯政治观管窥》，《理论学刊》，2004 年第 1 期；陈华兴：《个人生活的自然——论吉登斯生活政治的本质》，《复旦学报(社会科学版)》，2004 年第 3 期。

④ 包庆德、杨丽杰：《吉登斯风险社会及其解决方案的生态维度》，《自然辩证法研究》，2017 年第 6 期；蒯正明：《吉登斯全球风险社会理论解读与评述》，《江西师范大学学报(哲学社会科学版)》，2012 年第 1 期；汪建丰：《风险社会与反思现代性——吉登斯的现代社会“风险”思想评析》，《毛泽东邓小平理论研究》，2002 年第 6 期。

三、研究方法和思路

研究方法有作为哲学思维方式的一般性方法和作为具体操作手段的具体方法。本研究以马克思主义唯物辩证法作为根本性的思维方式，对吉登斯的历史唯物主义研究进行“总体性”辩证分析，然后以文献资料为基础仔细解读吉登斯历史唯物主义研究的三部著作。笔者一直致力于规避重实证、轻思想，或反过来，以论带史、游谈无根之积弊，争取实现“有思想的学术”和“有学术的思想”的高度融合，而这又是一种何其难得的学术禅境，我只能请求宽容的读者对本研究的观点批评指正，以期实现自身浅陋智识的不断改进。

(一)文献资料法

作为认识论的方法本身也具有本体论性质，16 世纪培根对观察实验法的运用，引发了科学技术的巨大发展，进而引起整个社会面貌的不断改变；19 世纪 70 年代经济学领域的“历史学派”和“奥地利学派”的“方法论之争”①，直接导致后来的经济学以数理化方向作为发展主流；20 世纪 40 年代法国历史研究中的“长时段”方法造就了“年鉴学派”；60 年代美国社会学界斯考切波的“历史主义”方法呈现出对结构功能主义方法论的反拨，进而形成了“历史社会学”的研究方法。方法论的变革往往带来不

① ［奥］卡尔·门格尔：《经济学方法论探究》，姚中秋译，北京：新星出版社，2007 年。

同的研究结果。

而相对于人文社科研究而言，文献资料法是基础性方法，本研究的文献资料法主要涉及三个领域文献资料的收集研究。一是对马克思相关文献的研究和分析。吉登斯的历史唯物主义研究是对马克思主义思维方法和理论体系的整体研究，基于此，首先要收集研究马克思主义相关的文献资料。二是对吉登斯本人相关文献资料的解读和研究。吉登斯的思想也是处于不断变化之中的，从 20 世纪 70 年代到目前，吉登斯在不同的历史时期都有代表这个时期思想的相关著作，这就需要对吉登斯不同时期的文献资料有确切的把握，进而达到从总体上来解读吉登斯的思想，在这个基础上，再就吉登斯的历史唯物主义研究的相关文献进行解读。三是对吉登斯历史唯物主义研究所进行研究的相关文献进行分析。从根本上说，虽然这属于二手文献，但这些文献资料为更全面、更深刻地解读吉登斯历史唯物主义研究提供了诸多视角。

当然，“文献资料法”本身并非单纯描述吉登斯在某时某地发表了什么著作，而是要对这些文献资料进行唯物主义的社会历史条件分析，就如同法国文论学者戈德曼所言：“在科学史里，指出所发表著作或科学发现比指出其在当事者一生中的意义、地位和后果更为容易。”①因此他认为：“一部伟大的作品，一次历史行动，如十字军东征或是法国大革命，总是具有紧密结合的结构和意义。”②本研究所谓的“文献资料法”就是遵循这

① [法]吕西安·戈德曼：《隐蔽的上帝》，蔡鸿滨译，天津：百花文艺出版社，1998 年，238 页。

② [法]吕西安·戈德曼：《隐蔽的上帝》，蔡鸿滨译，天津：百花文艺出版社，1998 年，238 页。

种研究原则，寻找文献资料背后的“结构”和“意义”。另外需要说明的是，本专著中的很多表格资料来自于吉登斯历史唯物主义批判三部曲，在具体行文中不再一一标出，特此说明。

(二)解释学方法

赵敦华在《现代西方哲学新编》一书中，要求哲学史家既要写好“内史”，又要写好“外史”。所谓“外史”是指影响一个作者思想的人生经历和社会事件的总和；“内史”则是一位作者思想发展的逻辑线索，对于“内史”的研究“需要哲学史家根据自己的理解和解释进行理论重构”①。这其实是指出了一个思想家进行研究的“解释学”方法如何运用的问题。

对于解释学的方法，即使坚持实证主义方法的孔德，在其《实证哲学教程》中，也认为：“对于一种现象的观察，起初不用某种理论加以指导，最后也不用某种理论加以解释，就不可能是真正的观察。”②广义地理解，实证也是一种解释，著名学者林同奇先生把这种方法称之为“人的模式”和“三角互动”。所谓“人的模式”，在林同奇先生看来，就是带着“问题意识”对人的复杂多变的精神意识进行解读的方法。这种方法的具体使用就是重视“意识”“处境”和“行动”三者之间的互动。而这种三者互动的方法也是笔者在研究中试图运用的方法，这种方法不但有

① 赵敦华：《现代西方哲学新编》，北京：北京大学出版社，2001 年，第 6—7 页。

② [法]奥古斯特·孔德：《实证哲学教程》(6 卷本)，巴黎：巴歇利埃出版社，1830—1842 年陆续出版，第 4 卷第 418 页。转引自[美]马文·哈里斯：《文化唯物主义》，张海洋、王曼萍译，北京：华夏出版社，1989 年，第 18 页。

认识论意义，还有本体论意义，就如同解释学大师伽达默尔所说："理解从来不是一种达到某个所给定'对象'的主体行为，而是一种达到效果历史的主体行为，换句话说，理解属于被理解物的存在。"①

本研究由于涉及马克思、吉登斯和笔者三者之间的"视界融合"，当相关的文献资料经过一种实证主义方法收集完毕之后，接下来就是对这些文献资料进行解读。这种解读的过程就需要运用解释学的方法，使解释者与被解释者之间得以沟通和交流，使新旧视域不断融合而形成一种解释性存在。

(三)比较研究法

事物的特性只有在比较中才能得以彰显，自我只有以"他者"为镜像才能得以显现，从长时段出发对研究对象进行比较是一个重要的研究方法。

在对吉登斯历史唯物主义研究的过程中，主要从三个方面来进行比较，进而凸显出吉登斯历史唯物主义研究的自身特色。第一，在对吉登斯思想特色进行集中展演之前，首先通过不同的时代精神和思想价值进行对比分析，借助这一方式，进一步澄清吉登斯历史唯物主义研究的开端和路径。不同的思想价值在宏观上的比较，主要是指在20世纪七八十年代，对吉登斯历史唯物主义研究的出场有着巨大影响的后结构主义、现象学以及常人方法论等方法论，再加之蒂利、斯考切波的历史社会学、

---

① [德]汉斯-格奥尔格·伽达默尔：《真理与方法》，洪汉鼎译，上海：上海译文出版社，1999年，第39页。

政治学领域的“历史制度主义”和历史学领域的“新文化史学”，分别从历史、制度和文化三个不同方面入手来对吉登斯历史唯物主义研究提供方法论启示。这些研究方法的使用，都同时构成了吉登斯历史唯物主义研究的学术氛围。通过对吉登斯历史唯物主义研究产生的学术土壤进行对比，来进一步理解生长在这种土壤基础之上的精神之花。第二，在对吉登斯历史唯物主义研究的过程中，与哈贝马斯和詹明信等西方左翼马克思主义思想家对历史唯物主义的相关论述进行比较，以此来彰显吉登斯历史唯物主义研究的自身特色。第三，吉登斯对历史唯物主义的研究是建立在其本身所处时代对马克思历史唯物主义进行的解读，这是一种解释学意义上的解读，这种解读如果不能与马克思的理论进行整体对比分析，就无法真正从根本上理解马克思的历史唯物主义以及吉登斯的历史唯物主义研究分别代表的旨趣。

(四)研究思路

本研究的基本思路主要围绕吉登斯对马克思的历史唯物主义进行批判研究的三个重要文本——《历史唯物主义的当代批判：权力、财产与国家》《民族—国家与暴力》《超越左与右——激进政治的未来》而展开。整个研究的结构从逻辑上看是按照“总—分—总”的行文思路建构的，依据这个总体思路，本研究由“导论”和其他五个章节组成。“导论”主要是在简单介绍吉登斯生平思想的基础上，对目前国内外吉登斯历史唯物主义研究的相关情况进行综述；第一章是对吉登斯历史唯物主义研究的社会历史背景进行研究分析，其主要内容就是澄清吉登斯历史唯物主义研究思想的来源；第二章是对吉登斯的著作《历史唯物主义的当代批判》进行研究分析，从而揭示吉登斯是如何利用"结构化理论"来对社会历史结构进行分析的；第三章是对吉登斯《民族—国家与暴力》的研究分析，以进一步丰富发展马克思主义关于在现代性发展过程中的"民族国家"这一维度；第四章则是对吉登斯历史唯物主义研究的最后一部著作《超越左与右——激进政治的未来》进行研究分析，这一章从前瞻性的角度来对历史唯物主义终极性价值目标的实现策略进行分析，阐释了吉登斯对超越"左"与右的可能性和现实性进行的分析；第五章则是总结性的章节，在对吉登斯的历史唯物主义研究进行了单独的研究之后，试图得出一种概括性的结论，所以，第五章是总结部分，通过对比的方式指出吉登斯在历史唯物主义研究中的价值和不足，从而探讨其在人类命运共同体理念背景下的当代意义。

最后，还需要强调的是，由于吉登斯的历史唯物主义研究采用的是先创设研究工具，然后以之为工具作为裁决历史唯物主义的方法，再加之吉登斯是一个介入型的知识分子，社会活动繁多，吉登斯历史唯物主义研究的第一部代表著作《历史唯物主义的当代批判》发表于 1981 年，而第二部《民族—国家与暴力》发表于 1984 年，第三部《超越左与右》则发表于十年后的 1994 年，其时间跨度较大，并且在这三部著作发表期间，吉登斯还发表了其他著作，所以，这就使得吉登斯的历史唯物主义研究带上了分散、凌乱的特点，给人的感觉是主题庞杂、纷纭复杂，并且三本著作中如果有一本还紧扣历史唯物主义进行研究的话，而随着时间跨度的增长，其他两本仿佛离历史唯物主义这个主题越来越远。其实，这是由于吉登斯作为知识广博的“狐狸式”学者的研究风格所致，如果仔细阅读，吉登斯的历史唯物主义研究其实是“形散而神聚”，它是一种具有历史制度主义特点的“大历史”研究。为更直观地表达本文研究的思路，详见如下图示：

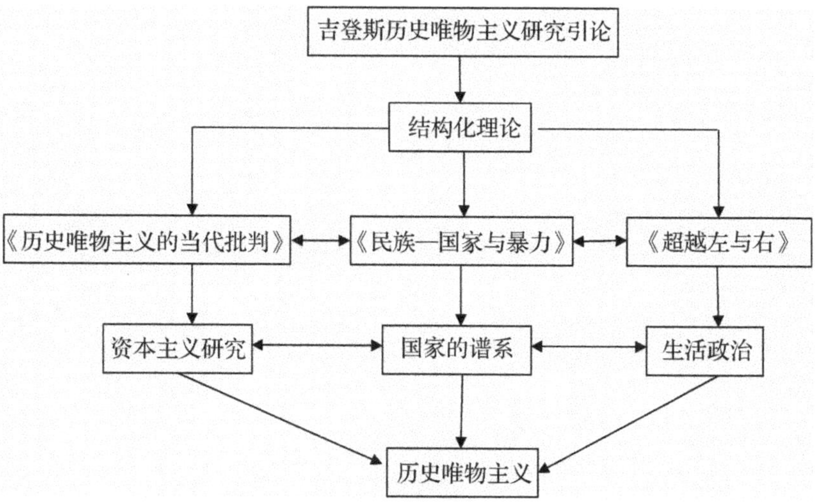

第一章

吉登斯历史唯物主义研究的理论前提

吉登斯在对古典社会学理论的代表人物马克思、涂尔干和韦伯深入研究的基础上，对历史唯物主义进行了分析。在吉登斯看来，马克思的现代性批判是建立在对“资本主义”生产方式的批判基础之上，而涂尔干的现代性批判则建立在对“工业主义”造成的“社会失范”基础之上；韦伯则对现代性形成的“合理化”趋势所造成的理性“铁笼”表达了担忧。① 吉登斯对这些现代性批判进行了综合分析，认为这三种范式的现代性批判都带有“化约论”倾向，如欲对现代性真正形成批判，就要对社会进行综合性的“结构化”分析。吉登斯的这种研究思路，是和 20 世纪中后期整个欧美的学术思潮密切联系在一起的，分析这些学术思潮对理解吉登斯历史唯物主义研究的形成具有奠基性意义。

---

① 吉登斯社会学思想的源头是马克思的“资本主义”批判范式、涂尔干的“工业主义”研究范式和韦伯的“合理化”和“监控”。吉登斯对古典社会学家的分析主要体现在其早期的代表著作《资本主义与现代社会理论：对马克思、涂尔干和韦伯著作的分析》(郭忠华、潘华凌译，上海：上海译文出版社，2013 年)中。

第一节 吉登斯社会学思想简说

虽然本研究并非是对吉登斯的所有社会学思想进行综合研究，而是针对吉登斯对马克思唯物史观的分析进行的诠解，如果按照一果多因的思维原则，一个含有多个变项的函数，结果的产生是多种变量共同作用的结果。思想产品也不例外，吉登斯历史唯物主义研究思想也是在研究者的个人思维、被研究者的文本等多个因素共同作用下的结果。在这诸多的因素中，思想产生的社会历史背景则是最初的一环。所以，分析土壤就意味着对种子的研判，思想的萌生不存在从天而降的偶然，以下就来分析吉登斯历史唯物主义研究这粒种子是如何在20世纪中期、后期的社会土壤中破土萌生的。

一、吉登斯简介

安东尼·吉登斯(Anthony Giddens)，1938年出生于英格兰伦敦北部的埃德蒙顿，1959年毕业于赫尔大学，主修心理学与社会学；随后他在伦敦政治经济学院攻读硕士学位；1963年，吉登斯作为讲师在英国的莱斯特大学(University of Leicester)教授社会心理学；1966—1968年，吉登斯在加拿大的西蒙弗雷泽大学(Simon Fraser University，简称SFU)任教；1968—1969年吉登斯以访问助理教授的身份到美国的加利福尼亚大学洛杉矶分校讲学；1970年成为剑桥皇家学院院士，担任剑桥大学社会学教授；1976年，吉登斯在剑桥大学获得博士学位；1997年被伦敦政治经济学院聘为院长。吉登斯作为著名的社会学家，他笔耕不辍，著作等身，先后出版了 30 多本专著，主题涉及社会学研究方法、现代性批判和未来政治设想等。除了“立言”，就“事功”而言，20 世纪 90 年代，随着英国工党在大选中胜出，深受吉登斯思想影响的布莱尔 1997 年当选首相，吉登斯担任布莱尔政府顾问，他所倡导的超越左翼民主社会主义与右翼新自由主义的“第三条道路”产生了重要影响，这一思想影响了包括布莱尔、施罗德、达伽马、若斯潘等在内的一批政治家。作为学者，吉登斯以其卓著的学术思想赢得了社会的尊重，作为社会活动家，吉登斯被称为这个“脱缰世界”的悬崖勒马者，2004 年被册封为男爵，受封为“终身贵族”，出任英国上议院议员，这对于出身一般平民家庭的吉登斯来说是一项巨大的社会荣誉。进入 21 世纪，随着 2007 年布莱尔卸任和 2008 年美国次贷危机的爆发，“第三条道路”式微，而吉登斯的社会学思想却成为社会学研究永恒的思想资源。

从总体上看，吉登斯的学术研究可以分为三个时期。

第一个时期(1970—1990 年)，吉登斯社会学方法论的建构时期。吉登斯主要在于对以往社会学理论的梳理，特别是对以马克思、涂尔干、韦伯等为代表的经典社会学家的思想进行反思①，在这个基础上，他开始建构“结构化理论”②，试图消弭传

---

① 吉登斯的成名作被公认为是 1971 年剑桥大学出版社出版的《资本主义与现代社会理论：对马克思、涂尔干和韦伯著作的分析》一书。

② 吉登斯此时主要以《社会学方法的新准则》的问世为标志，通过《社会学方法的新准则》《社会与政治理论研究》《社会理论的核心问题：社会分析中的行动、结构与矛盾》以及《社会的构成》等一系列著作对“结构化理论”进行了阐释。

统社会思想中要么过度强调“结构”，要么过度强调“行动”的社会学思想，力图实现意志论和决定论之间的调和，试图克服过度强调结构的决定论和过度强调行动的意志论之间的理论两难，认为社会结构是通过人们的行动所生产和再生产出来的，一方面社会结构的确制约着人们的行为，但另一方面人们在日常活动中也能积极地作用和反作用于社会结构。总之，吉登斯对帕森斯等重“结构”、轻“行动”的结构功能主义和尼采等重“行动”、轻“结构”的非理性思想都进行了批判，对以结构主义、功能主义和解释社会学等为代表的现代社会学研究方法进行了反思。

第二个时期(1990—2003 年)，吉登斯现代性批判思想建构并产生重大影响的时期。吉登斯以现代性研究为主线，从其左翼立场出发，根据英国工党执政对于政策工具的现实需要，吉登斯“第三条道路”的政治理论逐渐形成并产生一定的影响。1998 年之后，布莱尔、克林顿、施罗德、达伽马、若斯潘等西方国家领导人纷纷标榜“第三条道路”的政治主张，欧洲一时间变成了所谓“粉红色的欧洲”，吉登斯也由此被誉为布莱尔的“精神导师”。①

第三个时期(2003—至今)，近年来，吉登斯紧扣社会发展热点，不断与时俱进，研究目标转向了对未来社会发展趋势的关注，全球化以及逆全球化、生活政治、气候变化的政治等领

---

① 代表性著作：*Beyond Left and Right：The Future of Radical Politics*，Cambridge：Polity Press，1994；*The Third Way：The Renewal of Social Democracy*，Cambridge：Polity Press，1998；*The Third Way and Its Critics*，Cambridge：Polity Press，2000。

域都是吉登斯的研究目标。[①]

二、吉登斯历史唯物主义研究的思想资源

吉登斯的历史唯物主义研究是其庞大繁复研究计划中的一部分，历史唯物主义研究夹杂在吉登斯"结构化理论"建构以及现代性批判的整体之中，其是在社会历史发展，尤其是社会学研究思维方法不断革新的基础上展开的。近代以来，随着启蒙理性的不断发展，各种学科纷纷从传统哲学的母体中分离出来成为实证科学，传统意义上人文学科空间越来越小。古典社会学研究方法的自然主义倾向和人本主义倾向的争论表现得日趋激烈。在社会学认识论中，随着存在主义和后结构主义的发展，建立在古典实证主义和主观主义二分基础之上的独断论、各种形式的基于本质和现象二分的还原主义，以及结构功能主义的分析模式等，开始受到怀疑并逐步遭到否定。在存在主义等哲学思想的影响下，打破传统行动—结构之间的二元壁垒，已成为当前理论研究所面临的重要课题，受到了更多学者的关注和探讨。彼得·桑德斯这样来描述二战之后欧美社会学的发展："至少从20世纪50年代的功能主义霸权破产以来，社会学已经变换了一个又一个正统学说——现象学的社会学、批判理论、结构主义的马克思主义和人道主义的马克思主义等，甚至还没

① 代表性著作：*Over to You, Mr Brown－How Labour Can Win Again*, Cambridge: Polity Press, 2007; *The Politics of Climate Change*, Cambridge: Polity Press, 2009。

来得及通过其中的任何一种方法发展出系统的理论和经验研究计划。”[①]吉登斯历史唯物主义研究就是在这种社会学研究的“战国时代”基础上展开的，它是在融合法兰克福学派的批判理论、福柯的后结构主义、米德的符号互动论、舒茨的现象学社会学以及常人方法论等理论基础上综合形成的思维方法。从这个意义上说，吉登斯所谓对历史唯物主义的决定论、功能论和还原论的批判研究，从本质上看，是他在整个20世纪社会学思想方法的影响下反过来对历史唯物主义方法论的反思。“他(吉登斯)根本上抛弃了马克思的方法论原则，就‘结构化’理论来解构马克思的‘方法论’，而不是就马克思‘历史唯物主义’方法论本身来理解马克思。”[②]因此，吉登斯历史唯物主义研究具有高度的时代性和综合性，这种时代性和综合性就来自于对古典社会学综合性的理论升华和视界融合。下面就来具体探讨吉登斯历史唯物主义研究的思想谱系。

第一，吉登斯的思想资源首先来自于古典社会学三大家——马克思、涂尔干和韦伯。吉登斯作为左翼社会学家，其理论资源首先是马克思主义的批判理论。作为批判理论的典型范式，从马克思、恩格斯到哈贝马斯和霍耐特，从第一国际、第二国际到法兰克福学派和伯明翰学派，对资本主义社会不遗余力地进行批判是这一派别最重要的思想方法。马克思是从“资本主义”的角度对现代性进行批判性把脉的，吉登斯受到了马克

① 转引自景天魁、朱红文主编：《社会关系与空间结构》，北京：北京师范大学出版社，2011年，第69页。

② 莫小丽：《“延续”与“断裂”关系的“方法论”基础——兼评吉登斯对历史唯物主义进化论的批判》，《兰州学刊》，2017年第9期。

思主义批判思维的影响，他首先把资本主义纳入其分析话语，吉登斯不否认作为马克思阶级分析的剩余价值理论、资本积累理论以及与之相关的资本主义的矛盾、危机、异化和阶级斗争等理论。但与马克思的批判思维所不同的是，吉登斯在对资本主义进行批判的同时，又引入了涂尔干工业主义的分析范式，认为法国大革命和工业革命是现代社会滥觞的表征，现代社会本质上是以工业主义和劳动分工为基础的新型工业社会，“社会失范”是现代社会团结失调必然造成的社会现象，所以，现代社会发展要求在高度分工的基础上进行道德重建。另外，吉登斯还研究了生活在 19 世纪和 20 世纪转折点上的德国社会学家韦伯的“合理化”思想，韦伯指出现代社会是以精于计算、注重程序的工具理性为特征的社会，随着理性化的扩张，整个人类社会将进入由理性铸造的“囚笼”之中，韦伯称之为理性“铁笼”。韦伯这种对现代社会的悲观理解，也驱使吉登斯思考如何去除工具理性以增进交往理性的发展。综上所述，吉登斯的思维方法显然受到这三位经典社会学家的重要影响，但他同时也指出了这些古典社会学家的研究方法存在所谓的“化约论”“进化论”和“功能论”倾向，当吉登斯认识到这些古典社会学方法论的问题之所在，他就开始着手进行对新的研究方法的思考。

第二，舒茨的“现象学社会学”对吉登斯社会学思想方法的形成起到了重要作用。舒茨在《社会世界的现象学》中所构建的意义理论，成为后来建构现象学社会学的一个起点。主观意义和客观意义之间的意义差距观念，又为进一步探讨社会中不同集团的成员在意义理解上的差别、误解、冲突提供了理论出发点。在吉登斯的“结构化理论”以及“双重解释学”中都能看到舒茨现象学社会学的影响。另外，20 世纪 50 年代之后，欧美学界涌现的大量杰出的历史社会学著作对吉登斯的社会分析方法也产生了一定影响，比如斯考切波在《国家与社会革命》(1979)一书中，通过重新“找回国家”的方式来研究国家和社会革命；沃勒斯坦的《现代世界体系》(1974)则对世界资本主义、世界帝国和小型系统之间的关系进行了分析；亨特的《法国大革命中的政治、文化和阶级》一书则借助“新文化史”的方法采用总体性方式来研究法国大革命；马克思主义史学家霍布斯鲍姆的《年代四部曲》则采用一种长时段综合分析的方式来研究社会历史事件；拉克曼的《不由自主的资产阶级：近代早期欧洲的精英斗争与经济转型》则采用“精英”方式来对资本主义进行研究。吉登斯的思想方法不可能不受到同时代的这种综合性研究方法的影响，所以，在吉登斯的《历史唯物主义的当代批判》一书中，能看到新文化史、长时段以及总体性研究的特点，其研究方法具有极强的混合性和总体性，并且可以从中找出多个思想家研究方法的影子。

第三，建构主义思想方法对吉登斯的社会学研究方法产生了重要影响。吉登斯的历史唯物主义研究是建立在其“结构化理论”之上的，“结构化理论”的思维方法具有建构主义特色。建构主义认为，认识活动是一个不间断的主体建构过程，知识和现实是主体建构的结果；结构是行动的建构，行动是结构的动力，结构兼具使动性和被动性两重属性，吉登斯的“结构化”就是这样一个动态过程，是行动和结构之间相互建构的过程，人类的行动是在一定的结构框架中进行的，而行动的结果又会形成一定的社会结构框架。按照思想的谱系，广义的建构主义自古希腊就已经开始：苏格拉底的反诘抗辩术思想就是正反双方在互动的过程中得以建构的过程；柏拉图的“相论”更是把丰富多彩的物质世界看作理念世界的摹写和外化；近代以来，维柯认为“民政社会的世界确实是由人类创造出来的，所以它的原则必然要从我们自己的人类心灵各种变化中就可以找到”[①]；康德在《纯粹理性批判》中认为人的理性以“受任法官”的身份为自然界立法[②]；黑格尔则把“世界历史”看作是“自由意识的进展”[③]；马克思则通过对实践的强调，重视主体革命对美好社会的建构作用。[④] 激进的建构主义认为任何社会实在都是个体建构的产物；而相对温和的社会建构主义则重视社群文化在个体建构中的重要作用，建构并非在真空中进行，任何建构都是一种社会建构。社会建构的过程就是主体间彼此交融形成的互为主观的常识世界。后现代主义解构主义是一种相对激进的建构主义思想，在后现代解构之后，就会出现一个“回到事物本身”现象学意义上的建构过程，社会建构主义用主体的建构取代了传统的主客二分，认识社会现实是一种以话语为媒介的建构物。吉登斯的“结构化理论”显然是受到了这种社会建构主义的影响。通过个体的行动形成结构，而任何行动都是被结构地形成，这样一个往复的过程就是一个典型的社会建构过程。吉登斯的社会建构主义与激进的建构主义最大的不同，就是吉登斯的“结构化理论”强调的是一种主体和结构的“双重”建构，这坚持了相对原则而规

---

① [意]维柯：《新科学》，朱光潜译，北京：人民文学出版社，1986 年，第 134—135 页。

② [德]伊曼努尔·康德：《纯粹理性批判》，韦卓民原译，曹方久、唐有伯整理，武汉：华中师范大学出版社，1991 年，第 15 页。

③ [德]黑格尔：《历史哲学》，王造时译，上海：上海书店出版社，2006 年，第 1 页。

④ 主要体现在马克思 1845 年写就的《关于费尔巴哈的提纲》等文本中。

避了相对主义，强调了行动和结构的二元融合而非二元对立。可见，吉登斯历史唯物主义研究的方法论特点，就是借助这种温和的社会建构主义而进行自我理论建构，而作为激进建构主义的后现代主义①，则对传统形而上学的本质主义、基础主义、整体主义和科学主义进行猛烈批判，进而使整个世界非中心化、碎片化和原子化，这些思想资源都对吉登斯的理论建构有重大启示。所以，吉登斯的历史唯物主义研究，有一种符合时代发展的方法论自觉，既反对涂尔干和帕森斯的宏大社会结构叙事，也反对一种极端的能动主体论，既积极吸收后现代主义的某些元素，同时又综合帕森斯结构功能主义的某些思想。

第四，“常人方法论”对吉登斯的影响。除了法兰克福学派的批判理论、舒茨的现象学社会学方法论以及历史社会学的总体性方法论，吉登斯还受到社会学“常人方法论”的极大影响。常人方法论是在美国社会学家哈罗德·加芬克尔的社会学方法论著作《常人方法学研究》(1967 年)和《关于实践行为的标准结构》(1970 年)中提出来的。所谓“常人方法论”是在象征互动论、现象学社会学等影响下形成的一种针对社会群体的研究方法，在常人方法论者看来，这些处于一定群体中的普通人以日常生活的习惯性动作和理性程序，不断重复和展开他们的言行，从而建构了这个社会实体，社会群体中的普通成员表现为两个方面的特性：一是自然地遵循既定的社会规范和制度去行事；二

① 德里达和罗兰·巴特等从文学批评的角度，拉康和皮亚杰等从生理学的角度，萨义德从后殖民主义的角度，波伏娃、巴特勒等从女性主义的角度来对传统的认知方法进行了解构。

是建构和维持日常生活秩序，常人方法论就是研究人们在不同语境中意义的互动建构。常人方法论注重互动过程中的两个现象：一是在一定语境中所形成的对一个问题约定俗成的共同理解，这种共同理解形成一种默会知识，使成员能够不通过交流完成一项工作；二是常人方法论重视“反思性”对社会实在的建构作用，人们通过主观反思从过去的经验中发现互动的规则，从而改变自己在下一步的行动，基于此，常人方法论把“反思性”看作社会建构的基本性质。吉登斯的结构化理论方法以及双重解释学都能隐约看到常人方法论的影子。

总之，吉登斯关于历史唯物主义批判的这三部著作，《历史唯物主义的当代批判》更多是从理论的角度，先从“结构化理论”的介绍开始，然后通过这样一种理论沟通起行动和结构、主体和客体之间的内在关系，这是一种微观社会学理论，在此微观分析的基础上，吉登斯进一步扩大了分析。吉登斯历史唯物主义研究的第二部著作《民族—国家与暴力》，则对现代民族国家的历史演进进行了分析，特别分析了现代民族国家是如何通过垄断暴力的方式来完成对社会的整体监控。而在《超越左与右——激进政治的未来》中，则表达了一种类似于乌托邦的关于社会理想的设想——一种超越新自由主义和民主社会主义的第三条道路，这也是吉登斯历史唯物主义研究由理论向现实的过渡。所以，从总体上来看，吉登斯的思想经历了一个从方法向体系、从理论向实践、从单一向综合的发展过程。

第二节 “结构化理论”：批判研究的理论前设

吉登斯的历史唯物主义研究，采用的是一种马克思在《资本论》“序言”中所说的“研究”和“叙述”相结合的原则。吉登斯对历史唯物主义的批判研究是以理论的前置为其逻辑起点，这个逻辑起点就是在研究古典社会学三大思想家的基础上，通过分析综合的方式得出自己的理论结晶——结构化理论，然后，吉登斯以此作为标尺和立场去丈量、裁断马克思的历史唯物主义理论，因此，本研究就如同马克思的《神圣家族》是对“批判的批判所作的批判”，本研究是对“研究的研究所作的研究”①。

一、“结构化理论”的提出

吉登斯在进行其社会学理论建构的20世纪七八十年代，正是后现代主义不断发展的时期，建立在单一思维基础之上的逻各斯中心主义不断遭到批判，去中心化、碎片化和重视边缘成为当时的主流元素，这些元素迅速成为流行性因子进而影响着各个学科。具体到社会学领域，古典意义上的单一性的现代批判势必面临着被解构的风险。不管是马克思“资本主义”异化的批判方式，还是涂尔干“工业主义”的批判方式，都如同韦伯集中于“合理化”一样受到一种过于单一化的思想指责。在这种情

① 第一个“研究”是指马克思的研究成果；第二个“研究”是指吉登斯的研究成果；第三个“研究”是指本研究成果。

况下，基于古典基础上的综合创新就成为学术发展的历史必然，而从社会学方法论的发展史来看，长期以来，两个方法论路线形成一个相互对峙的局面：一个是结构主义的方法论路线，这个路线与自古希腊以来就存在的自然主义和实证主义的“逻各斯”精神相契合，从孔德的实证社会学到美国帕森斯和默顿的结构功能主义，这个方法论路线特别重视社会整体的结构性特征，而无形中忽略了作为主体的人的重要作用；而另外一条方法论路线则更加强调内省，是一种主体能动性“努斯”精神的方法论路线。[①] 近代以来，从叔本华、尼采的非理性意志哲学到马克斯·韦伯在现象学的影响下形成的解释学方法，再到之后舒茨的现象学社会学，这些社会学思想都是侧重以解释学的方法，从主观行动方面来分析社会历史现象的。从一定程度上来说，西方社会学的发展史，就是结构主义和行动主义两种不同方法论的路径对峙史。

具体而言，在社会学创立之初，其创始人孔德把社会研究分为“社会静力学”研究和“社会动力学”研究。“静力学”是对社会结构的分析，而“动力学”则是对秩序和进步的分析。孔德还通过对社会和生物的有机体进行比较，认为家庭是“真正的社会单位”，是“社会的细胞”，然后是阶级或种族，这是“社会的组织”，最后是城市和社区，这是“社会的器官”[②]；斯宾塞作为孔

① 西方科学文化有两个重要的根源：一是古希腊文化中蕴含的“逻各斯”精神；二是古罗马文化中蕴含的“努斯”精神。前者信奉自然世界理性秩序和规律；后者确立了理性合作的社会责任感和共同体意识。

② ［法］奥古斯特·孔德：《论实证精神》，黄建华译，北京：商务印书馆，1995年。

德社会有机论的继承者，他的进化论社会学认为社会是“超有机体”[①]；涂尔干继承了孔德和斯宾塞的社会有机思想，把社会结构分成“机械团结”和“有机团结”两种不同的类型，认为社会结构是社会关系的组合形式[②]；马克思社会理论中也具有极其鲜明的“结构”元素，马克思把社会整体用“两对关系”“三个方面”来进行定位——“两对关系”是指生产力与生产关系之间的关系、经济基础与上层建筑之间的关系；“三个方面”是指这“两对关系”涉及生产力、生产关系(经济基础)及上层建筑三个方面的内容，“两对关系”和“三个方面”的相互作用就构成了整个社会的结构大厦，结构大厦的地基是社会生产力，生产关系的总和所形成的经济基础形成对生产力的制约性结构，而人类精神意识的一部分则构成整个社会结构的上层建筑，这三者之间在社会历史发展过程中会表现出彼此的不协调——矛盾就此产生，社会历史的发展过程就是生产力和生产关系、经济基础和上层建筑之间的相互矛盾，进而推动社会历史不断前进的过程。可见，马克思从其唯物主义历史观出发，认为社会生产力是社会历史发展的基础性动力，社会存在和社会意识构成了社会的基本结构，社会存在决定社会意识，横向的社会结构及其矛盾运动或推动或制约着纵向的社会发展。

以上的这些社会学思想都为吉登斯的“结构化理论”提供了理论资源，考察社会理论的发展历程不难发现，行动和结构、

---

① [英]赫伯特·斯宾塞：《社会学研究》，张宏晖、胡江波译，北京：华夏出版社，2001年。

② [法]埃米尔·涂尔干：《社会分工论》，渠东译，北京：生活·读书·新知三联书店，2000年。

个人与社会关系的探讨一直是社会研究过程中的核心问题，古典社会学理论之后，帕森斯的结构功能主义认为社会行动是由文化系统、社会系统、人格系统和行为有机体四个附属系统组成，它们之间相互依存、相互影响，社会秩序得以结构化，并构成社会系统的动态平衡，英国功能学派代表人物雷蒙德·弗思是这样来定义“结构”的：“社区生活，是指把人们的个人利益加以组织，使他们相互的行为协调，以及把人们组织起来从事共同的活动。由此而产生的人和人之间的关系可以说是有计划的或成体系的，我们可以称它为社会结构。这套关系在实际活动中对于个人生活和社会性质的影响，可以称之为社会功能。”①而在帕森斯看来，结构是由其中的要素相互作用而构成的运动，并且这种运动通过形成一定的规范来发挥作用，其不同的功能最后体现出结构的意义。

总的来说，从方法论角度看，涂尔干和帕森斯等结构社会学强调结构对个体的决定作用②，认为社会秩序是以一种强制性的威力形塑和规定着个体行为，吉登斯历史唯物主义研究中的“结构”这一概念，与结构主义和功能主义使用的结构概念是完全不同的。而韦伯和戈夫曼等社会学家则强调行动建构的内

---

① ［英］雷蒙德·弗思：《人文类型》，费孝通译，北京：商务印书馆，1991 年，第 86 页。

② 关于社会和个人主义的思想，涂尔干在晚期认为：其一，涂尔干坚持认为社会只有通过物化、个人意识以及象征性的自我表现才能生成和保存；其二，可以建构一种道德个人主义，以实现社会整合。（涂尔干：《宗教生活的基本形式》，渠东、汲喆译，上海：上海人民出版社，2011 年）帕森斯则是在综合功利主义、实证主义和理想主义的基础上对社会和个人的关系进行了整合，帕森斯的这个思想主要表现在其代表作《社会行动的结构》中。

在意义，特别抗议结构论者对个体能动性的抹杀，这同时也是吉登斯所反对的认知方式。

吉登斯的历史唯物主义研究是从摒弃这两种极端的认知方式开始的，吉登斯认为："要想初步理解历史唯物主义研究的主要概念，较为有效的办法是从某些分野谈起。这些分野一方面包括功能主义和结构主义，另一方面则是解释学以及各种形式的'解释社会学'。"①功能主义与结构主义都倾向于自然主义的客体主义立场，强调社会整体相对其个体的组成部分而言，具有至高无上的地位，而在解释学思想传统看来，吉登斯认为，"社会科学与自然科学有着巨大的差异，主体与社会客体对象之间存在鸿沟，主体性是文化历史体验的核心，并就此成为社会科学或人文科学的根基"②，物质世界接受与人无关的因果关系的支配，只能从外部加以领会。而"在各种解释社会学里，对于阐明人的行为来说，具有首要地位的是行动与意义，而有关结构的概念则不那么显要，对制约问题也谈得不多。相反，结构功能主义看来，结构凌驾于行动之上，它的制约性特征受到特别的强调"③，最后的结果就形成"各种解释社会学的确以主体的某种霸主地位作为自身的基础，那么功能主义和结构主义所

① ［英］安东尼・吉登斯：《社会的构成》，李康、李猛译，北京：生活・读书・新知三联书店，1998年，第60页。

② ［英］安东尼・吉登斯：《社会的构成》，李康、李猛译，北京：生活・读书・新知三联书店，1998年，第61页。

③ ［英］安东尼・吉登斯：《社会的构成》，李康、李猛译，北京：生活・读书・新知三联书店，1998年，第61页。

提倡的则是社会客体的某种霸主地位”[①]。在吉登斯看来，这种以强调主体为特色的解释社会学和以强调客观性为特色的结构主义社会学都存在忽略一端强调另一端的认知偏差，吉登斯在批判这两种认知观的基础上开始进行融合，形成了一种具有折中色彩的“结构化理论”建构。

可见，吉登斯的“结构化理论”包含着一种对社会学传统方法论的理论否定，一是否定建立在实证主义基础之上的结构主义功能主义；另外就是否定建立在现象学基础之上的解释学方法。吉登斯认为“解释学视角和现象学视角视社会为任人类主体随意而为的创造物的倾向”犯了“非法化约形式”的错误，而根源在于“未能充分把握结构二重性的概念”，[②]而结构二重性的要义就在于社会结构在制约行动者行动的同时，又生产出结构得以存在的基本条件，从而产生“二重性”特征，所以吉登斯做出了“结构二重性”始终是社会再生产跨越时空连续性的主要根基的重大判断。在这种二重性的结构化过程中，人类自己创造着自己的历史，威胁与希望并存，可能和现实同在。吉登斯的结构二重性过程就是一个动态地沟通主客体关系的外在描述。这种结构和行动、客体和主体之间的二元对立在吉登斯的“结构化理论”中得以调和。

总之，吉登斯认为传统社会学方法论的个人主义和集体主

① ［英］安东尼·吉登斯：《社会的构成》，李康、李猛译，北京：生活·读书·新知三联书店，1998年，第61页。（中文新版是《社会的构成：结构化理论纲要》，北京：中国人民大学出版社，2016年，第2页）

② ［英］安东尼·吉登斯：《社会的构成：结构化理论纲要》，北京：中国人民大学出版社，2016年，第22页。

义都是有问题的，前者侧重了个体的行动，后者则侧重了集体对个体的规约。所以，吉登斯针对这个问题对任何一种社会存在实行了行动和结构的“二元性”处理，而非采用非此即彼的“二元对立”的处理方式，这是一种现象学方法论基础上对主客关系的一种弹性处理。吉登斯认为：“‘结构’不仅仅是指社会系统生成和再生产中包含的规则，还指其中包含的资源。在社会科学中，我们一般用‘结构’来表示所考虑的社会系统较持久的特性，……结构最重要的特性就是制度中循环反复采用的规则与资源。从定义上来说，制度是社会生活中较持久的特性。”[①]吉登斯把结构的特点归结为一种超越时空的“主体不在场”，而这种“主体不在场”并非是指一种亘古不变的僵化性存在，相反，吉登斯是把这种“结构”放置在动态的角度去理解，认为作为主体性的人具有极强的学习实践能力，是人的学习实践能力在推动着结构的形成并历经一个“结构化”的动态过程。

从文献学的角度，吉登斯的“结构化理论”集中体现在其《社会的构成：结构化理论纲要》一书中。这是吉登斯社会学研究方法论的著作，该著作的特点是“形散而神聚”，紧紧围绕“结构化理论”展开阐释。在这本书中，吉登斯的“结构化理论”是在批判传统社会学方法的基础上展开的，一是批判基于经验基础的客观主义社会学方法；二是批判基于现象学基础的解释社会学研究方法。这本著作一共有六章，第一章是“结构化理论的要点”，这是全书最言简意赅地阐释“结构化理论”的地方，第六章意在

---

① ［英］安东尼·吉登斯：《社会的构成：结构化理论纲要》，北京：中国人民大学出版社，2016年，第22页。

通过经验案例的方法将“结构化理论”进行说明，其他几章则是紧紧围绕第一章进行的阐释性论述而展开。第二章到第五章分门别类地从主体和客体两个方面进行解释性说明。第二章借助弗洛伊德的相关理论对“意识、自我与日常社会接触”进行了阐释，利用弗洛伊德的精神分析学，特别分析了主体在行动时所具有的认知能力和实践意识，特别指出“结构化理论”中的“日常生活”与胡塞尔现象学所提出的“社会世界”的不同。吉登斯的“结构化理论”对“日常”的解释是建立在“惯例”分析基础之上的，日常是指社会生活经由时空延伸而形成的单调重复之特点。第三章则是借助福柯的权力理论对时空延伸与区域化进行了阐释。第四章是通过分析对比布劳等的社会学思想，集中对社会结构和“约束”意蕴进行了相关研究。第五章则是对结构化理论中的“调适”概念进行了论述，指出了“变迁、进化与权力”之间的内在关系。

另外需要注意的是，在吉登斯的“结构化理论”中，虽然存在“结构二重性”“系统”“结构”这些核心概念，但吉登斯并没有指出结构具体指的是什么，就如同吉登斯在《社会的构成：结构化理论纲要》一书的“自序”中所言：“建构一系列稳固确立的普遍概括，这一任务是自然科学事业的关键所在，但这种雄心勃勃的企图并不十分适用于社会科学。”①从吉登斯的这一说法可以看出，把“结构化理论”说成是一种理论就显得有些牵强，“结构化理论”更多的是指一系列变动着的资源和规则，而非一种固

① ［英］安东尼·吉登斯：《社会的构成：结构化理论纲要》，北京：中国人民大学出版社，2016 年，第 1 页。

化的理论，正像吉登斯所说："在社会理论中，结构是一个必须的概念，而且后面我们也将使用它。但是，我仍然想将我关于这个概念的观点与英美功能主义和法国结构主义中的结构概念区分开来。英美功能主义中的结构概念是作为一个'描述性'的术语出现的，而法国结构主义是以还原的方式来使用这个概念的。我认为，结构概念的两种使用方法将导致从概念上模糊能动的主体。"①由此可见，在吉登斯看来，虽然结构这一概念在结构主义和功能主义理论中具有重要的地位，但其中对"结构"一词做出的解释难以令人满意，结构指的是社会系统再生产过程中反复涉及的"规则"和"资源"。结构可以被理解为是由"规则—资源"关系形成的借以支配行动转换性的矩阵。因此，只有先理解了"规则"和"资源"这两个概念，才能真正理解吉登斯关于结构概念的含义。

因此，吉登斯的"结构化理论"既非解释学社会学也非客体主义社会学，这种非此即彼的认知模式形成的是一种"二元论"，吉登斯的工作是把这种"二元论"变革为"二重性"。"二元论"是一种非黑即白的思维认知，而"二重性"则是一种对立双方的辩证融合，前者是一种科学思维，后者则是一种辩证思维。吉登斯对"结构化理论"的学科定位是不确定的，不能错误地把其理解为一种社会学理论、历史学理论或者地理学理论，它是一种跨学科的以行动为中心的时空延伸过程，所以吉登斯经常引用的是马克思在《路易·波拿巴的雾月十八日》中所说的："人们创

① Anthony Giddens, *New Rules of Sociological Method*, London: Polity Press, 1993, p. 26.

造历史，但不是在他们自己选定的条件下创造。”[①]吉登斯在完成这种既非主体主义又非客体主义的“折中”时就面临着要在这两个方面同时进行努力：主体方面进行去中心化，实现一种新颖的实践观。这一努力的思想资源是海德格尔的解释学和后期维特根斯坦的相关思想。

二、“结构化理论”的要义

就如同美国思想家哈罗德·布鲁姆在其名著《西方正典》中所言：“任何一部要与传统做必胜的竞赛并加入经典的作品，首先应该具有原创魅力”[②]，吉登斯历史唯物主义研究的原创性就首先表现为他的批判工具——结构化理论。

社会学的基本问题就是研究主体与客体、行动与制约、个人与社会等之间的关系。结构—功能主义从客体主义方法论立场出发，强调社会整体相对于社会个体而言具有至高无上的地位，而“理解社会学”则从现象学的主体主义方法论立场出发，强调主体在社会历史变迁中的核心力量。如何解决主客体关系、行动和结构的关系，吉登斯是以社会学先贤的著作作为自己理论建构的基础，在《社会的构成》“引言”部分，吉登斯从学术思想史的角度对“结构化理论”进行了阐释。他首先从作为美国主流社会学的结构主义出发来进行分析，先后对于帕森斯以及受

① 中共中央马克思恩格斯列宁斯大林著作编译局：《马克思恩格斯选集》（第1卷），北京：人民出版社，1995年，第585页。

② ［美］哈罗德·布鲁姆：《西方正典》，江宁康译，南京：译林出版社，2005年，第5页。

帕森斯影响而形成自己言说的卢曼、哈贝马斯、布里科和亚历山大等社会学家的相关观点进行综合分析。吉登斯高度评价帕森斯的《社会行动的结构》一书是一部划时代的著作，但他认为这部著作忽略了包括米德的“符号互动论”以及马克思冲突社会学关于阶级分化、阶级冲突和权力关系等相关思想。帕森斯的结构功能主义从二战结束到20世纪60年代，开始逐步失去强劲的影响，代之而起的是各种思潮影响下的社会学理论建构。自20世纪六七十年代起，现象学社会学和法兰克福学派的批判理论，以及日常语言哲学学派这样的哲学类型也开始进入社会学理论领域。在多种思想的孕育下，吉登斯开始了自己的理论建构。

吉登斯历史唯物主义研究是以“结构化理论”建构为前提的。“结构化理论”具有历史和多学科交融两个维度，吉登斯运用了42个专门的概念工具对“结构化理论”进行了界定，其中充分利用了包括弗洛伊德、拉康的精神分析学，戈夫曼的微观社会学和赫格斯特兰德的时间地理学等相关理论资源。从理论源头看，“结构化理论”意图解决的客体和主体、行动和结构之间关系的做法，在古希腊就已经开始，只不过在古希腊不是通过现代逻辑范畴进行表达的。在古希腊，理性本身所内含的“逻各斯”精神和“努斯”精神就开始表现出彼此间的矛盾，尤其是在文艺复兴之后，更突出地表现为启蒙理性和非理性精神之间的分裂和对抗。而在社会学领域，我们称之为“二元对立”，即社会结构的制约性与个人行为的目的性之间的对立关系。所以，在社会学的理论传统中，功能主义和结构主义强调社会客体的某种霸主地位，结构功能主义更多是强调结构的重要性，弱化行动的重要性，在结构主义的研究视域中，行动者几乎是懒惰的、无能为力的玩偶。

吉登斯的“结构化理论”集中体现在其1984年出版的《社会的构成：结构化理论纲要》一书中，此书采用的是“总—分”结构，第一章是“结构化理论要点”。在这一具有“总括”特点的章节中，吉登斯把“结构化理论”的要点按照从主体到客体，从行动到结构的整个过程依次进行了阐述，一共是六方面的要点：一是分析“行动者与能动作用”；二是通过权力把能动联系在一起，名之曰“能动作用与权力”；三是在这个基础上对作为规则和资源集中器的“结构”进行了分析，指出了“结构”的内涵与作为动态过程的“结构化”全过程；四是在结构化理论中，“结构的二重性”是重中之重；五是由结构的二重性进而过渡到“制度的各种形式”；六是在总体上再次分析由作为社会时间的形成、身体的在场性构成的日常接触而形成的生活片段和时间在社会历史变迁中的重大作用。下面进行具体分析。

(一)“结构化理论”的第一个要点是“行动者与能动作用”

韦伯的“意义主体”思想对吉登斯有着巨大的影响，帕森斯在韦伯的基础上把各种各样的行动类型概念化，认为行动类型主要包括“行动者”“目的”“情境”及“规范规定”①等几个方面，这几个方面共同形成一组行动单元，但是帕森斯所谓的“行动”被吉登斯批判为“行动者根据已经替他们写好的剧本进行表演”，

① Talcott Parsons, *The Structure of Social Action*, New York: Free Press, 1968.

因为吉登斯的“行动”是一种心理动机分析。符号互动论的代表人物布鲁默认为由于人类对符号的运用，人类对当下情景进行界说都是在变易中的符号不断组合的过程，所以，结构本身是不存在的，社会学模式和框架只能是暂时性地对社会进行描述和解释，那么如何定位行动者的“行动”呢？吉登斯在其社会学方法论著作《社会学研究的新规则》中，对“行动”进行了定位。吉登斯反对解释学把行动看作是“有意图的行动”，他把行动看作是一种动机激发，是一个有反思性存在的理性化过程，在这个过程中，不存在目的性，行动本身是一种“双重解释学”作用下的“行动流”，这个“行动流”可以出现一种行动者本身无法预料的意外结果，而与这三者相对应的，分别是“无意识的动机/认知”“实践意识”和“话语意识”三种。受现象学和常人方法论的影响，吉登斯认为“话语意识”和“实践意识”之间并没有固定的界限，“话语意识”是可以被言说的，而“实践意识”只是尽管去做的，但是，受弗洛伊德思想的影响，在“无意识的动机”和“话语意识”之间存在着以压抑为分界线的区别。

吉登斯对此的分析是在弗洛伊德和埃里克森的“无意识”“实践意识”和“话语意识”三层结构理论的影响下形成的。行动者动机是一种寻求安全感的“无意识”动机；行动者的“实践意识”是指在默会知识的作用下，一个行动者知道该怎么做的意识；“话语意识”是行动者用语言表达出的行动的理由，“在实践意识”和“话语意识”的作用下，一个行动本身就具有了一种反思性的特征，从而带有了创新性和能动性。在这个过程中，行动本身就拒斥了决定论和宿命论，所以，吉登斯的“行动”是指反思着的行动者在一定无意识动机作用下的一种理性的能动性“动作流”。

从这个意义上讲，“解释”其实就是行动，吉登斯把一个具体的行动分为“行动的动机激发”“行动的理性化”和“行动的反思性监控”三个连续不断的过程，在吉登斯看来，行动和结构分别代表了主体和客体两个维度，结构不能脱离行动而存在，反过来，行动也依赖于结构，“结构指的是使社会系统中的时空‘束集’在一起的那些结构化特征，正是这些特征，使得千差万别的时空跨度中存在着相当类似的社会实践，并赋予它们以系统性的形式”①。所以，行动与结构不是彼此分离孤立的，而是同一枚硬币的两面，一切社会行动皆包含有结构，而一切结构皆有社会行动涉入，吉登斯强调：“在社会系统的再生产过程中，结构是作为规则和资源存在的，规则和资源是历史唯物主义研究的总体基础。”②行动在一定的时空中展开，如同德里达的“延异”概念，吉登斯以“时空延伸”的方式把时空因素放入理论建构之中，从而把时间看作是构成其历史唯物主义研究的重要元素。

(二)“结构化理论”的第二个要点是“能动作用与权力”

在这个要点中，相对于结构主义把权力看作是一种次级的受制于结构的存在，吉登斯把权力看作是一种先于结构而存在的对象。权力的这种作用是跟社会资源的调动和调配联系在一起的，而社会资源又是在主体的能动性过程中行动者之间互动

① [英]安东尼·吉登斯：《社会的构成》，李康、李猛译，北京：生活·读书·新知三联书店，1998年，第79页。

② [英]安东尼·吉登斯：《社会的构成》，李康、李猛译，北京：生活·读书·新知三联书店，1998年，第290页。

的必然产物，即任何行动本身都是权力的结果，权力在吉登斯的诠释视域中是作为一种中性的媒介型对象而存在的。在吉登斯的视野中，所谓“行动”或“能动”是指“一种‘连续的行为流’。我们可以以如下的方式界定行动的涵义，它是行动者实际上或预期对不断行进的事件世界的干预流”。[①] 行动的进行是以“反思性”为前提的，“我们应该把反思性理解为持续发生的社会生活流受到监控的特征”[②]，而行动的理性化则是指“行动者对自身活动的根据始终保持‘理论性的理解’——这同样是例行的，一般也都足以应付”。[③] 勾连起行动和结构之间关系的是一种“双重解释学”，吉登斯的“结构化理论”是建立在“双重解释学”的方法论原则之上的。

所谓“双重解释学”的第一重意义是指普通人作为一种主体，在活动的过程中首先对客观世界的改变，在这个改变的过程中形成一定的意义世界；第二重意义则是作为社会科学家，通过一种理论建构的方式对社会客体的再创造，作为一种对现实的再解释，通过一种“自反性”的方式去重新构建现实，所以，整个社会历史的发展处于双重解释形成的建构之中。第一重解释是一种人类直接行动的无意识结果，而第二重解释则是作为万物之灵长的人的主动性思想建构，正如马克思在《关于费尔巴哈的提纲》中那句著名的结论：“以往的哲学家都是在考虑如何解

① Anthony Giddens, *Central Problems in Social Theory*, University of California Press, 1979, p. 55.

② [英]安东尼·吉登斯：《社会的构成》，李康、李猛译，北京：生活·读书·新知三联书店，1998年，第62页。

③ [英]安东尼·吉登斯：《社会的构成》，李康、李猛译，北京：生活·读书·新知三联书店，1998年，第65页。

释世界，而问题在改变世界。”[①]马克思是以哲学作为武器来寻求对世界的改变，所以马克思所谓的“消灭哲学”的主张和吉登斯的“双重解释学”其实是殊途同归。“结构化”的过程就是“双重解释学”起作用的过程，在这个过程中，不管是作为普通的行动者，还是作为理论工作者都是以行动来表现自我的，行动者要么是通过具体的某种行动完成建构结构的行为，要么是以理论的方式完成对社会结构的建构。

（三）“结构化理论”的第三个要点是“结构与结构化”

在这个要点中，吉登斯不认同把结构看作为社会系统生产和再生产过程中所表现出的稳定持久的规则和资源。结构最重要的特性就是制度中循环采用的资源和规则。在吉登斯的视域中，结构和结构化都是作为一种资源和规则的内部交流而形成，所以，结构在吉登斯的学术框架中是指由行动者利用权力对资源进行调配的一系列规则；而结构化则是作为一种动态行动过程，指支配结构维续或转换的条件，从而也构成了支配社会系统再生产的条件。

（四）“结构化理论”的第四个要点是“结构的二重性”

“二重性”并非“二元论”，“二重性”是结构化理论的核心，是针对作为资源、规则反复进行而形成的记忆痕迹的结构而言的，社会系统的结构性特征既是社会行动的中介，同时又是社

---

① 中共中央马克思恩格斯列宁斯大林著作编译局：《马克思恩格斯文集》（第1卷），北京：人民出版社，2009年，第502页。

会行动的结果。在“二重性”的叙事中，并不存在抽象的主体结构，也不存在抽象的客体结构，所谓结构的二重性，更多是从结构本身的观察角度而言的，从二重性的特性上看，结构本身就兼具使动和受动两重特性，结构化的过程就是主体行动不断形成结构的过程，而结构的内核是一系列权力支配的资源和规则，二重性成为社会再生产得以跨越时空进行延续的根基。在结构的二重性过程中，吉登斯特别重视主体思想性，尤其是社会理论作为人的一种反思性成果在结构化过程中的重大作用，他是把人类这种反思性的主体性力量作为一种建构结构的“意外”后果予以关注的，主要表现为“自均衡因果循环”和“反思性自我调控”两种情况，前者属于结构化过程的常态，后者是对主体行动在结构化过程中的一种补充性解释。“结构的二重性”要点的最后，吉登斯区分了作为共同在场情境下行动者之间交互关系的“社会整合”，以及跨越时空范围的不同行动者或集合体之间的交互关系。

（五）“结构化理论”的第五个要点是“制度的各种形式”

吉登斯在分析“结构二重性”的基础上，对结构本身进行了三个维度的分析。结构作为一种权力作用下的资源和规则的集合器，其本身是在三个维度上存在的：第一个维度是在与主体行动相关的互动基础上通过沟通形成的一种解释图式，这种解释图式是以表意的维度存在的，这种表意维度的外在制度表现就是符码表达的话语形态，即某种社会制度的文化模式或意识形态；第二个维度是掩藏在文化互动基础上的使动性，这种使动性是通过权力运作资源而形成的支配性。这种支配性表现在配置性资源经过反复循环而形成某一社会的经济制度，表现在权威性资源形成某一社会的政治制度；第三个维度是结构作为一种具有约束性的存在，会形成一系列正式的和非正式的规范性，没有规范性就不会有结构的存在，而这种规范性在制度层面就表现为制度本身的合法性维度，主要是指规范调控的法律制度。

所以，任何行动本身必然包括三个要素：一是交往，二是权力，三是道德。[①] 这是一个行动必然包括的三个维度，任何行动都是一个互动过程，这种互动的过程就是一种交往的过程，这个过程是一个制造“意义”的过程，“意义”的世界是在交往中得以建构的；互动的过程也是一个体现权力运作的过程，是一个支配与被支配的过程，因此，权力的本质是支配，吉登斯把可供权力支配的资源分为“配置性资源”和“权威性资源”。前者是行动者对物质资源的支配，后者是行动者对支配人权力的支配。

可见，权力是行动的维度之一，而从价值维度看，互动过程还涉及“该不该”的价值判断问题，因此这和道德相关，吉登斯把这种和道德相关的维度同“合法性”联系在了一起。“合法性”就是对某一行动进行的内在价值裁决，如果说“交往”和“权力”具有中性性质，那么“合法性”则是对行动本身的道德评价。总之，表意、支配和合法化形成结构本身的三个维度，而这三个维度在制度层面则分别表现为文化制度、经济制度、

---

① [英]安东尼·吉登斯：《社会的构成》，李康、李猛译，北京：生活·读书·新知三联书店，1998 年，第 65 页。

政治制度和法律制度。这种模式为结构的二重性理论如何过渡到结构的制度性存在提供了解释框架，所以，制度是结构化的必然结果。结构的三个维度和制度之间的关系可以用如下图示表示：

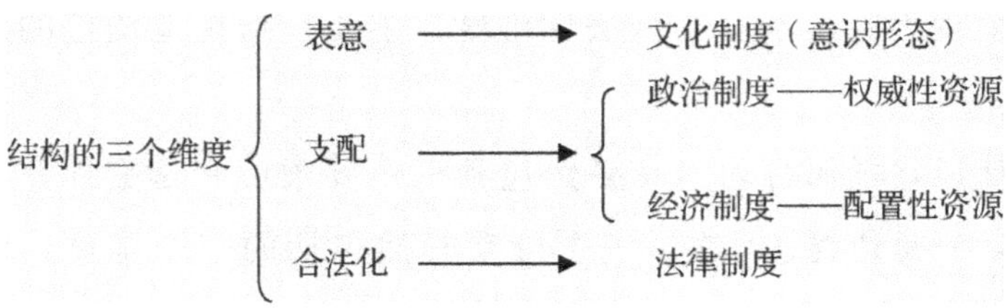

图 1-1　结构的三个维度和制度之间的关系

(六)“结构化理论”的第六个要点是“时间、身体和日常接触”

吉登斯在这个要点中继续对结构化理论进行了时空方面的拓展。时间是历史学研究的对象，空间是地理学研究的对象，而吉登斯恰恰看到了作为结构化理论极其重要的影响因素——时间和空间。任何结构乃至制度都是在例行的时间中由行动所形塑，而对时间本身就不能仅仅从海德格尔“向死而生”的意义上来理解个体的不可逆的生命周期，也要理解可逆的、作为日常体验的绵延的时间以及长期所形成的某种制度时间。也就是说，戈夫曼所考察的更多的是一种身体在场的、当下的“日常接触”，而吉登斯则是把结构化放置到更加宏大的时空中进行考察，从而得出社会历史演进的真实图景。

总之，吉登斯历史唯物主义研究的核心思想在于重建行动与制约之间的关系模式。其核心思想表现在：结构既是行动的媒介和结果，同时又对行动形成制约，形成这种结构性制约的原因关键在于人类理性的有限性和行动的意外后果等事实。吉登斯在批判传统结构主义解释模式的同时，也对解释社会学进行了批判，他认为社会行动是持续不断的动态过程："人的行动是作为一种绵延而发生的，是一种持续不断的行为流，正如认知一样。有目的的行动并不是由一堆或一系列单个分离的意图、理由或动机组成的。"①同时，"动机的激发过程并不与行动的连续过程直接联系在一起。它所指涉的与其说是行动者惯常的行动模式，不如说是行动的潜在可能。"②吉登斯把行动看作是一股绵延不断的流体，而不仅仅是间断的、分散的甚至是隔离的部分实体的组合。"结构既是实践的媒介，也是实践的结果，而实践构建了社会制度。结构双重性这一概念跨越时空，把社会互动的生产一直作为知识型社会角色的附带成就与社会制度的再生产联系起来。"③行动除了反思性监控，还有理性化和动机激发过程，这两个过程和反思性监控一起构成了行动的连续性特征。在这种连续性中，伴随着结构的生产和再生产。

另外，吉登斯对结构化理论进行分析的过程，也是对"进化论"进行批判的过程。吉登斯认为进化论思想会招致四种危险：一是"单线压缩"。所谓"单线压缩"在吉登斯看来是把本来复杂的社会历史变化看作是一种特殊的、前后相继的"进化"过程，

---

① ［英］安东尼·吉登斯：《社会的构成》，李康、李猛译，北京：生活·读书·新知三联书店，1998年，第62页。

② ［英］安东尼·吉登斯：《社会的构成》，李康、李猛译，北京：生活·读书·新知三联书店，1998年，第66页。

③ Anthony Giddens, *Central Problems in Social Theory*, University of California Press, 1979, p. 27.

世界并非一个“成长的故事”，即使是欧洲大陆的很多地区，在历史事实中并没有经过封建主义，而是自然过渡到资本主义，很多地区并没有经历过封建主义的发展阶段，进化论则不顾这种历史事实，把欧洲本身的社会历史变化归结到一种臆造的“进化”图谱之中。社会历史变化的这种进化有机论从达尔文的自然进化论到盖尔纳等的社会进化论，吉登斯都给予了批判。二是“对应压缩”。所谓“对应压缩”是指在不同的社会历史时期，社会进化的各个阶段与个体人格发展的各个阶段之间存在一些对应关系。吉登斯尤其批判了从弗洛伊德的文明观到受其影响的马尔库塞、埃尔斯特等西方马克思主义者的对应主义观点。仿佛人类在发展早期，其心智极其落后，而随着所谓文明的发展，社会对情感的压抑也就愈来愈严重。三是“规范错觉”。所谓“规范错觉”，是指在社会历史进化的叙事过程中，总是带有价值判断的种族优越论倾向，把社会历史进化过程的胜出者看作是种族优越论者，进而形成一种带有“规范”意义的、族群间经“调适”而形成的优等种族或劣等种族。四是“时间歪曲”。所谓“时间歪曲”，是指历史本身和历史意识混为一谈，历史事实是一种客观性存在，而历史意识则是对事实的解释，这种解释本身可能形成对事实解释的偏误，从而导致事实和解释的分裂。“时间歪曲”强调的是歪曲的事实本身而非时间本身。

吉登斯在批判社会历史进化论的基础上提出了社会历史认知的五种概念模式，即“结构性原则”“片段特征化”“跨社会系统”“时空边缘”和“世界时间”。吉登斯首先把所有的社会生活都定位为片段性的社会生活。“结构性原则”是一种具有普适性的分析制度之间相关联的方式；“片段特征化”是类似可比的制度变迁的关系，可通过这种关系来对比片段间的制度变迁；“时空边缘”则是不同结构类型的社会之间的关联，比如在吉登斯看来农业国家就是时空边缘和周遭少数民族处于一种共生和抗生的非稳定状态之中；而“世界时间”则是把这些不同的社会片段和“跨社会系统”放置到整个社会历史环境中进行考察。

那么，吉登斯的“结构化理论”和其历史唯物主义研究之间是什么关系呢？

吉登斯在谈到其“社会理论三部曲”的写作初衷时曾经说道：“这三部著作所关注的是历史唯物主义与当代世界的关联，但它们无意于再度参与现存对马克思著作所做的没完没了的批判性解剖，它们试图勾勒的是，后马克思主义对当今社会和政治所做分析的轮廓。”[①]由此可见，在吉登斯看来，解构已经完成，该做的是建构，从历史唯物主义思想中的“结构”性因素提取出来，形成自己的研究对象，同时又从历史唯物主义提炼出主体性因素，这就如同在旧屋拆迁的过程中，从旧屋中取出原来支撑房屋主体的椽梁，在这个基础上进行新房屋的建造一样。所以，吉登斯的“结构化理论”和历史唯物主义研究的关系，就如同卡西尔在《国家的神话》一书中对柏拉图的评价：“在柏拉图的思想中，两种倾向的冲突从未解决：一种是企图超越感性世界的全部限制；另一种则引导他返回这个世界，以便组织这个世界并把它纳入理性的规则。”[②]其实，吉登斯的意图就如同柏拉

① [英]安东尼·吉登斯：《民族—国家与暴力》，胡宗泽、赵力涛译，北京：生活·读书·新知三联书店，1998年，第1页。

② [德]恩斯特·卡西尔：《国家的神话》，范进、杨君游、柯锦华译，北京：华夏出版社，1999年，第77页。

图意欲建立的这种具有统一性的规则，通过研究古典社会学，得出一种作为“理性类型”的“结构化理论”的思考方法，而这个理论本身是超越感性世界的，同时意欲对整个复杂的世界进行理性的解释。所以，吉登斯的“结构化理论”形成于其历史唯物主义研究过程之中，同时又是指导其历史唯物主义研究的思想方法，因此，不洞悉吉登斯的“结构化理论”，就无法把握其历史唯物主义的阐释风格。

总的来讲，“结构化”作为一个动词，是指结构不仅作为行动中介来发挥作用，而且作为这种行为的结果而存在，行动者的行动在维持着结构的同时又改变着结构，社会结构是循环而不间断的，它会随着行动者的行动投入到下一轮的生产之中。因此，“行动”和“结构”在“历史唯物主义研究”中被成功地融合在一起，这样，吉登斯通过创立新的概念框架，让自己站在了一个更加清晰的立场上，从而来对“资本”“国家”和“解放”等历史唯物主义传统主题进行全面阐释，继而提出“结构化理论”“监控”和“生活政治”等全新的时代命题。

第二章

吉登斯历史唯物主义研究的结构化向度

这一章主要是解读吉登斯历史唯物主义研究三部曲的第一部——《历史唯物主义的当代批判：权力、财产与国家》(1981年第1版，1993年第2版，下文简称《当代批判》)。吉登斯在重点研究古典社会学家马克思、涂尔干和韦伯理论的基础上，抽取出传统社会学理论的两个核心概念："行动"和"结构"，然后在这个基础上进行其现代性批判，针对马克思在《德意志意识形态》《〈政治经济学批判〉序言》和《政治经济学批判大纲》中对唯物史观的经典表述，吉登斯在此书中借助建构的"结构化理论"专门对唯物史观的"化约论""进化论"和"功能论"倾向进行了所谓的批判性分析，从"行动"和"结构"的相互关系层面对马克思的唯物史观进行了"补充式"解读。

第一节　总体的现代性批判

在《当代批判》这本著作的前两章中，吉登斯首先简要分析了"结构化理论"，在这个分析的基础上，才开始进行历史唯物主义研究。首先来看《当代批判》一书前两章的相关内容。

一、吉登斯的晚期现代性批判

“结构化理论”是吉登斯社会学研究的“硬核”和支撑点，其现代性批判则是吉登斯“结构化理论”的延伸和拓展，在吉登斯历史唯物主义研究的三本著作中，第一本《当代批判》具有开端性意义。

吉登斯的历史唯物主义研究是和其晚期现代性批判紧密联系在一起的，《当代批判》就是其历史唯物主义研究的重要文本。《当代批判》初版于1981年，再版于1993年。1993年对于整个国际政治格局来讲，是一个非常特殊的年份。此时苏联刚刚解体，东欧社会主义国家也纷纷蜕变为资本主义——宣称以马克思主义作为意识形态指导的社会主义国家都瞬时变了颜色。如同吉登斯所说：“不论是马克思主义的批判者还是克里姆林宫最忠诚的守卫者，谁都没有预料到苏联共产主义的突然崩溃，这种崩溃也使表面上‘固若金汤的阵地’变得不复存在。”[①]现实的政局变革势必会影响到对产生这种社会事实的理论反思。所以，面对苏联解体和东欧剧变，对马克思主义的反思就是一项重要的理论任务。吉登斯《当代批判》的“第二版序言”就是在这种世界历史格局下进行的言说，而马克思主义的核心是历史唯物主义，所以，吉登斯的批判首先就是从对马克思的历史唯物主义研究开始的。

这里首先需要澄清一个很重要的问题：吉登斯历史唯物主

---

① ［英］安东尼·吉登斯：《历史唯物主义的当代批判：权力、财产与国家》，郭忠华译，上海：上海译文出版社，2010年，第2页。

义研究和吉登斯现代性批判之间的关系。吉登斯首先认为自己的历史唯物主义研究的三部曲“代表了对晚期现代性批判理论的勾画和证明”。既然三部曲是对晚期现代性的批判，那又为什么提到马克思的历史唯物主义呢？从吉登斯对晚期现代性批判的展开方式可以看出，批判现代性总要借助一定的理论对象，而马克思的历史唯物主义作为对早期现代性的批判，很多理论因子都已经具备，比如资本主义的剥削理论、社会历史发展的动力论、社会基本结构的组成理论等。而在吉登斯看来，马克思建构的理论虽然具有一定的现实解释力，但是在社会历史结构发生了重大变化的时代背景之下，必须对这些理论进行反思，在反思批判的基础上形成一种新的解释框架，进而形成新的社会事实。所以，就如同吃蜜要借助蜂巢，织丝要借助蚕蛹一样，吉登斯的现代性批判要借助历史唯物主义这个母体来完成。

吉登斯首先做的工作是根据“方法论上恰当”的要求，对方法论进行建构，他要批判历史唯物主义“与个体联系在一起的目的论”，而马克思的唯物史观就是要致力于无产阶级革命进而实现自由公正的共产主义社会，这在吉登斯看来具有“目的论”倾向；同时，吉登斯还反对一种“功能主义”，他对“功能主义”的批判其实不是始于马克思的历史唯物主义研究，英国本来就是社会学“功能学派”的大本营，马林诺夫斯基、拉德克里夫·布朗和弗思等都是其重要代表人物①，吉登斯社会学对功能主义

① 英国功能学派代表人物马林诺夫斯基在学术观点上对进化学派、传播学派和历史学派都持反对态度。他认为，物质器具和社会思想只有在具有满足人类生物需要和社会需要时，才能存留和传播，若失去这种功能，它们便会在历史上消失。

的批判从本质上看是对本国社会学传统的一种反思。其次，吉登斯批判历史唯物主义所使用的另一种方法论就是进化论，吉登斯认为历史唯物主义带有极强的“进化论”特点，他认为：“社会和文化领域根本不存在与同化、变异等生物进化的核心概念相对应的概念。”这其实也是吉登斯对斯宾塞以来的社会学“进化论”传统的批判，在他看来，历史唯物主义在其生产力和生产关系辩证法基础上形成的五种社会形态的历史更替，就带有这种历史进化论色彩。吉登斯之所以用一种独断论的语气来批判这些方法论原则，就在于其致力于新的“结构化理论”研究的需要，他的理论特点是先进行方法论建构，后做现代性解释。这跟韦伯先进行主观意义诠释，然后在“价值中立”的前提下建构解释性的“理想类型”方法论相反，吉登斯追求的是一种致力于“行动”和“结构”内在关联的方法论原则。同时，吉登斯把自己的方法论看作是一种“批判理论”，这显示了其作为左翼思想家的某些色彩。

在预先给定的方法论原则下，吉登斯开始对历史唯物主义进行分析。吉登斯认为马克思所认为的现代性扩展至整个世界的动力仅仅是因为资本主义竞争的观点是有问题的，因为在吉登斯看来，现代性并不是单一的制度性建构，相反，整个现代性崛起的过程是沿着一系列“迥然相异而又彼此联系的制度性维度发展而来的”。① 吉登斯所谓的一系列制度，是指他经过研究提炼出至少对于支撑现代性的四个比较典型的制度设置：一是

① ［英］安东尼·吉登斯：《历史唯物主义的当代批判：权力、财产与国家》，郭忠华译，上海：上海译文出版社，2010年，第2页。

以追求利润为主要特征的“资本主义制度”，这个资本主义制度的设置主要来自于马克思的思想资源；二是摒弃意识形态，因为自启蒙理性以来，科学技术发展导致了“工业主义”的大发展；三是民族国家发展所形成的对全社会实施的“监控”；四是日益发展起来的国家暴力，也形成对社会秩序的巨大挑战。以上这四种批判，其实也就是对现代性四种自身固有的缺陷进行的分析批判。当然，吉登斯对历史唯物主义所谓的批判性分析是牵强的，马克思所处的时代正是民族国家处于不断发展的过程中，阶级矛盾和资本主义的剥削问题是资本主义发展早期所表现出来的社会病相，就如同吉登斯的研究是立足于当下反映现实社会实践的理论总结，马克思的研究也是对当时社会历史问题的一种理论反映。吉登斯对现代性这四个方面特征的揭示乃至批判，反映的是以人为中心的四个层面的关系。第一，资本主义的逐利性导致的是富裕与贫穷之间的两极化，如同吉登斯所说，这种两极化，“以某些更为尖锐的形式见之于富裕国家与贫穷国家之间的不平等上”①，这种贫富差距本质上反映了人与人之间的关系；而对于由于“工业主义”发展而导致的对自然环境的破坏则反映的是人和自然的关系。第二，由于工业的无序发展导致对自然的大肆掠夺，人类赖以生存的绿色家园遭到破坏，就如同吉登斯所言，“工业和科技给环境生态系统造成破坏性影响”②。第三，就是对于现代性所形成的无所不在的“监控”，这

① ［英］安东尼·吉登斯：《历史唯物主义的当代批判：权力、财产与国家》，郭忠华译，上海：上海译文出版社，2010年，第10页。

② ［英］安东尼·吉登斯：《历史唯物主义的当代批判：权力、财产与国家》，郭忠华译，上海：上海译文出版社，2010年，第10页。

些“监控”给一些“权威体制”的国家滥用职权、形成奴役创造了条件，吉登斯站在人类自由的角度来看待这个问题，这其实是吉登斯现代性批判的国家维度。第四，在这种国家批判的维度上，吉登斯又提出了民族国家所隐藏的暴力问题。在他看来，随着现代性的全球化，由于资本主义民族—国家的自身特性，世界上将会出现“无所不在的大规模战争的威胁，无论这种战争是否涉及到核武器的使用”。① 可见，吉登斯的现代性批判隐含在马克思的历史唯物主义研究之中，在得出四个现代性的特点之后，不少研究者依次针对支撑这四个特点的现代性造成的世界乱象进行了点评。有学者指出：“吉登斯是通过对现代性四种制度维度的界定，来对马克思历史唯物主义的建立前提——资本主义这一单一制度维度进行了批判。”②

吉登斯在“第二版序言”中，对“现代性的制度分析”之后，提出了自身历史唯物主义研究的第三个重要问题，即“批判理论”的定位问题，“在一个‘历史’不再存在其目的或者总体演进图式的世界里，一种重构的批判理论还必须把握批判的含义，及如何证明其正当性”。③ 在这里，吉登斯对于自己的批判理论显然是要求超越马克思的批判理论，在他看来，马克思的批判理论具有历史宿命论色彩，把阶级斗争看作是社会剥削的表现，同时也是超越社会剥削的源泉。所以，吉登斯认为马克思的历

① [英]安东尼·吉登斯：《历史唯物主义的当代批判：权力、财产与国家》，郭忠华译，上海：上海译文出版社，2010年，第10页。

② 王永静：《吉登斯、哈贝马斯对历史唯物主义批判的比较研究》，东北石油大学硕士论文，2011年，第13页。

③ [英]安东尼·吉登斯：《历史唯物主义的当代批判：权力、财产与国家》，郭忠华译，上海：上海译文出版社，2010年，第2页。

史唯物主义宿命论中包含了目的论的东西，在马克思看来历史产生的问题还要由历史进行消灭。吉登斯的现代性批判理论显然要超越这种带有被动宿命论的定论，在这里暗含着吉登斯对历史唯物主义静止结构性的指责，而自认为自己的批判是一种充满“建构性”的、带有积极介入性的批判理论，所以，其自身的批判就带有了某种正当性，在吉登斯看来，一种批判理论是否具有正当性，取决于这种理论本身通过自身对周围世界进行改造的维度大小。

当从总体上对自己的批判理论进行高度概括之后，吉登斯开始从微观上对马克思的历史唯物主义展开“问题意识”的论述。吉登斯首先从其《当代批判》1979 年出版到 1993 年这段时期内知识界对马克思主义的基本态度出发，批判性地指出了应该继承马克思主义的哪些思想，应该抛弃马克思主义的哪些思想。在这个过程中，吉登斯还是把自己所认为的支撑现代性的四个维度进行了综合性批判，并且在吉登斯看来，这种批判带有极强的伦理学向度，是区别于所谓马克思主义的现代代言人哈贝马斯的真正的批判理论。下面是笔者按照吉登斯的论述顺序进行的分析。

吉登斯先后列出了许多政治派别和社会思潮对历史唯物主义的态度。首选出场的是在我们中国学术语境中被称为“西方马克思主义”的派别，在“第二版序言”中，吉登斯认为“西方马克思主义”一词是被梅洛·庞蒂首先使用的。在吉登斯看来，“西方马克思主义”一直是作为所谓正统马克思主义批判者的面目出现的。而随着苏联解体，这些所谓的“西方马克思主义”和苏联的社会主义都面临着巨大的挑战；除此之外，号称社会主义的北欧"福利社会"国家也随着凯恩斯主义的失效而开始进入困顿之中。在苏联解体、东欧剧变的社会历史背景下，很多自称是马克思主义的人开始纷纷实现转向，"一些彻底放弃了左的立场转而拥抱右翼，用自由市场的哲学代替了其原有的社会主义观念"[①]。在这种情势下，原来的左翼纷纷转向福柯，选择拥抱某些后现代主义的观念。而在吉登斯看来，这些所谓的激进主义，不管是女权主义、生态主义批判，还是福柯的后结构主义，都是非马克思主义的"伪激进主义"[②]，福柯的权力理论揭示了权力对大众的监控角色，但是却缺乏一种"对现代社会做任何总体性批判的可能性"[③]。如果说随着东欧剧变、苏联解体，很多知识分子改变了自己的立场，而在"第二版序言"中，吉登斯则把目光开始投向了马克思理论自身。

对于马克思思想本身，随着社会历史的变迁，马克思的很多分析模式都已经过时，比如吉登斯认为人类历史并不是"阶级斗争的历史"，也不由阶段斗争所主导，"甚至并非'归根结底'是由生产力发展水平所决定"。[④] 尽管与马克思的阶级斗争论相反，但是，吉登斯认为马克思对资本主义的分析仍然具有巨大的影响力和重要性。但从马克思的经济学方面看，他抛弃了马

---

① [英]安东尼·吉登斯：《历史唯物主义的当代批判：权力、财产与国家》，郭忠华译，上海：上海译文出版社，2010年，第2页。

② 随着斯大林模式的破产和国际共产主义遭遇的挫折，很多左翼力量开始向非马克思主义的后现代主义思想靠拢，这些所谓的"激进主义"，从本质上说是一些非马克思主义的"伪激进主义"。

③ [英]安东尼·吉登斯：《历史唯物主义的当代批判：权力、财产与国家》，郭忠华译，上海：上海译文出版社，2010年，第2页。

④ [英]安东尼·吉登斯：《历史唯物主义的当代批判：权力、财产与国家》，郭忠华译，上海：上海译文出版社，2010年，第6页。

克思对资本主义进行经济分析的基础性概念——劳动价值论和剩余价值论。这其实是在表明吉登斯为了自己的理论建构需要，特别重视的是马克思对资本主义竞争性的市场交换关系、商品、服务乃至劳动力的分析，这其实是吉登斯为把马克思的分析和涂尔干的现代性“工业主义”分析区别开来。而“资本主义”和“工业主义”恰恰是吉登斯进行全方位现代性批判的两个重要支撑。

紧接着，吉登斯又对“监控”和“军事暴力”进行了分析。在吉登斯看来，自己的“监控”概念并非将马克思和福柯融合在一起，而是意味着对两者的批判。因为“监控”在吉登斯的理论视域中是跟组织和民族国家联系在一起的。吉登斯认为，民族国家从一开始就体现为“对暴力工具的垄断和对业已划定边界的领土所行使的主权上”①，而马克思对这种民族国家的“监控”缺乏一种一般性解释，福柯的“监控”也只是从“规训权力”扩展的角度来进行分析，并不是从大范围的民族国家角度进行“规训”分析。

最后，吉登斯对自己的“批判”进行了一种价值定位，认为传统的批判理论由于盲目追随了相对主义和非理性主义，而不能真正正视启蒙理想带来的各种现代性问题。所以，吉登斯认为自己的批判理论带有一种既非放弃启蒙理性，又非堕入相对主义的伦理倾向，而且这种伦理倾向是一种“积极的伦理观念”，在这种伦理倾向的指导下，吉登斯现代性问题的解决就回到了最初对应的四种现代性批判的框架之中。这四种现代性批判是

---

① ［英］安东尼·吉登斯：《历史唯物主义的当代批判：权力、财产与国家》，郭忠华译，上海：上海译文出版社，2010年，第9页。

指发展“资本主义”以防止贫富分化；适当发展“工业主义”以解决天人关系；明晰民族国家的“监控”功能以防止国家对人权的侵犯；防止国家“军事暴力”以防止国家间冲突。在“第二版序言”的最后，吉登斯进一步强调了“批判”理论伦理倾向的“复兴”方法：“批判理论的复兴需要马克思的现实主义精神：即政治策略必须通过诊断制度发展的内在趋势来加以制定。”①而这种现实主义在吉登斯看来只是表明了其批判理论的一个方面，另一个方面就是“伦理观照下的理想主义”，吉登斯认为，在自己所建构的这种批判理论之中，“乌托邦主义和现实主义具有同等重要的意义”，而这也许是吉登斯对马克思的极大误解，在马克思的理论建构中，何曾缺乏过这种现实主义和理想主义的双重结合呢？以笔者之见，也许后者更能体现历史唯物主义的本来特质②。

二、吉登斯的“资源”分析

吉登斯《当代批判》中的“导言”部分着重对社会学方法论进行了探讨，而对这种方法论的探讨是从批判历史唯物主义方法开始的。吉登斯宣称《当代批判》的目标将主要集中在与资本主义兴起的相关的各种现象和此前世界历史的各个发展阶段之中，

---

① ［英］安东尼·吉登斯：《历史唯物主义的当代批判：权力、财产与国家》，郭忠华译，上海：上海译文出版社，2010年，第10页。

② 历史唯物主义具有指向未来的实现美好社会理想的内在特质，从这个意义上讲，历史唯物主义是建立在资本主义现实批判基础之上的理论建构，因此历史唯物主义具有历史和现实的双重维度。

这个目标的确定是建立在马克思《〈政治经济学批判〉序言》中对社会历史阶段基本判断的批判之上的。在吉登斯看来，马克思提出了很重要的问题，尤其是在“序言”中“资本主义生产以前的各种形式”部分，马克思所提出的问题是“检视资本主义所创立的社会世界——与其他社会组织形式形成强烈对比——的最明显特征”①。而吉登斯对马克思研究方法的分析主要是集中在其“功能论”和“进化论”两个方面。吉登斯对社会历史的分析，就如同他本人所说，是从人类学、考古学和地理学等当代各个学科中去吸收养分，从而形成的一种分析工具。

笔者认为，吉登斯在对一种局部的“行动”和“结构”之间的关系进行了“结构化理论”建构之后，就试图用它作为一种理论工具检验其对社会历史的解释力。所以，吉登斯历史唯物主义研究的前提是其《社会的构成：结构化理论纲要》一书中的“结构化理论”的建构，当然，在《当代批判》中，吉登斯仍然用最简洁的方式对“结构化理论”进行了总括性介绍。

而如果想完成社会形态的动力学分析，吉登斯所使用的方法是把“时空”概念引入到对社会历史变迁的分析框架之中。吉登斯在《社会理论的核心问题：社会分析中的行动、结构与矛盾》中，只是解决了一种抽象意义上的“行动”和“结构”之间的内在关系，而真实的社会历史发展却是复杂多变，充满着很多“意外情况”的。为了使“结构化理论”更加具有说服力，“时空”问题几乎是一个必须要予以关注的领域，所以，在吉登斯的阐释过

---

① ［英］安东尼·吉登斯：《历史唯物主义的当代批判：权力、财产与国家》，郭忠华译，上海：上海译文出版社，2010年，第2页。

程中，对于列斐伏尔的空间理论，从柏格森到舒茨体验意义上的"绵延时间"、海德格尔此在的生命周期、布罗代尔长时段的制度性时间，以及对福柯"权力一监控"理论的社会学运用，等等，吉登斯几乎动用了20世纪所有的理论资源去进行其方法论的建构，其目的就如同吉登斯所言："我把本书称为《当代批判》，但我关注的决不是完全的批判或者解构，在背离马克思的时候我想提出历史解释的某些替代性因素。"①可见，批判是为了建构，综合是为了更贴切地对社会现实进行理性动态的描述。

那么吉登斯又是如何把"时空"运用到对"结构化理论"的分析之中的呢？

吉登斯对"时空"的引用是通过对"权力"进行解释来完成的。"权力"是一种支配性力量，在吉登斯看来，马克思强调生产力在社会组织变迁中的首要作用具有化约论倾向，且不能真切地具有解释力。吉登斯看待这种具有支配性的"权力"是别具一格的，他把权力和"自由"联系在了一起，因为所谓"自由"就是拥有一定的支配性权力，所以，权力根植于人类能动性的本质之中，是具有"换一种方式行事的自由"。进而，吉登斯又把这种支配性权力分为"配置性资源"和"权威性资源"两种模式，前者指人类支配物质世界所涉及的各种资源；后者指人类支配社会世界所涉及的各种资源。物质世界是指各种非人际资源，而社会世界是指与人际相关的资源。按照吉登斯的这种对权力支配领域的划分，马克思显然就是重视"配置性资源"而忽略了"权威

① ［英］安东尼·吉登斯：《历史唯物主义的当代批判：权力、财产与国家》，郭忠华译，上海：上海译文出版社，2010年，第3页。

性资源”在社会历史变迁中的作用。吉登斯之所以对权力支配进行这种二元划分，是因为他在为自己的社会形态发展的动力理论做理论解释：“配置性资源”是资本主义社会发展的动力，因为资本主义是以资本运作和商品充斥为特点的社会；而在非资本主义社会，“权威性资源”则真正起着推动社会历史前进的作用。

当分析这种权力运作的支配性资源是如何在时空中展开的这个问题时，吉登斯引入了“时空延伸”这个概念。所谓“时空延伸”是指所有的社会系统在结构化过程中，都是沿着一定的时间和空间展开，而“这种展开的模式是什么”就是“时空延伸”所解决的重点问题。比如对于小规模社会、狩猎社会和采集社会等社会形态，它们是由传统人类记忆和血缘在社会关系结构化两种时空延伸过程中形成的社会化结果。在这些社会中，由于人们交往关系的不紧密，作为传统知识、一系列持续性实践、故事讲述以及神话的表现形式等人类记忆就形成对时空关系的组合。记忆作为一种时间概念是从历史的角度来对结构化进行塑造的过程。这种由时空关系组成的社会结构化的“储存能力”形成一种普世性的解释性理论，吉登斯的这种既有动力体系，同时又有时空参与其中的理论建构，仿佛就形成一种韦伯所说的“理想类型”和默顿所说的“中层理论”，这对任何形式的社会形态都具有解释力。它从根本上否定了马克思对社会历史形态演进的一元化解释模型。因为在生产力和交往关系所形成的经济基础和上层建筑之间的社会结构变迁中，其背后的推动性力量是社会生产力，而在吉登斯看来，这对于资本主义社会的形成具有解释力，而对于非资本主义的社会形态则无法进行解释，因为在非资本主义社会，支配性权力是“权威性资源”而非“配置性资源”，“权威性资源”更多是通过人际间的非经济因素而形成。所以，吉登斯就利用这种在时间过程中所形成的要么“权威”，要么“配置”的结构性动力来解释社会历史的演进。而在非资本社会，权威性资源是国家实施监控活动的基础，监控则是强化国家权力的媒介。社会监控是随着“书写和符号的发明”而处于不断的强化之中，由农业社会的弱监控，到现代社会的强监控，是社会发展的一种趋势，现代国家监控活动的集中化已成为极权主义潜在威胁的主要基础。

在对监控进行空间分析的同时，吉登斯又联系到城市理论对该问题的基本观点。按照芒福德的城市理论，城市在非资本主义社会中起到了非常重要的权力支配作用，在其中它形成了对乡村的权威性配置资源。在后来的分析中，吉登斯把城市看作作为非资本主义社会的“阶级分化社会”向阶级社会的过渡，最后形成资本主义阶级社会的“人造空间”。

吉登斯不但在总体上把社会结构的形成归因于权力支配的不同类型，并且在这个基础上对马克思的“阶级社会”理论提出质疑，这种质疑是吉登斯为了完成自我理论建构的需要。在吉登斯看来，马克思认为欧洲社会的古代世界和欧洲封建社会中的阶级社会是有问题的，而作为非欧洲的“亚细亚生产方式”的提法更是有问题。因为马克思把“亚细亚生产方式”和公有制联系在一起，而吉登斯认为包括中国在内的所谓“亚细亚生产方式”是跟私有制联系在一起的。当然，马克思对“亚细亚生产方式”是存而不论的，而吉登斯则对马克思明确表示把古希腊罗马和中世纪封建社会直接看作阶级社会这一观点进行了否证，其理由主要有两点：一是这些社会对私有财产的控制并不重要；二是阶级支配在这些社会中无论如何都没有构成国家权力的基础。所以，吉登斯提出了一个新的概念来替代马克思对于非资本主义社会的称谓——“阶级分化社会”。在吉登斯看来，所谓的“阶级分化社会”是指这样的社会存在着阶级，但阶级分析并不构成认识这一社会组织之基本结构性原则的基础。而做这一区分的原因是吉登斯想通过探究海德格尔哲学对时空主体的引入，去分析马克思对于资本主义劳动时间的阐释，即货币商品化为资本，劳动力商品化为可带来剩余价值的存在。所以在资本主义社会，“时钟时间”是资本主义兴起的典型特征，福特制是其典型代表；而空间则在资本主义社会的生产过程中，劳动力和家庭相分离，同时城市空间变成了一种寸土寸金的商品。所以，在真正的阶级社会，时间和空间都被商品化了。

时间和空间的商品化导致人际社会中的道德感下降，资本主义城市下的“日常生活”变为“麻木的经济强制”的外在表现。而这种资本主义工具理性所造成的人类行尸走肉般的生活反而会和民族主义的兴起相关。这是吉登斯紧接着进行“绝对主义国家”“民族国家”和“民族主义”分析的肇因。吉登斯把马克思的理论分析中关于不详尽的民族国家问题进行了仔细分析，认为绝对主义国家向民族国家的过渡是在阶级分化社会向阶级社会过渡的过程中，经济和政治分离的结果。而民族国家的出现则是在阶级分化社会的基础上，民族国家取代城市成为权力的“集装器”，就如同吉登斯所言：“民族国家的边界精确度恰似城墙给城市所划定的边界。”[①]在这个基础上，吉登斯进行了历史唯物主义所欠缺的对于民族国家的阐释。

对民族国家的阐释，不但表现在吉登斯唯物主义批判三部曲中的第一部，第二部著作专门就“民族国家”和“暴力”问题进行了阐释。在吉登斯看来，民族国家是指国家将自身权力伸展到特定精确领土疆域之内的管理机构的一体化；而“民族主义”则是指一种集体的感情体验。吉登斯赞同格尔茨的观点，即民族主义是以传统为基础的社会再生产的“原始情感”出现实质性解体之后，旨在填补日常生活无根性的心理情感表现。所以，民族主义具有双面性，既可以在良性情感支配下形成团结，又可以引发致命的侵略性的情感。在其“导论”中吉登斯宣称所使用的理论工具是勒庞和弗洛伊德。当然，除了勒庞的《乌合之众：大众心理研究》和弗洛伊德的精神分析对这种民族主义情感进行了出色的分析，吉登斯还忽略了作为“西方马克思主义”重要代表人物的积极心理学家艾瑞克·弗洛姆在《逃避自由》中，对滥用“民族主义”而形成的极端民族主义甚至法西斯主义的有力阐释。

在本书的第九章，吉登斯在泛泛讨论了民族国家以及民族主义之后，开始具体分析资本主义国家的特定性质。在民族国家和经济的关系上，吉登斯反对马歇尔“公民身份权力”的观点，即认为公民权利是自由国家仁慈的礼物，不是资本主义为保护其劳动力资源而形成的“功能性反应”。在吉登斯看来，这种权

---

① [英]安东尼·吉登斯：《历史唯物主义的当代批判：权力、财产与国家》，郭忠华译，上海：上海译文出版社，2010年，第12页。

利是通过劳工运动等对政治领域的积极介入而获得的。吉登斯的这一观点是建立在他之前对经济和政治各自作为一种自主性主体，彼此分离而存在的基础之上的。

在“导论”的最后，吉登斯仍然强调了自己的方法论原则。不破不立，吉登斯对历史唯物主义研究是建立在对马克思的“功能主义”和“进化论”理论特征之上。吉登斯并没有直接认为历史唯物主义就是功能主义，而是认为马克思主义和功能主义只是存在着某种模糊的联系。

吉登斯对功能主义的反对出于三个方面的理由：一是认为功能主义错误地划分了动态与静态、共时与历时。之所以如此，在吉登斯看来功能主义和结构主义是把时间从空间中抽取出来，对某一个社会结构进行了一种“共时”性的快速照相，吉登斯把这种对社会进行快速照相称为“无时间的快照”。在对社会系统进了这种共时性分析之后，又采取一种“历时”性的分析，而这种历时性分析却只是考察了社会系统是如何随着时间而发生变化的多种方式，所以，在吉登斯看来，这种研究方法显然是割裂了社会整个系统的真正变化。吉登斯反对功能主义的第二个理由是认为功能主义忽略了有知识能动性的主体行动性，只是把行动者当成了“文化呆子”。因为帕森斯和阿尔都塞等结构主义过于重视“结构”而忽略了形成这种结构的行动者本身，所以在这个意义上，吉登斯推崇了比较功能者欧文·戈夫曼的著作，认为戈夫曼向我们表明：“我们对社会习俗或者制度‘知道’良多，而且我们知道如何使它们得到再生产，只不过是以一种习惯意义上的实践意识出现而已。”①吉登斯显然是在批判结构功能主义非能动性的一面。吉登斯对功能主义批判的第三点理由，也即在他看来是最重要的理由，就是系统本身并不存在“需要”，而功能主义建立在这种认为系统存在“需要”的基础之上。吉登斯列举了马克思“劳动后备军”的例子，认为在功能主义者看来，既然资本主义运作导致了劳动后备军的产生，那就说明资本主义需要有产业后备军才能运作。在吉登斯看来，这种所谓的“需要”分析只具有逻辑上的意义，并不具有现实意义。非但如此，这种“需要”分析还是一种反事实论证。

在批判了功能主义的三个主要缺陷之后，吉登斯进一步指出了“结构化理论”的优越之处：与对功能主义进行分析的非现实有机性相反，吉登斯认为自己的“结构化理论”才是真正对现实社会系统的运作具有解释力。这种解释力表现为：所有社会行动都是由处于时空当中的社会实践所组成，并通过具有技巧和知识的人类行动者得到组织。当然，吉登斯为了避免自己的理论建构重新进入“功能论”的“需要”陷阱，专门强调了行动者的行动处于没有认识到的条件之中，这其实也是吉登斯“风险社会”理论研究的理论根源。吉登斯通过这种假定就把自己的“结构化理论”完全暴露在无条件限制的“自然”之中，从而避免了功能主义的“弦外之音”。而他认为这个结构化过程就是通过“结构两重性”得以实现的。所谓“结构两重性”是指社会系统的结构性特征同时也是社会行动的媒介和结果，简单地说，社会结构既

① ［英］安东尼·吉登斯：《历史唯物主义的当代批判：权力、财产与国家》，郭忠华译，上海：上海译文出版社，2010年，第12页。

是媒介又是结果。而在现实的结构化过程中，任何行动和结构之间的互动都处于一定的时间中，吉登斯列出了三种重要的时间因素，一是直接体验到的时间，即每日生活的持续流；二是人的生命周期；三是作为长时段的时间的长期绵延，吉登斯反对其中任何一种时间具有逻辑上优先性的说法。

紧接着吉登斯又开始批判进化论在社会学中的影响。就如同吉登斯批判功能论时主要抓住的是功能论的“需要”概念，吉登斯对进化论的批判同样也抓住了一个关键词，那就是“调适”的概念。吉登斯认为“调适”的概念是人的一种幻想，社会没有必要去“调适”其物质环境。吉登斯举出萨林斯①等人类学家的观点，指出了所谓“调适”，其真正的本质并不是社会在“调适”它们的环境，而是社会成员对自己的所作所为表示肯定，并且希望尽可能生产出更多的物质资源。所以，吉登斯其实是从经验性的一面而非“调适”的一面去进行进化论的批判，他认为在沃勒斯坦的“世界体系”理论和阿明的著作中反而给出了对抗这种进化论“把某种类型的社会作为一个孤立的存在体”的致命错误，因为在吉登斯看来，即使是部落社会，其实也存在着多元的重叠的跨社会关系。

在“导论”的最后，吉登斯从两个方面分析了历史唯物主义进化论特色的内在缺陷。首先是吉登斯从价值判断的角度对马克思唯物主义的进化论特色表示了同情，在吉登斯看来，马克

① 马歇尔·萨林斯是美国人类学家。萨林斯所出版的著作非常丰富，《历史之岛》是他的代表作。他的人类学研究范围广泛，主要涉及新进化理论、历史人类学以及西方本土文化研究等方面。

思的进化论是服务于其总体理论乌托邦色彩的理想社会，因为社会是进化的，所以未来美好的社会必定实现，从这个意义上看，马克思的进化论就具有了价值倾向上的合法性。而合价值性并不代表合规律性，吉登斯对马克思进化论的评价显然带有同情的意味，而这种同情背后其实是对马克思理论非科学性的隐性指责。其次，吉登斯认为马克思把剥削看作是只有资本主义社会才具有的特性是错误的，因为即使消灭了资本主义，在吉登斯看来至少还有三个方面的剥削关系仍将存在，这三个方面分别是国家之间的剥削关系、族群之间的剥削关系以及性别之间的剥削关系。

三、“结构化理论”的再阐释

吉登斯在《当代批判》一书的开卷部分，引用存在主义哲学家索伦·克尔凯郭尔的一段话，开卷语非常耐人寻味：“沉重一点来看，一刹那具有无穷的价值；轻松一点来看，一万年不过弹指一挥间，仿如刚逝去的昨日。但如果有人单独和直接说一万年不过弹指一挥间，只有傻瓜才会同意其说法并认为其中充满智慧，他忘记了另一面：一刹那具有无穷价值。”①

笔者认为，吉登斯把克尔凯郭尔的这段话放在卷首，至少表明了两个意思。一是作为存在主义思想家，克尔凯郭尔显然面对着人生的一个相对两难的选择：到底是选择人生的“一瞬”，

① ［英］安东尼·吉登斯：《历史唯物主义的当代批判：权力、财产与国家》，郭忠华译，上海：上海译文出版社，2010年，第1页。

还是选择人生的“万年”？这是一个严肃的哲学问题。如果抛开吉登斯进行理论唯物主义批判的理论前奏“结构化理论”，就很难理解这段话的真正含义。这段话既肯定了“一瞬”的重要性，同时也肯定了“万年”的意义。取其象征意义：吉登斯是在暗示读者，具体到社会学理论中的核心性问题，“行动”非常重要，“结构”也非常重要，两者不可偏废。在社会学思想史上，涂尔干就是过度强调了“结构”的重要意义，把社会看作是一种相对静止的分析对象，却没有看到社会结构的主体建构性；而韦伯正好相反，在新康德主义文德尔班和李凯尔特为代表的“巴登学派”以及狄尔泰解释学影响下，过度重视了主体行动的意义分析，虽然韦伯提出了“价值中立”的“理想型”构建，但这种“理想型”本身就是解释学意义上的主体意义建构。所以，前提的主观性和结果的客观性之间存在一定的张力。在这两种情况下，就要进行综合性分析，而这种既重视了主体“行动”，又重视了客观“结构”的解释模式才是理想的解释模型。吉登斯的“结构化理论”就是对这个问题的解决。所以，这应该是卷首语的第一个含义。

二是笔者认为它具有一种象征意味的含义。作为一个兼容并包的思想家，引用存在主义思想家的话语，其本身就想表明人类的一个充满悖论的宿命性存在：看上去既是自由的，其实又如同卢梭所说“无往不在枷锁之中”①。而如果说人是完全处于理性“铁笼”之中，却又具有主观的行动自由。虽然吉登斯在

① ［法］让-雅克·卢梭：《社会契约论》，何兆武译，北京：商务印书馆，2003 年，第 4 页。

尽力弥合这两者之间的关系，但在现实的社会运行中又谈何容易？所以，第二种含义笔者解释为一种存在主义隐喻：对人生真谛的一种吉登斯式理解。当然，在这本著作中，吉登斯更重要的是对前一种人类困境的解读，那就是如何来化解人类思想史上一种没能很好解决的主客二分问题。而这种主客二分的问题在社会学领域就集中表现为“行动”和“结构”之间的关系问题，即人作为主体具有主体能动性，而这种主体的行动又都是在一定的框架结构中进行的。因此，任何主体和客体的关系就化为“行动”和“结构”之间的关系了。在吉登斯的研究视域中，这种关系是通过“结构化理论”表现出来的。下面就来简要分析吉登斯的“结构化理论”。这一部分分析所指涉的内容是《当代批判》的第一、第二章。因为这两章属于吉登斯在进行具体资本主义社会形态分析前的工具准备。

由于《当代批判》第一、第二章的方法论问题是吉登斯在1979年出版的《社会理论的核心问题：社会分析中的行动、结构与矛盾》一书的方法论的继续，所以，两者具有极强的关联度。吉登斯在《社会理论的核心问题》中，主要是在评述索绪尔语言学的结构主义和列维-斯特劳斯人类学的结构主义，以及德里达的符码批判基础上对结构主义和功能主义进行了批判，不管是语言学的结构主义还是人类学的结构主义，不管是马林诺夫斯基学派人类学的功能主义还是帕森斯的规范功能主义，抑或是默顿的冲突功能主义，全都在吉登斯的批判分析之列。

对于“结构化理论”，吉登斯从总体上概括了历史唯物主义研究的十个特征。

第一，“结构”不是“系统”，要在两者之间做出区分。吉登斯认为，“结构”在现实中并不存在，因为真实的社会系统是由行动者或者集体穿越时间和空间反复再生产出来的关系模式所组成，所以，“结构”只是理论分析的一种“虚拟性”存在。

第二，“结构”是借助规则和资源形成真正的介质“束”，进而形成社会系统的再生产，所以，“结构化”作为一种动态过程，是一种对“规则”和“资源”的分析。

第三，历史唯物主义研究把“结构两重性”概念作为基本假设，这种“两重性”把具有大量知识的行动者的偶然行为与在历史时间和空间中社会系统的再生产集合在了一起。

第四，任何行动者的行动都是一种反思性行动，而这种反思性行动要求行动者具有在生产和再生产过程中使用的知识储备，这种知识储存同时“也是他们对自身行动的目标、理由和动机做出解释的资源”①。但是对于行动者主体性的能力范围，吉登斯认为，在不同的社会习俗和生活背景下，行为者的行为只是有一部分出自“话语意识”，其余更多的是出于一种约定俗成的“实践意识”。

第五，从本质上看，研究社会系统的结构化也就是研究主导着社会的持续、变迁或者消失的条件。

第六，吉登斯是从否定性的角度来分析社会再生产过程的，这样就把社会再生产过程由一个“解释性过程”看作是一个历史性和偶然性所组成的过程。这种偶然是由于行动者受未被认识到的条件和行动的意外后果的限制。

---

① ［英］安东尼·吉登斯：《历史唯物主义的当代批判：权力、财产与国家》，郭忠华译，上海：上海译文出版社，2010 年，第 26 页。

第七，就如同在“导论”中所强调的，吉登斯在分析时间因素时，认为时间由瞬时完成的直接互动时间、海德格尔意义上的向死而生的生命周期时间以及跨时段的长时段制度性时间三个时间所形成。

第八，历史唯物主义研究中，使资源得以运作的动力是权力，因此，权力分析必不可少，可以把权力看作是行动者之间自主和依赖的关系，通过这种自主和依赖关系，行动者使用和再生产了“支配”的结构性特征。

第九，社会系统“整合”是从三个方面来界定的，首先是“整合”含义，“整合”不能理解为“一致”或“团结”，而应该是“实践的相互性”。社会系统“整合”包括“社会整合”和“系统整合”两个部分，其中，社会整合是行动者面对面互动形成社会的系统性；而系统整合则是集体关系的系统性。

第十，“结构化理论”中的“矛盾”不是冲突，冲突是行动者之间的利益分裂或者斗争，而“矛盾”在吉登斯的理论中更多是黑格尔意义上的辩证式表达，是一种通过消解自己来发展自己的方式。所以，吉登斯“结构化理论”中系统的再生产本身就是一种系统结构性原则之间的对立或者断裂，从而表明系统是以一种否定自身的方式在运转。这其实是黑格尔辩证的吉登斯“结构化”运用。

吉登斯历史唯物主义研究的这十条“戒规”，从本质上就规避了对功能主义和结构主义进行共时性分析的老套路，从而放飞了“社会学的想象力”①，使社会学方法论实现了革新。

在对“结构化理论”的几个重要特征进行了分析之后，吉登斯开始不断地通过探讨几对范畴以使这个理论更加丰满和接地气。这几个不同的范畴分别是“时空关系”“时间与意识”“时空、在场、缺场”以及“制度、集体与社会”等几个方面，对于这些范畴吉登斯都是一种静态描述，在第二章中，吉登斯才开始使用“支配、权力与剥削”等动词，从而贯穿起这些静态范畴，使之活络起来。

首先来看由抽象的“结构化理论”向现实靠拢的第一步：时空关系。吉登斯的时空论是建立在存在主义哲学家海德格尔的相关论述基础之上的。吉登斯首先批判了传统的规范结构功能主义，帕森斯把“秩序”的对立面理解为“解体”，也就是说，当把社会失序理解为“解体”，也就反过来把社会秩序理解为一种共时性的“结构”，而真实的社会系统却是一种行动者在某种情景特征的作用下所形成的“在场”，这种“在场”是在时间、空间和结构三维作用下而形成的一种“此在”。而这种“此在”，在学术史上却是被割裂的，时间让位给了历史学，空间让位给了地理学，因此，吉登斯借助海德格尔在《存在与时间》中的理论资源，认为“哲学必须回到被西方思想中的认识论偏见所一直蒙蔽的存在问题上来”。而单就时间而言，在海德格尔看来就由过

① 在《社会学的想象力》一书中，米尔斯对主流社会学的宏大理论、抽象经验主义等研究风格做出了犀利的批判，并试图以此洞悉当代社会科学研究脱离“个人困扰”与“公共论题”的关注，而带有科层制意识形态的形式主义风格。米尔斯在深入批判当代社会科学科层制意识形态的基础上，指出社会学家作为公共知识分子，应该运用社会学的想象力将“个人困扰”转化成“公众论题”，这是社会学家的学术使命和时代追求。在此基础上，米尔斯也建构了历史与比较相结合视角下的方法论旨趣。

去、现在和将来以及“在场”思维所形成，其中，“此在”把过去、现在和将来联系在了一起或者把它们彼此分开。

当从总体上要求时间和空间重新回到社会学研究的核心地位之后，社会系统的变迁是行动者不断行动的产物，而行动者的行动是跟行动者的“意识”紧紧联系在一起的。这种“意识”本身就是“时间”的产物。所以，分析“时间”和“意识”的关系就成为历史唯物主义研究的重要任务。时间分为暂时的体验性时间、生命周期时间和制度时间，而吉登斯在这里却要进一步挖掘两个同时间有关的因素：一个是荣格意义上的“原型”时间，一个是梅洛·庞蒂意义上的“身体”时间。前者是人类进化过程中留下的一种“原型”意识，后者则是通过人的“缺场”“在场”的身体规训来体现的时间意识。吉登斯在文中虽然没有具体提出荣格和梅洛·庞蒂，在第二章的“支配与权力关系”中，吉登斯甚至还说：“所谓‘身体的生产在再生产’，我指的是贝托克斯所谓的人类社会中的‘人类行为学’要素，即人类沿时空在社会中分布”，① 但在文字的背后显然站着这两个思想家。所以吉登斯是从五个方面来阐释时间和意识的关系的。

第一，吉登斯从批判海德格尔时间概念“向死而生”的未来遮蔽当下的角度，指出了死亡本身其实就是一种日常事实。同时批判海德格尔的时间概念具有站在西方文化传统意义上的种族中心主义倾向。

第二，由于日常生活的绵延性和例行化，人类行为者超越

① ［英］安东尼·吉登斯：《历史唯物主义的当代批判：权力、财产与国家》，郭忠华译，上海：上海译文出版社，2010 年，第 52 页。

了其直接的感觉经验，“在场”与“缺场”是例行化日常生活的常态，所以持续“在场”的日常活动中交织着代表“缺场”的符号。所有的社会都具有跨时代的制度形式，这些通过记忆形成的“储存能力”就成为权力支配和监控的主要基础。

第三，吉登斯进一步强调了马克思的历史性与意识的关系。历史性是西方特有的产物，是与钟表的发明联系在一起的，从本质上看，历史性是时间的一种变异，因为历史性是一种抽象时间，是一种现代性发展过程中诱发的人类必须与之作战的意识。

第四，吉登斯把荣格的“原型”与意识联系起来，任何人类的意识其实是人在长期的社会历史发展过程中留下的一种时间印记，而这种印记以一种“潜意识”的方式沉潜在人的意识深处，每日生活的例行化扎根于传统深处，形成保护自身安全的一种防卫措施。

第五，同时，“在场”与“缺场”是个体在时空中运动的必然表现，“在场”与“缺场”是身体的“在场”与“缺场”，所以，人的身体受制于一定的社会组织形式，对身体的规训就是对意识的规训。

紧接着，吉登斯开始进一步分析“时空”与“在场”和“缺场”的关系。在吉登斯看来：“与所有其他类型的事件一样，所有社会互动都发生在时间和空间中。所有社会互动都与在场和缺场交织在一起，这种交织极为复杂和微妙，它们可以看作这样一些表现模式：长期制度绵延所涉及的结构存在于偶然的社会行为中。结构表达了不确定长度的时空距离中的时间。”[①]特别是在现代通信技术迅猛发展的今天，社会互动在空间上的扩张和时间上的压缩已经使“在场”与“缺场”和“时空”紧紧联系在一起。

最后，吉登斯开始考察“制度、集体和社会”三者之间的关系。在吉登斯看来，社会系统是由行为互动和规律性的社会实践所组成，而制度则是最为持久的实践。在这里，吉登斯是用“社会”来指代马克思主义中的“社会形态”概念。吉登斯在批判分析阿尔都塞“多元决定论”结构主义思想的基础上提出了三个重要问题，并对这三个问题进行了解答：第一，在社会的结构化过程中，应该赋予“整体”和“部分”的关系以何种意义？第二，什么是不同社会形态相区别的标志？第三，应该如何归类社会形态？

对于第一个问题的回答，吉登斯认为功能主义没有认识到社会系统是结构化过程中，社会互动绵延中的“在场”与“缺场”的相互交织。在这个过程中，不存在谁决定谁的问题，也就是说整体和部分、瞬间和永恒在这里作为一种分析工具是无效的。而对于第二个问题，吉登斯认为符合以下四个条件，就可以组合成为一个社会形态。这四个条件是：一定的社会空间；对所占用的空间拥有各种合法的特权；社会成员之间通过一定的“制度丛结”，使整个社会成员得以组合在一起；具有共同的“认同感”，这种认同是通过一定的话语意识和实践意识逐步建构而成的。对于第三个问题，吉登斯与马克思通过所有制进行的归类

---

① ［英］安东尼·吉登斯：《历史唯物主义的当代批判：权力、财产与国家》，郭忠华译，上海：上海译文出版社，2010年，第38页。

不同，他是通过提炼出支撑某一社会的四种实体性元素之间的排列来对社会形态进行归类，归类的这四个工具杠杆是符号(话语)、政治、经济、法律(压制)。因为所有的人类互动都是意义的交流、权力的使用和规范性制裁，所以，“意义”“支配”和“合法化”就成为三种社会系统的结构性特征，而构成支配结构的资源又分为“权威性资源”和“配置性资源”，“意义”“权威性资源”“配置性资源”和“合法化”也就成为社会形态结构的四个要素。对于这四个要素，吉登斯分别用S(意义)、D(权威性资源)、D(配置性资源)、L(合法化)来表示，分别对其进行了社会结构的描述。它们之间的关系如下图：

S—D—L	符号秩序(话语模式)
D(权威性资源)—S—L	政治制度
D(配资性资源)—S—L	经济制度
L—D—S	压制模式(法律)

图 2-1　社会形态结构图

上面的社会形态结构图是非常重要的一种既非马克思主义的社会形态结构图，也非阿尔都塞意义上的社会形态结构图，它是建立在一种行动和结构动态基础上的社会形态描述。吉登斯自己解释说其中的破折号是表述社会研究过程中制度核心存在的四种可能发展的方向。分析由意义所组织起来的制度形式也就是分析符号秩序和话语模式，同时还要分析符号秩序和支配模式以及合法性模式之间的关联方式。吉登斯的这种对社会形态结构的分析其实是一种相对于唯物主义来说更加“非经济”的分析，并且这种分析打破了结构之间决定和被决定的关系，虽然吉登斯是在批判阿尔都塞的多元决定论，但其所建构的这种理论模型仍然带有多元决定论的影子，并且这种分析直接把历史唯物主义的历史性元素和社会关系元素都忽略掉了，就如同唐正东教授所认为的："历史唯物主义有两个基本的方法论视角：历史的和社会关系的。"既然如此，就必须注意"这两个视角不是相互割裂的，而是内在统一的"，同时，要明白的是"把生产力生产关系的矛盾运动当作这一历史整体的本质线索，从而把历史上每个时代的社会关系都当作这一本质矛盾之历史发展的结果。"[①]吉登斯是在对"结构化理论"进行静态的结构阐释，并且把时空、制度等因素纳入到整个社会结构中去，他悬置了马克思唯物史观的"历史性"和"社会关系"，但若作为一种结构真正运作起来，就需要从动力学意义上进行分析。《当代批判》的第二章就是从"支配、权力与剥削"入手开始分析行动和结构之间的相互关系的。

支配代表了一种权力，所以吉登斯是在权力意义上来分析支配的。支配与认同一样，是一种双重性存在，既可以成为一种解放性力量，也可以成为一种压制性力量。吉登斯针对"解释社会学"和"规范功能主义"把权力降格为一种非重要的角色弊端，提出要把权力作为一种重要的分析范式在"结构化理论"中起到应有的作用。而在传统的学术视域下，权力要么被以韦伯为代表的思想家理解为一种行动者实现其目的的一种能力；要么被以帕森斯和福柯等为代表的思想家理解为一种集体施加到

① 唐正东：《历史唯物主义的方法论视角及学术意义——从对西方学界的几种社会批判理论的批判入手》，《中国社会科学》，2013 年第 5 期。

微观的无所不在的一种支配性压制力量。这两种理解都是把支配等同于在特定社会背景下实现其目标的“网络决策”。另外一种对支配权力的理解是认为权力来自于结构，历史唯物主义就把生产力和生产关系、经济基础和上层建筑之间的结构性不协调看作是社会历史前进的一种支配性动力。所以，吉登斯说：“这种权力观的典型缺陷就在于把权力看作由结构决定或者起源于结构，而不是存在于人类行动中并通过人类行动得到运作。”①吉登斯的“结构化理论”就是把主体行动和结构融合在一起，行动和结构形成一种动态的“结构化”，“化”这个语词表明的是一种动态过程，而这种动态过程的描述是借助支配、媒介、制裁与剥削等问题而展开。在这个过程中，资源是一种行动者所利用的结构性要素，而在行动者的行动过程中势必会产生主体间的互动，这种互动一定充满了黑格尔意义上的主奴关系，控制这种主奴关系的是权力关系，而支配则是对“权威性资源”或者“配置性资源”的使用。使用、支配是在解构化过程中行动者对周围的一切实施控制的方式。

针对作为有着根本性支配作用的权力在使用过程中所起到的作用，吉登斯批判了学界存在的两种极端，一是对权力进行了单向的冲突论理解，认为权力具有内在强制性和冲突性；另外一种观点则是福柯和帕森斯式的把权力看作一种人类行动的转换能力，就如同福柯所言：“(权力)创造知识、催生对话，它必须被看作是一种贯穿社会整体的生产性网络，而不仅仅是一

① ［英］安东尼·吉登斯：《社会理论的核心问题：社会分析中的行动、结构与矛盾》，郭忠华、徐法寅译，上海：上海译文出版社，2015年，第58页。

种具有压制功能的负面情形。”[1]吉登斯在这个基础上对“权威性资源”和“配置性资源”进行了更加详细的分析，对于“配置性资源”，吉登斯认为主要表现为如下几种形式：(a)环境的物质特性(如材料、物质性权力资源)；(b)物质生产、再生产的手段(生产工具、技术)；(c)物质产品[(a)(b)结合在一起所产生的人工物品]。而对于“权威性资源”，吉登斯也列出了三种：(a)社会时空的构成；(b)身体生产和再生产(人类在社会中的组织和关系)；(c)人类生活机会的组织(自我发展和自我表现的机会构成)。这些形式在吉登斯看来只是对社会现实的一种相对抽象的表达，除此之外，我们仍然可以列出更多的形式，目的是通过这些理论工具更真切地去表达“结构化理论”。当然，支配和权力所起的作用离不开意义和价值所起的作用，所以作为合法性的问题也是吉登斯必须要解决的问题。不管怎样，吉登斯的“配置性资源”和“权威性资源”在现实权力中的支配下，会有两个“物质性”表达：财产和权力。

吉登斯自分析了这种“支配和权力关系”之后，就开始把分析的对象“转换”到行动者进行“媒介”式放大机制上来了。吉登斯是在批判欧陆的黑格尔——马克思传统上的“劳动”概念基础上来进行这项工作的。黑格尔的主奴辩证法其实是从人学出发的，是人的主体性自我意识不断觉醒的一种历程，是对人类初始关系的一种历史隐喻。自我意识的本性就是要求对另外的意

---

① Michel Foucault, *Power*, *Truth*, *Strategy*, Sydney: Feral Publications, 1979. 同时参阅 Michel Foucault, *The History of Sexuality*, London: Allen Lane, 1978, p. 86.

识的承认。在这种追求承认的过程中，要经过生死搏斗获得一种超越死亡的伟力，从而对另外的自我意识形成一种奴役，另外的自我意识因而成为附庸和奴隶。在这种情况下，主奴关系宣告形成。由于奴隶并非是一个跟主人相对等的存在，所以主人通过生死搏斗所获得的独立只能取得片面的承认，没有哪一个主人会看得起奴隶对他的承认，而在获得奴隶的过程中主人却是通过占有奴隶的劳动生产物而生存，奴隶却在战斗中失败，每天都生活在恐惧之中，为了获得一些安全感不得不通过劳动而讨好主人，在劳动的过程中，奴隶可以意外获得某种自主性，进而获得确证自我的自由。主人由于永远得不到一种承认而处于精神的奴役地位，主人获得全面承认和奴隶获得全面自由只有通过一种斯多亚主义的内心的自由来实现。向外寻找的路线是错误的，向外寻找只能导致人与人之间无穷的争斗而彼此都无法获得自由，所以真正的自由是人类之间相安无事的一种精神自由。马克思在继承黑格尔的基础上对于“劳动”在社会历史上的意义给予了高度重视，“劳动”不但创造了人本身，而且是作为奴隶的无产阶级解放自己的一种工具性存在。而在吉登斯看来，作为实践本体论的历史唯物主义，应该在更加宽泛的范围内对社会历史进行分析。“转换”作为吉登斯“结构化理论”建构的一种理论工具，是指有知识的人“可以换一种方式行事”的能力。这样一种能力可以把行动、支配和权力联系在一起，媒介则是一种起到放大作用的使互动在时间和空间中展开的各种方式。吉登斯按照抽象程度把“转换”和“媒介”关系进行了如下的描述：

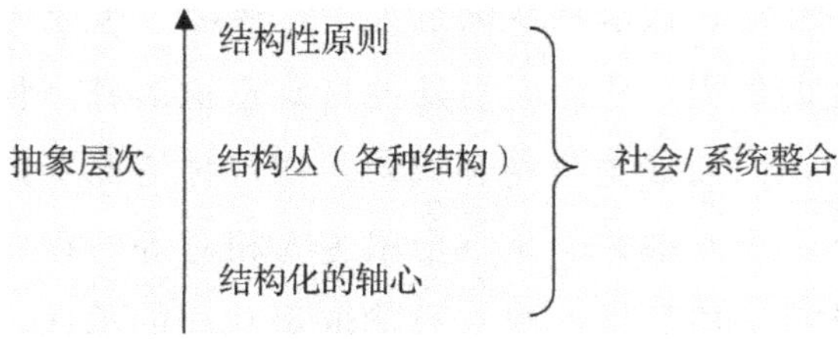

图 2-2　转换和媒介关系图

图 2-2 其实是吉登斯按照抽象程度进行的一种设计，这个设计旨在通过一种放置到社会历史大环境中，按照不同的抽象层次进行划分，同时也是一个以时空不同而建构的一种解释模式：最上层是最为抽象的模式，在这种大跨度的宏观分析中，其实类似于马克思的“经济基础”和“上层建筑”的分析模式，这是一种文明体的宏大叙事。当然，虽然后现代千方百计地解构这种宏大叙事，但这种叙事方式仍然非常重要。所谓的“解构性原则”是指跨越时空而分析某种社会制度的表现和分化模式；中层“结构丛”属于一种可以借助“转换”和“媒介”进行分析的一个相对具体的制度系统，在这种制度解释中，吉登斯认为包括权力支配以及权威性和配置性资源都可以如同货币一样，能把根本无法比较的现象组织在一起进行分析；最低层次也就是更为具体的层次，制度化实践的结构性特征可以通过结构化轴心或者元素得到分析，而这种分析是一种更加微观层次的“结构化”的非个人分析。可见从总体上来看就如吉登斯所指出的那样：“结构性原则”的分析指向是长时段社会结构再生产过程中的财产与权威之间的相互联结；而如果再相对具体地去分析支配的结构时，就需要研究在结构性原则之下的“各个孤立的转换/媒

介关系束”[①]。更为具体的第三个层次的制度分析，则是要识别社会中权力关系的主要结构化轴心。当然，吉登斯的三个分析层次之间并不存在必然的泾渭分明的边界，就如同吉登斯所言：“在不断上升的抽象等级中，每一个层次都‘逐步渗入’了另一个层次。”[②]

在对“结构化理论”进行动态分析时，吉登斯专门区别了“支配”和“制裁”之间的关系。在现实生活中，互动着的行动者势必对另外的互动者产生一种约束，这种约束就形成一方对另一方的“制裁”。古典社会学家涂尔干已经发现了这个问题，认为社会活动的每一个角落都存在着制约的因素，制约是社会活动性质的内在组成部分。但是在吉登斯看来，涂尔干和吉登斯等社会学家虽然看到了互动双方的这种彼此的制约性，却没有看到这是一枚硬币的其中一面，因为任何的社会结构性分析必须看到在“制裁”的背面是“使动”。“制裁”和“使动”联结在一起才形成一个真正的结构化过程，也就是说，“制裁”具有“制约”和“使动”两个因素，这两个因素在支配性权力下会形成“强制”和“诱导”两种过程，经过一种排列组合，这四个元素之间的互动可以抽象表达为四个区域，吉登斯使用函数的四个象限对它们进行了表达：

① ［英］安东尼·吉登斯：《历史唯物主义的当代批判：权力、财产与国家》，郭忠华译，上海：上海译文出版社，2010 年，第 55 页。

② ［英］安东尼·吉登斯：《历史唯物主义的当代批判：权力、财产与国家》，郭忠华译，上海：上海译文出版社，2010 年，第 55 页。

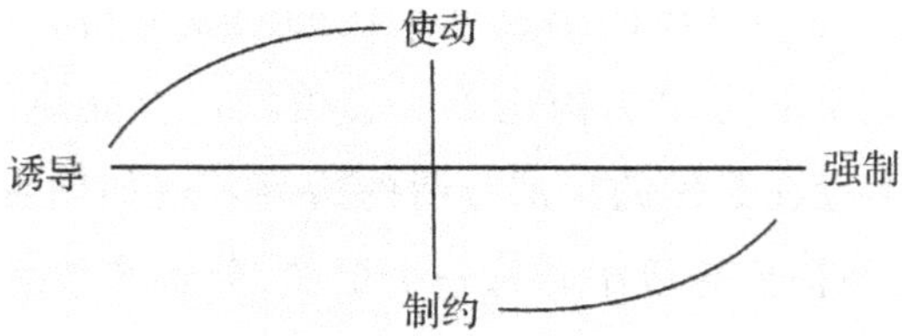

图 2-3

在这四个元素组成的解释模式中，可以把“制约”和“强制”形成的区域看作是“消极”因素，把“使动”和“诱导”形成的区域看作是“积极”因素。所谓“消极”其实就是传统意义上的涂尔干、帕森斯所论述的“制裁”所形成的社会效果；而吉登斯的创新之处在于看到了“制裁”“积极”的一面，即通过一种“制裁”所形成的规范性一面，让人“内疚”“害怕”，从而维护了社会系统的内在秩序。在关于支配与制裁分析的这个关系图中，就如同吉登斯所言，图表中左上角曲线和右下角曲线的顶部表明了“制裁”的两极，当然，价值无涉基础之上的“制裁” 就表现为这四个方向性的区域；而现实中的“制裁”却是与话语和符号模式相关的价值体系紧密相连。所以，研究“制裁”必须与研究“合法性”联系起来。

而在阶级社会中，与支配和制裁联系在一起的问题是“剥削”。如同吉登斯所言，在社会理论中，如何定义剥削问题与我们应当如何来分析支配和权力的问题同等重要。“剥削”概念在马克思的历史唯物主义理论中有着极其重要的地位，马克思是从阶级分析的角度来看待剥削的。在马克思的理论视域中，剥削主要是指经济剥削，是和马克思的资本逻辑分析紧紧联系在一起的。经过资本家对工人剩余劳动的压榨，从而得到由工人劳动创造的剩余价值。这种剥削关系恰恰是资本主义自身矛盾发展必然产生的现象，所以，消灭剥削就和消灭资本主义制度是同等重要的。或者扩大一点说，凡是有私有制存在的社会形态，都存在阶级之间的剥削关系。而在吉登斯看来，马克思的这种剥削观是相对偏狭的剥削观，他认为剥削存在的场域要比马克思所分析的场域宽泛得多，在马克思的经典理论中，尤其不能解释同一阶级之间的剥削关系的存在。同时，由于历史唯物主义产生的时代正处于资本主义发展早期，所以随着资本主义而来的很多社会历史现象还不是特别明显，包括民族国家在内的共同体的显性特征还不是特别明显，在这种社会历史状态下，民族国家之间的剥削关系也不是历史唯物主义分析的重点，同时人类对大自然的剥削关系也不是历史唯物主义分析的重点，虽然恩格斯有过关于人和自然关系的些许判断。这当然是时代的局限而不能归谬于历史唯物主义的创始人，而吉登斯恰恰是从补充历史唯物主义的角度来讨论剥削问题的。在吉登斯看来，剥削是和支配紧紧相关的，所以，分析剥削问题同权力支配连接起来会比马克思单纯的阶级剥削分析要详尽具体得多。在吉登斯的理论视域中，“剥削”更多的是一种非感情色彩的互动主体间的支配与被支配，即“剥削是一种为了实现局部利益的支配”①。吉登斯如同处理“制裁”一样处理了“剥削”，剥削分为“合法性”的剥削和真正的“剥削”，所谓“合法性”的剥削其实是一种为了普遍利益而形成的剥削，而剥削的“合法”和“非法”取

① ［英］安东尼·吉登斯：《历史唯物主义的当代批判：权力、财产与国家》，郭忠华译，上海：上海译文出版社，2010年，第60页。

决于一个共同体的意识形态对其成员的整合程度，所以，作为一种支配形式的剥削，究竟在多大程度上是被用来服务于特殊的社会等级和集体的局部利益，还是服务于更广泛的共同体对于判断剥削的合法性就异常重要。在这个基本思路下，吉登斯建构了一种跟剥削相关的结构图式：

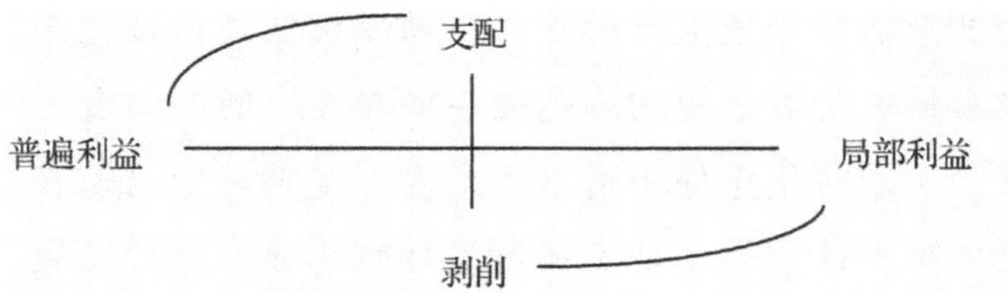

图 2-4

吉登斯的这个“剥削”图式，笔者认为其有启发意义而不具有精确性，并且把“剥削”概念进行了泛化，在图式中吉登斯显然把剥削和支配进行了对等处理，这其实是不恰当的，跟剥削相对的应该是中性的“谋利”而不应该是“支配”，因为“支配”在吉登斯的理论视野中是一个中性的概念，是一个非价值判断的语词。正确的表达应该是：在意识形态的合法化辩护下，为了局部利益而进行的支配行为是剥削，而符合普遍利益的支配行为就是“谋利”，当然，“谋利”是对剥削的一种程度不一的表达。“谋利”和“剥削”的分开是为了表示作为中性词的“支配”，在具体的社会形态下，会“转换”为“剥削”或者“谋利”，“谋利”在这里是指“合法性”剥削，比如对于大自然的剥削有时是符合某一团体的普遍利益的，那么这种“谋利”其实是一种在意识形态合法下进行的一种“剥削”行为。无论如何，吉登斯把剥削的范围从横坐标上扩大到自然和阶级内部，不能不说是一种深刻的理论洞见。

在分析了剥削之后，吉登斯从更广泛的角度对“权力”的范围进行了分析考察。权力的支配范围和制度安排有着密切的关系，互动着的双方在互相制裁的过程中，是否会产生永久性的剥削，其实是取决于支配的范围。就如同黑格尔在《精神现象学》中所论述的“自我意识”的存在分为自主和依赖一样，吉登斯把行动者的相互关系分为自主和依赖，而对于自主和依赖，如果黑格尔是通过“主奴关系”来进行界定的话，吉登斯则使用了更加精确的方式对它们进行了定位。支配权力从本质上是策略性地操纵各种资源以维持其对他人活动的控制。在现实的“人对人是狼”的社会系统中，行动者为实现控制而努力争取或者控制其占有的权威性资源或者配置性资源，进而和他者之间形成一种彼此的“制裁”，通过这些行动者之间此消彼长的权力控制关系，从而形成一定的控制性范围。这个关系结构图示如下：

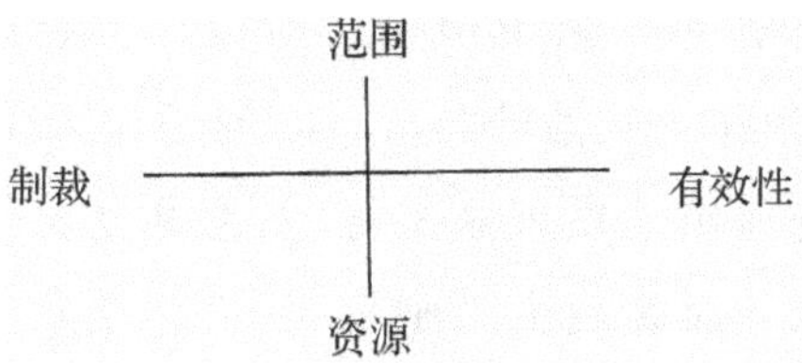

图 2-5

这个图示说明了支配性权力和制裁以及资源之间的相互关系。在任何一个开放的社会中，任何一种制裁都是相对而言的，因为在任何社会生活领域都不存在在范围和有效性上对另一些行动者实施的完全的控制，吉登斯称之为“控制辩证法”。也就是说，“不论某些行动者能对他人实施多么广泛的控制，弱者总是具有使用某些资源来抵抗强者的能力。控制辩证法表明了能动性与权力之间的逻辑关系。一个不再有任何选择的行动者不再是行动者"①。吉登斯是从"主奴关系"的角度对"奴隶"的自由进行了阐释，所谓"控制辩证法"总是让人联想到"主奴辩证法"，吉登斯正是借助这种控制辩证法表明了其"结构化理论"中作为支配权力的范围问题，从而得出了"奴隶的哲学"："处于从属地位的人对自己在社会系统中的活动情境可能获得相当程度的有序性控制。"②

吉登斯"结构化理论"的"现实性"还表现在吉登斯对影响行动者行为动机因素的进一步挖掘，这就是吉登斯在批判主体行动论和客体行动论基础上得出的对行动主体进行的"合法性"分析。而"合法性"又是跟知识和"意识形态"联结在一起的，所以，"社会再生产"是由一种行动者具有行动知识的前提下的"理性行为"和非理性行为所造成的"意外"共同组成的，而这些行为本身都是在意识形态作用下所形成的。所以，吉登斯在"结构化理论"分析的最后把作为软性的"合法性"问题作为压轴之题。

吉登斯首先指出了主观主义把"社会再生产"看作是有技巧的行动者的产物，而客观主义则把"社会再生产"看作是力学上的不可避免性使然。吉登斯指出这两者对社会的认识是社会如何"生产"而非如何"再生产"，他是通过"结构两重性"方法为社会再生产奠定基础。这种对社会再生产的解释框架既然不是前

---

① [英]安东尼·吉登斯：《历史唯物主义的当代批判：权力、财产与国家》，郭忠华译，上海：上海译文出版社，2010年，第63页。

② [英]安东尼·吉登斯：《历史唯物主义的当代批判：权力、财产与国家》，郭忠华译，上海：上海译文出版社，2010年，第63页。

两者的关联性解释模式，那这种解释模式就是重视行动者的知识，而行动者的所谓知识其实是行动者本身的精神所受到的合法性即意识形态的作用程度。就此，吉登斯主要指出了传统“合法性”的两种缺陷，通过对这两种缺陷的分析，得出了“合法性”来自于对“日常生活”结构性的把握。这些错误的观点在吉登斯看来体现为以下两点。第一，总是把社会系统的整合认为是普遍价值的内在化，并且认为既定的社会秩序必然是一种合法的社会秩序，这在吉登斯看来其实是一种误解。因为在一个社会系统中，由于知识与承诺之间存在灰色地带，所以，合法性就带有一种权力支配下的“计算性”特点，这种计算性就是一种话语层面的操纵性，它势必会导致一个恶果：使行动者在日常社会再生产过程中的实践，与特定社会中支配集团或者阶级所强加的总体象征性秩序之间巨大的潜在性差异出现了。这其实是一种对所谓的约定俗成的挑战，在现实社会系统的整合过程中，吉登斯认为，即使在小规模的只有口承文化的原始社会，这种情景就已经存在了，在超大规模的工业社会，更是存在通过实践意识得以维持的例行化，这与主流象征体系中合法化的规范性约束形成断裂和分离。第二，信仰可以解决第一种情况出现的难题吗？吉登斯给出的答案是否定的，他认为行动者实践意识的知识性一定促使行动者由“知道这点”向“知道如何”过渡。吉登斯其实想表明的是：在合法性论证的过程中，现实日常生活的结构性过程会逐步碾碎在社会时空建构下形成的社会意识形态幻影，而呈现出一种清晰的在权力支配下的社会系统再生产过程。

第二节 现代资本主义的多维性

《当代批判》在第一、第二章“结构化理论”总体概括的基础上开始向具体化方向延展。吉登斯在《社会理论的核心问题：社会分析中的行动、结构与矛盾》一书中曾言：“在马克思那里，黑格尔主义的遗产、积极意识的弦外之音和历史主体的自我来临与行动者为历史规律所驱使的决定论主张，以一种紧张而无法调解的方式混杂在一起。”①而吉登斯在接下来要做的就是对历史唯物主义的一种“澄明”式解读，通过对以下几个方面的不同回应形成对历史唯物主义的不同理解。

一、对资本主义腐朽性分析

吉登斯是在对马克思的“社会演化图景”批判的基础上来重新考察“作为时间旅行者”的资本主义社会形态的。吉登斯的批判主要针对历史唯物主义围绕资本主义社会的四个基本判断而展开。这四个基本判断是：第一，马克思通过对资本主义社会诞生史的分析，得出资本主义社会是阶级社会发展的“世界历史顶点”；第二，资本主义作为对封建主义的否定，其本身是社会历史辩证法推动下社会历史形态连贯性的表现；第三，资本主义是西方文化的独特产物；第四，社会形态历史演进的推动力

---

① ［英］安东尼·吉登斯：《社会理论的核心问题：社会分析中的行动、结构与矛盾》，郭忠华、徐法寅译，上海：上海译文出版社，2015 年，第 58 页。

是生产力与生产关系之间的辩证运动。对于这四个从宏观角度对“大历史”的研判，吉登斯分别从以下四个方面进行了阐释。

首先，我们来看吉登斯对“作为世界历史顶点的资本主义”的基本观点。吉登斯是从分析马克思的“社会形态”理论开始的，在马克思的社会形态理论建构过程中，黑格尔的辩证法是其主要的思想方法。经济学家沈志远所著的《研习资本论入门》中对马克思的方法做了这样的评价：“在《资本论》中，最完满地体现着马克思的学说。它根据唯一科学的方法，唯物辩证法，奠定了对人类社会及其发展法则的认识基础。”[①]在马克思的视域中，社会历史的变革是在生产力发展的推动下，以阶级斗争的方式推动社会历史形态不断发展。而在这个发展的过程中，就出现了包括“亚细亚生产方式”“古代的”“封建的”等几种形式。马克思的这些思想主要体现在马克思在不同时期的三个文本上：19世纪40年代所写的《德意志意识形态》、19世纪50年代几乎同时期所写的《〈政治经济学批判〉序言》以及《1857—1858年经济学手稿》中。对于社会形态发展过程的不同阐释，在吉登斯看来，《形态》和《序言》具有基本的一致性，但是这两者与马克思在《手稿》中对社会形态的演进阐释却存在很大的内在张力。笔者曾在自己的博士论文中对这个问题也提出了疑问，但是笔者的疑问是建立在对马克思社会形态演进动力的两种不同理解的基础之上，在笔者看来，马克思一方面存在以一种演化意义上的“科学主义”态度来对待社会历史的变迁，同时还存在一种从人学角度对社会历史的变迁进行考量。而吉登斯在这个地方却

---

① 沈志远：《研习资本论入门》，生活书店，1940年，第1页“引言”部分。

是站在反进化论的基础上来评析马克思的社会形态历史演进论。在吉登斯看来，马克思一方面要“规范化”地使自己对社会形态变迁的阐释符合自己制定的框架，即任何社会都是一种在生产力推动下的一种辩证发展过程，历史没有跳跃，资本主义是脱胎于封建社会的一个“历史顶点”。马克思在《手稿》中，并没有重视由生产力发展所引起的阶级斗争在社会历史中的作用，却提到了“人口迁徙”和“战争”在催生古代社会中的作用，并且马克思在论述日耳曼公社形成的时候，还再次提及了这些因素。吉登斯在这里之所以如此重视马克思在《手稿》中的论述，而似乎有意忽略马克思在《形态》和《序言》中的论述，其原因还是为了自己的理论意图，那就是吉登斯意在把资本主义社会和资本主义社会以前的社会进行断裂式理解，他把资本主义以前的社会称为“阶级分化的社会”，而资本主义社会则是纯粹的“阶级社会”，并且这种“阶级社会”在吉登斯看来具有显著的特征：在阶级分化社会中的“自然”“共同体”和“个人”关系瓦解的基础上产生了资本和雇佣的劳动关系。从雇佣者一方来看，资本主义使劳动者之前同土地紧紧连接在一起的那种自然条件解体了，这个解体的过程同时也是滕尼斯所说的“社区”的解体；而对于资本家来说，资本主义意味着一种财产的商品化和以货币为媒介的流通。从吉登斯的这个论证过程来看，按照进化论的思路把资本主义看作是阶级社会发展的历史顶点的观点就是存在问题的，资本主义不是一个顶点，而是一种社会形态，只是其运作模式不同于其他社会形态而已。既然资本主义不是社会形态发展的顶点，那么也就否定了社会历史发展的“连贯性”。在吉登斯看来，社会历史发展的所谓的进化只是人的一种幻象——作为英国社会学家，在实证主义影响源远流长的国度，吉登斯理论建构的背后，仿佛能看到休谟“怀疑论”的影子。

其次，如果说资本主义社会是一种独特的不同于“阶级分化社会”的社会形态，这种社会形态并非通过演化而来，这种结果的例证还有马克思提到的作为亚洲的俄国、印度和中国存在的“亚细亚生产方式”问题，在吉登斯看来，马克思和黑格尔一样存在西方中心主义倾向。因为吉登斯是在人类学的文化相对主义影响下来进行这种言说的，所以，对应马克思所说的东方从属于西方，吉登斯认为这是一种类似于后现代主义的自恋建构，是一种作为“西方”的资本主义。吉登斯提出一种新的考察历史的方法，那就是“从片段特征或者时空边缘的角度来理解社会发展”。“片段”特征是指在作为并不存在必然力学基础上的社会类型转变的过程中，片段的形式也会发生巨大的转变。而这种社会片段发生结构性转变的因素应该是一种宏观上的不同社会类型之间的共时性和交互性。在吉登斯看来，这样思考“有助于文明从进化论思想中解放出来，不根据‘阶段’来分析社会发展，同时摆脱社会变迁的‘展开模式’的影响”。[①] 这种共时性和交互性，就会导致各种形式的阶级分化社会与其他类型的社会彼此共存，“于部落社会共存，与工业资本主义共存”[②]。可见，不同社会类型间社会的交融是通过一定的社会时空来进行交流的。

再次，吉登斯除了对于亚细亚生产方式完全超出了马克思

① ［英］安东尼·吉登斯：《历史唯物主义的当代批判：权力、财产与国家》，郭忠华译，上海：上海译文出版社，2010年，第83页。

② ［英］安东尼·吉登斯：《历史唯物主义的当代批判：权力、财产与国家》，郭忠华译，上海：上海译文出版社，2010年，第83页。

社会形态演进框架的分析之外，其对于历史唯物主义进行批判的另一个着眼点是从马克思对社会形态演进的两个观点入手来进行历史事实的纠偏的。马克思的这两个观点是：生产力的发展是社会变迁的基本动力；社会可以根据生产力的发展水平划分为若干阶段。而在吉登斯看来，马克思的这个总体性结论带有一种先确定结果然后再寻找原因的意味。真实的社会历史发展是怎样的呢？吉登斯仿佛给了我们一幅人类资本主义社会形态产生之前的人类懵懂无知的图画。在这幅图画中，根本不存在生产力和社会形态之间的必然关系，因为在吉登斯的理解视域中，生产力在非资本主义社会的部落社会或者原始社会中，根本不是最重要的显性因素。对于马克思尤其重视的生产力概念，吉登斯给予了无情的解构。而这种解构的完成，吉登斯是借助几位人类学家的相关“事实论述”来完成的。第一个就是代尔蒙德的观点，在代尔蒙德看来，剩余生产并不见得存在一种历史使命，原始社会的生产力发展和产品剩余之间没有必然联系。因为在马克思的阐释视域中，特别是在原始的社会状态下是一种落后的“糊口经济”，理所当然的设想，是在这种社会状态下的人类总是长期生活在物质稀缺的状态或者至少会受到物质缺乏的威胁。而萨林斯则证明，“稀缺”是现代经济的指代理论工具，根本不是原始社会人类的关注点，认为采集和狩猎社会的贫困是由时代错置而产生的误读。在萨林斯看来，远古时代搜寻食物只是除了典礼和仪式之外的也许是最微不足道的行为，所以，生产力的问题对于远古的人类来说更多是一个极其令人费解的问题。所以，狩猎社会和采集社会反而是萨林斯所说的“原始富裕社会”。而这种状况在定居的农业共同体中也是如此。吉登斯同时还举出了克拉斯特雷斯的研究结果，即大多数的原始社会成员不存在物质生产扩张的内在冲动。在吉登斯看来，马克思的悖论在于，马克思在《手稿》中也表达了与以上这些学者相似的观点，马克思甚至没有把生产力放在社会历史变迁的首要因素的位置，他认为人们的生活自古以来就建立在生产上面的观点不过是一个同义反复。与惯常的重视社会生产力在社会历史发展中的推动作用不同，马克思把生态因素和战争因素放在了促使社会历史变迁的首要地位："战争就是每一个这种自然形成的共同体的最原始的工作之一。"[①]通过对西方社会形态的不断发展与东方"停滞社会"的基本观点进行比较，这种"西方"的资本主义其实是一种人为的建构，因为在吉登斯看来这都是建立在孟德斯鸠、黑格尔之后，并被马克思完全继承的一种西方中心主义的虚妄，而东方从制造业扩张、贸易发展和资本积累等角度看，印度和中国都在不同时期有着很大的发展。即使认为东方存在"停滞"，而在分析这种停滞的原因时，包括马克思和魏特夫等都归因于在国家对水利工程管理的过程中，势必要对整体性的人力、物力进行动员，从而形成一种专制主义的国家政权形式。吉登斯引用利奇对斯里兰卡辛哈拉古国的研究成果，认为这个古国的众多水利设施同其中央专制体制没有必然联系，因为这些水利工程并不是来自于中央计划，所以没有中央大规模的自上而下的动员。而对于国家是阶级矛盾不可调和的产物的经典马克思国家概念，吉登斯更是不赞

① 中共中央马克思恩格斯列宁斯大林著作编译局：《马克思恩格斯文集》(第8卷)，北京：人民出版社，2009年，第141页。

同——在一个阶级分化的社会不可能存在大规模的阶级冲突，硬说国家是阶级冲突的产物也非常牵强。吉登斯对马克思进行批判之后真正想表达的却是：包括中国、印度在内的亚细亚社会所谓的“停滞”其实是一种假象，和古埃及、美索不达米亚以及南美洲的前哥伦比亚帝国这些古代帝国一样，吉登斯把它们看作是一种由“阶级分化社会”向阶级社会过渡的一种方式，它们标志着社会历史的变迁而非演化中的一种社会结构片段的转变，因为在这些社会中，同样发现了生产力的扩张，发现了书写、科学、法典和国家的形成。通过这种方式，吉登斯把非资本主义社会的社会变迁看作社会历史总体变迁的一个组成部分。而这种变迁的发展和生产力跟发达的西方社会是如何在空间边缘地带进行互动的，吉登斯仍然没有表述清楚。

最后，在第一章的末尾，吉登斯对历史唯物主义最核心的概念——“生产力与生产关系”之间的辩证运动做了最后的宣判：这只是一个对资本主义社会才具有参考价值的理论建构。因为通过以上吉登斯对阶级分化社会的分析，生产力并非这些社会中的首要因素，更谈不上生产力与生产关系之间产生的对抗关系。在吉登斯看来，真实的非资本社会根本就不存在经济领域，只有在资本主义社会才会出现经济领域与社会其他领域的分离，生产在阶级分化社会中的作用不是如同历史唯物主义所指出的那么重要。如果按照吉登斯的这种分析模式，显然是分析马克思社会历史演进论中的动力系统出了问题。生产力和生产关系之间的不协调产生的对抗对社会历史的推动作用是一种“以论带史”的理论虚构，而吉登斯本身的理论建构又都是建立在其他人类学家的思想建构之上。所以，吉登斯通过这种方式完成了从宏观历史角度对历史唯物主义进化特色的解构，而他的这种解构正如马克思对历史唯物主义的建构一样，都是服务于自己整体的理论宗旨。

二、时空延伸与权力的产生

吉登斯对历史唯物主义的批判在第四章仍然围绕着破除进化论进行。通过对进化论三个核心论点的一一批驳，然后去分析从古至今，在行动者之间互动的过程中，导致了时空的延伸，在这种延伸过程中，权力自然产生。所以，在第四章，吉登斯首先分析了从社会历史发展的最原始“群落社会”到“社会主义社会”的过程中，所产生的结构化的时空延伸和权力产生之间的关系。吉登斯首先列举了马克思进化论的三个假设：一是人类社会的发展状态是从简单到复杂。二是社会历史变迁的动力不是外在的，而是内在的调适，就如同马克思把社会历史发展的真正动力放置在社会历史内部的辩证运动中一样。三是对这种内在动力形成的社会阶段，更倾向于把各种阶段进行前后相邻之间的对比，比如把资本主义和封建主义做比较，把资本主义和社会主义做比较，而一般不是把封建主义和社会主义做比较，这仿佛是在恪守进化论“渐进式”教条。而吉登斯通过一种“时空延伸”的概念是想破除这种进化论思维。在吉登斯看来，原始社会并不简单，相反，在原始社会中，存在更加复杂的血缘关系和语言结构。吉登斯是用“时空延伸”代替了进化论的“简单—复杂”的概念，所谓“延伸”是指社会在时间和空间中展开的长短跨度，吉登斯认为自己的历史唯物主义研究恰恰是关注某种社会系统是通过一种什么方式来“凝聚”时间和空间的。这其实是从一种共时意义上来讨论社会系统的运作，而不是从一种进化思维前后相继的角度来思考社会系统的演进，它在学术史上涉及“进化论”和“扩散论”之间的争论。而在吉登斯看来，对于进化论的三个主要理论要点，只要消除了第二点，第一点和第三点就站不住脚。所以吉登斯首先从具体时空中的“结构化理论”开始进行阐释。

吉登斯的“时空延伸”是一个某一共同体在结构化过程中的被动过程，任何一种行动在互动中都是对时空的一种组合，而这种组合是行动者通过一种对要么是配置性资源，要么是权威性资源的支配来完成的。而这种对资源的支配过程，会发生社会片段之间的“转换”，这种转换是在放大化的“媒介”的协助下完成的，于是，在这个过程中就产生了权力。这种对资源进行支配的过程，在吉登斯看来，马克思过度重视了配置性资源对社会历史发展的推动，而忽略了权威性资源对社会历史的推动。因为在不同的社会系统中，配置性资源和权威性资源的排列组合是非常不同的。吉登斯的观点是，如果说资本主义社会更明显的特征表现为配置性资源是重大社会变迁的主要驱动力，而在非资本主义社会，对权威性资源的协调则是社会历史变迁更为重要的杠杆。吉登斯首先分析了作为没有阶级的最小型的人类社会——由狩猎者和采集者组成的群落社会。列斐伏尔是这样来定义空间结构的：“空间并不是一个被排除在意识形态和政治之外的科学对象；它始终具有政治性和战略性……空间是政治和意识形态的。它是一个完全充满各种意识形态的产物。”[①] 吉登斯是从列斐伏尔的角度来分析空间问题的。

群落社会的空间延伸是以“在场或高水平的在场可得性”为优势。这种社会的空间是以人员的身体在场为特点的，这也是权威性资源得以实施的重要载体；这种社会的时间延伸主要是通过“传统的合法地位”和“血缘关系”而得以实施，“血缘关系”是以生命周期的时间性为特点，使支配具有了与祖先崇拜联系起来的时间性。也就是说，在群落社会中，权力支配的主要资源是权威性资源，而这种权威性资源获得的合法性来自于两个方面：一个是传统的约定俗成；另一个则是与血缘紧密联系在一起的合法性。不但在群落社会空间，即使是在阶级分化的社会中，由于缺场所形成的某些低水平的在场可得性，使得在这个以宗法特点为主的社会中，权力支配也是以权威性资源为主。而随着书写工具的进一步发展，这种交流的便利使权力——权威性资源开始逐步让位于配置性资源。这种让位是以城市的逐步壮大为基础的。配置性资源和权威性资源作为一种看不见的权力关系，在作为空间的城市所形成的城乡二元化的城市和边缘的关系中形成。权力如果在权威性配置为主的群落社会、小型农业共同体以及阶级分化社会中还表现得不甚明显的话，那么到了城市崛起的不管是资本主义社会还是社会主义社会的工业社会，权力就开始以资源配置性的方式表现出来，并以一种主导性力量形成对人的约束。吉登斯引用了城市学家芒福德的

---

① Henri Lefebvre, *Reflections on the Politics of Space*, *Antipode*, 1976, Vol. 8 (2), pp. 30—37.

话："当城市首次变得清晰可辨的时候，也就意味着各个部门的权力得到了突然提升，意味着权力本身在人类事务中的作用突然被放大。"①吉登斯对于芒福德的农业村庄和城市产生的先后顺序问题提出质疑，而对于芒福德对马克思把社会变迁的力量付诸于生产力的扩张的观点表示了认同。吉登斯对芒福德以及芒福德对马克思社会变迁理论的评价其实暗含着自己的理论建构。彼得·桑德斯在社会理论与城市问题中，认为"马克思、涂尔干和韦伯都没有持续关注过空间"②，但吉登斯对城市空间问题却高度重视，他说："吉登斯《历史唯物主义的当代批判》一书的第一卷，正在取代卡斯特尔的《城市问题》，成为相关学术会议中每一篇论文都必须引用的著作就不足为奇了。"③当然，辩证地看，吉登斯的空间理论也遭到很多学者的质疑，社会学家约翰·厄里在《社会关系与空间结构》中，对《当代批判》中的时空关系评价道："在吉登斯的阐述中，主要的问题是他没有考察具有不同因果力的相关社会实体的不同的时空构成。倘若他进行了这样一种考察，那么他会发现：第一，必须思考时间过程和空间过程的意义变化，而不是考察它们在'时空延伸'或'时空距离化'观念运用过程中的融合；第二，他本该分析时间—空间关系可以停留的不同层面。也就是这些关系表明时间和空间并

---

① Lewis Mumford, "*University City*", in Carl H. Kraeling and Robert M. Adams (eds), City Invincible (University of Chicago Press, 1960), p. 7.

② Saunders, P., *Social Theory and the Urban Question*, London, 1981.

③ 转引自景天魁、朱红文主编：《社会关系与空间结构》，北京：北京师范大学出版社，2011年，第69页。

非可以简单地说成是绝对的或关系性的。”①

在“城市、农业与贸易”一节中，吉登斯着重就空间问题继续进行探讨。吉登斯对这个问题的论述是针对城市学家雅各布斯对于惯常的观点，即认为最初出现的是农业，其次是定居的农村共同体，最后才对城市的观点提出质疑。雅各布斯以出现于公元前7000年～公元前6000年的新石器时代的城市遗址加泰土丘为例，认为作为贸易前哨的城市是由于贸易的发展促进了制造业的发展，进而养育了不断增长的人口。吉登斯对于雅各布斯最后又强调早期城市与经济密切联系的观点表示了不满。吉登斯在城市起源的问题上显然是认同芒福德的观点，那就是城市的崛起并非必然与经济有着直接的内在关系，而考古发现，城市的开始首先表现为神殿和宫殿，这也就表明早期的城市首先是宗教，其次是皇室权力形成城市的权力主导。这种观点其实暗含着吉登斯对于“结构化理论”配置性资源和支配性资源的定位。吉登斯无非是想表明，历史唯物主义特别强调的生产力在社会历史变迁中的决定性作用这一看法是片面的，至少没有重视非经济的力量，尤其是支配性资源在社会历史变迁和城市形成过程中的作用。笔者认为通过以下图示更能表现出两者的区别：

历史唯物主义：配置性资源—新石器—农村共同体—城市

历史唯物主义研究：支配性资源—宗教皇室—城市—农村共同体

图 2-6

① 转引自景天魁、朱红文主编：《社会关系与空间结构》，北京：北京师范大学出版社，2011年，第23页。

当然，吉登斯对于生产力作用的消解从某种意义上是对英国政治经济学传统的背离，更多的是对德国哲学传统，尤其是黑格尔——霍耐特“承认”传统的人学阐释的回归。吉登斯这一微妙的变化恰恰和马克思相反，马克思是随着自己学术叙述的“移步换景”而逐步从德国哲学传统向英国政治经济学传统过渡。

对于以宗教和王权为主导形成的城市和周围的农村形成的不管是城邦社会、帝国还是封建社会，其统治的合法性，在吉登斯看来主要来源于以下三点：一是以军事权力为基础的强制性措施；二是统治精英内部的权威的合法化；三是相互联系的经济纽带。在吉登斯看来，第三点的“相互联系的经济纽带”是最为不重要的统治合法性来源，而在冷兵器和权力监控不发达的帝国时期，军事和统治权威就形成两个最为重要的统治合法性来源。吉登斯通过对工业社会之前的社会以及孟德斯鸠对于“专制主义”的阐释，给出了一幅古代社会二元体制的社会图景：中央在维持基本权威的前提下，通过战争形成的中心和边缘之间的时空延伸，总是在最基层的社会表现为一种按照习俗和地方规范运行的社会图景。吉登斯的这种观点，与中国极端自由主义者对中国古代秦汉以来的社会皇权专制无孔不入的观点正好相反，这恰恰从侧面进一步印证了费孝通先生在《乡土中国》中对中国古代社会的特征定位，那就是“国权不下县，下县惟宗族”，即中国秦汉以来的社会结构基本就是地方自治、中央集权的统治模式。目前不管是许倬云先生的《说中国》，还是葛兆光先生的《宅兹中国》等著作或论文，其中所呈现出古代中国的“复数”形式，都与吉登斯对于中西文化的判断基本一致。综述吉登斯对工业社会之前政权存在的合法性阐释，仍然是建立在他的时空延伸的“结构化理论”基础之上的。从根源上讲，这种统治的合法性三要素是跟权力监控由弱到强息息相关的，而这种监控又是伴随着配置性资源替代权威性资源而逐步完成的。权力本身也恰恰是在配置性资源和权威性资源的交互作用下产生的。与历史唯物主义对于资本主义社会之前、原始社会之后的社会也称之为“阶级社会”不同，吉登斯只是把资本主义社会称之为“阶级社会”，而把资本主义之前、“小型农业共同体”之后的社会称之为“阶级分化社会”。吉登斯认为，历史唯物主义之所以把国家看作是对私有制免于共产制侵害的保护，是因为历史唯物主义把政治权力的来源看作阶级支配，这也是为什么马克思把封建社会等看作是阶级社会的原因。吉登斯的分析理路显然不是建立在阶级分析基础之上，而是建立在对配置性资源和权威性资源之间此消彼长的关系分析基础之上的。

三、时空延伸的新阶段：阶级社会

在阶级社会的诞生这个问题上，吉登斯并没有提出与历史唯物主义相悖的观点。吉登斯强烈批评了西方社会理论对时空问题的忽视，他认为，大多数社会分析学者仅仅将时间和空间看作行动的环境，并不假思索地接受了把时间看作一种可以测量的“钟表时间”观念，而这种观念只不过是近代西方文化特有的产物。在他看来，社会系统的时空构成恰恰是社会理论的核心。社会科学家只有围绕社会系统在时空延伸方面的构成方式才能建构合理的社会思想，才能理解和把握社会学从一开始就致力研究的社会“秩序问题”。[①] 同时，吉登斯对历史唯物主义用阶级分析的绝对主义方法来对阶级分化社会进行分析的方法表示了异议。在吉登斯看来，剥削阶级和被剥削阶级的二元分析更适合于阶级社会而非阶级分化社会。因为阶级分化社会更表现为支配性资源为主导的社会，而非配置性资源为主导的社会。资本主义社会作为最为典型的资源配置性社会是吉登斯分析的重点。资本主义的诞生是建立在一系列准备基础之上的，概括来看，吉登斯同意历史唯物主义对这个问题的分析，并且从以下几个方面进行了阐释。一是传统意义上的“技术”对阶级分化社会的产生具有重要意义，比如吉登斯指出拜占庭文化带动了纺织、陶器和拼花技术的发展，伊斯兰世界促进了灌溉、化学和马匹饲养技术的发展，而中国则推动了陶瓷、丝绸、造纸、火药等技术的发展。除此之外，美洲的开拓扩大了原材料的供应范围，并使选矿和冶炼技术得以迅猛发展。二是管理模式开始出现大范围的改革，尤其是随着“复式簿记”和“信贷融通”的形成，作为一种管理手段性存在为资本主义的进一步发展提供了工具。三是绝对主义国家的出现对资本主义的发展起到了巨大的作用，吉登斯把这种现象称为“经济与政治的分离”。吉登斯是借助韦伯的观点来对马克思的观点进行了补充性阐释。韦伯认为绝对主义国家不同于东方专制主义，绝对主义国家的统治者在摧毁身份的规范性框架结构方面意义重大。马克思认为这是资产阶级和绝对主义君主共同联合推翻了封建主义，但

① 转引自景天魁、朱红文主编：《社会关系与空间结构》，北京：北京师范大学出版社，2011年，第1页。

两者之间充满着辩证关系，一旦前者发展壮大，就自然会推翻后者。从这里也可以看出，吉登斯是借助市民社会和国家间的二元关系对资本主义的诞生进行阐述的。

第三节　时间、权力与监控

吉登斯提出了历史唯物主义带有“化约论”“进化论”和“功能论”三个倾向，并分别指出，“化约论”表现在历史唯物主义把复杂的人类历史和社会关系化约为生产力、经济关系和阶级斗争等方面①。作为对它的重建，吉登斯提出以“时空延伸水平”作为划分社会类型的新标准；“进化论”表现在历史唯物主义把人类历史看作一个由低级阶段向高级阶段不断进化的过程，作为对它的重建，吉登斯提出从“片断”和“时空边缘”的角度去分析世界历史的演化轮廓；“功能论”表现在历史唯物主义从“需要”和“功能”的角度去解释社会再生产和社会变迁的过程，作为对它的重建，吉登斯提出了“随机性社会变迁”模式的新观点。

一、时间、劳动与城市

吉登斯认为，与圣西门、斯宾塞和涂尔干思想家建构起来的“工业社会”思想不同，马克思是采用了阶级分析的方法对资

① 这其实是吉登斯对历史唯物主义的误读，按照马克斯·韦伯的“范型”理论，任何对社会现实的分析都需要一定的概念工具来进行抽象阐释，马克思在《资本论》第二版“跋”中把这种方法称为“叙述”的方法。而“叙述”的方法仿佛是一切学术研究的宿命，几乎无一例外。

本主义社会进行分析。但是这种分析模式更多是在指代资本主义社会，而对于非阶级社会的阶级分化社会则不是一个重要的分析工具。吉登斯采用的是“权威性配置资源”来对非阶级社会进行分析，认为在欧洲封建主义、古代世界存在着一种非生产性的、军事主义的支配阶级，它支配着广大的生产者。在吉登斯看来，阶级社会和阶级分化社会的最大区别是阶级关系没有侵入到生产的核心。阶级分化社会本身也存在非常残酷的农民起义和反抗等阶级斗争，但是这种阶级斗争一是数量少，另外更重要的特点是这种斗争是和生产完全脱离开来的斗争，并非是与利益无关，也就是说这种斗争本身并非是由于权力对生产内部的干预而引起。所以，权力对生产过程的影响是区分阶级分化社会和阶级社会的重要标尺。当然，这种权力和资源之间的关系是在以时间作为稀缺资源而成为商品的情况下发生的。吉登斯对于时间成为商品的分析是从分析韦伯的资本主义起源思想开始的。在资本主义起源之前，群落社会、小型农业共同体和阶级分化社会里是没有时间观念的，时间在这些社会里是没有经济意义的。吉登斯通过对相关资源的分析，阶级社会之前的社会只是知道“地点”，而不重视“时间”，这种“时间”观念只是到工业社会的技术革命之前才逐步兴起。时间的商品化和工业技术革新几乎是同步的，而如果分析产生这种结果的原因，吉登斯提出了韦伯对这个问题的基本观点。韦伯把基督教新教中对“蒙难”—“救赎”的线性时间观和资本主义的崛起联系在了一起。因为基督“蒙难”是一个单一而非重复性的事件；“救赎”则提供了一种潜在的时间方向。虽然在基督教中循环时间观念和线性时间观念是互栖共生，但在新教中这个观念对于资本主义的崛起却是一个异常重要的思想观念。在芒福德看来，工业资本主义的缩影是时钟而非蒸汽机。通过时钟对时间的精确化使机器与劳动力有机结合起来了，最后的结果就是资本主义开始不断发展。吉登斯就此认为："普遍、抽象、量化的时间形式支配了时间过程中的定性组织形式，后者是所有非资本主义社会的典型特征。"①马克思曾经在其博士论文中，以时间为对象对德谟克利特和伊壁鸠鲁两者进行了比较，相对于空间的被动状态，马克思认同伊壁鸠鲁把时间看作带有主体能动性的存在，包括原子运动过程，马克思重视的是原子超过一"定点"的"偏斜运动"②，而吉登斯则从时间的商品化入手，时间商品化是资本主义特有的一种社会文化现象，吉登斯把时间的变化看作资本主义生产关系、资产阶级社会得以存在的一种特有现象。

吉登斯在阐释城市空间的变化基础上指出了"日常生活的生产"。在非阶级社会，日常生活主要是传统支配下所形成的一种例行化的社会绵延。在这个过程中，口传文化和书写文化都得到极大发展，日常生活就是在这种文化维持下保证其例行生活的意义和存在的根基。所以吉登斯引用列斐伏尔的话说，在阶级社会之前，"在古希腊、古罗马，每一个细节(姿势、词汇、用具、器皿、服饰等)都具有特定的风格，没有什么是平淡无奇的，即使是最司空见惯的日常事务，平凡与诗化的生活相等

① [英]安东尼・吉登斯：《历史唯物主义的当代批判：权力、财产与国家》，郭忠华译，上海：上海译文出版社，2010年，第137页。

② 中共中央马克思恩格斯列宁斯大林著作编译局：《马克思恩格斯选集》(第1卷)，北京：人民出版社，1995年，第51页。

同”。[①] 而这一切的破除在吉登斯看来绝非是历史唯物主义所认为的物质生活的生产方式或阶级斗争，吉登斯把历史发展的推动性力量赋予了非物质的因素。他更加赞同的是芒福德[②]关于人是一种能够下定决心、自我支配和自我设计的高级动物的观点，以及佛兰克尔把人类生活看作“意义的寻找”。这无意间也说出了吉登斯不同于马克思理论建构的哲学人类学基础。

二、资本主义：整合、监控与阶级权力

吉登斯对从部落社会到资本主义社会的进化论分析是建立在对时空结构化过程中延伸的分析基础之上的。吉登斯认为社会整合的手段就是时空延伸的媒介，而社会整合的手段在不同的时代具有不同的特点和方法，整合手段本身的演化是指作为习俗的口传文化和书写文化所形成的“弱控制”，进而随着科学技术的发展和分工的进一步加深，这种整合开始演化为依靠强力进行“监控”，而这种监控本身又是与民族国家和民族主义分不开的。在吉登斯看来，马克思主义理论建构中缺乏一种民族主义理论，而吉登斯对于资本主义的理解则是把包括监控和民族主义等因素考虑在内形成的一种“世界时间”理论。“世界时间”是相对于资本主义社会之前的部落社会和阶级分化社会的进

---

① [英]安东尼·吉登斯：《历史唯物主义的当代批判：权力、财产与国家》，郭忠华译，上海：上海译文出版社，2010年，第158页。

② 刘易斯·芒福德作为美国社会哲学家，写过很多与建筑和城市规划相关的著作，极力主张科技社会同个人发展及地区文化上的企望必须协调一致，1943年受封为英帝国爵士，获英帝国勋章。

化而言，这种资本主义的“世界时间”相对于部落社会和阶级分化社会的“历史时间”而言，表现出自身的特色。因为较之于7000年前发轫的人类文明，资本主义只有区区四五百年的历史，但其造成的社会变化却令人惊异。吉登斯认为“世界时间”的出现对部落社会的命运造成了决定性的影响，因为按照沃勒斯坦的世界体系理论，资本主义民族国家之前的任何一个共同体，哪怕是影响最大的帝国体系，都只能是将自己的统治扩展到地球的某一部分，而非全部。但资本主义的“世界时间”则会把一切非资本主义化的共同体和社会形态裹挟进自身的体系，而形成资本主义自身体系的一部分。吉登斯认为资本主义在人类历史上首创了全球范围的跨社会系统，以这种观点来回溯世界历史，部落社会、阶级分化社会和资本主义社会在吉登斯看来，即使是在今天民族国家几乎一统天下的局面下，仍然有部落社会和阶级分化社会，只不过这种部落社会和阶级分化社会都是行将衰落的社会形态。吉登斯用以下图示对这种“世界时间”整合下的社会历史图景进行了描述。

当然，这种跨社会体系的形成，尤其是资本主义的世界时间对部落社会和阶级分化社会的同化是借助“监控”①来完成的。而吉登斯在得到福柯关于监控阐释的启发下，又进一步强调了国家监控发展的整个历程。在吉登斯看来，“监控”作为一种中性行为，是指两种相互关联的现象，一方面是指机构或集团所储存的一些符合性资源；另一方面则是指上级对下级从属人员

---

① 吉登斯在使用“监控”一词时和福柯是不一致的，前者认为权力“监控”是一种中性力量，而后者则把权力“监控”看作一种具有批判意味的对人的压制性力量。

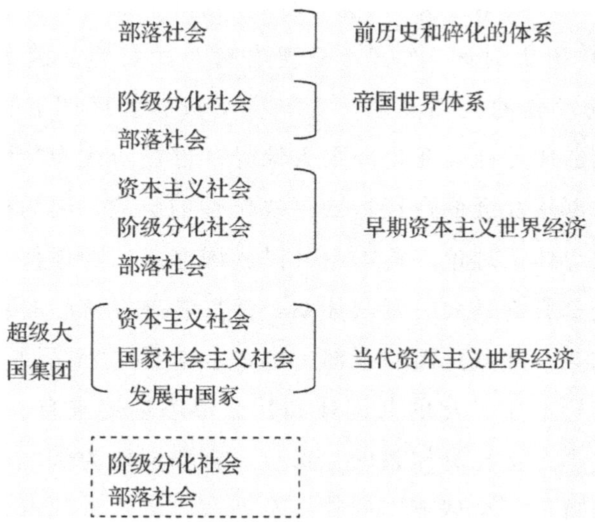

图 2-7

说明：这个“跨社会体系”图表中虚框内的“阶级分化社会”和“部落社会”，是一种处于当代资本主义经济世界行将消亡的社会形式。而“超级大国集团”则是在当代资本主义世界中确实存在着的。

所从事活动的监督。吉登斯把信息的收集和储存看作权力和时空延伸的主要根源，而这种信息的收集和储存又是随着技术的发展而不断得以发展。当然，这种“监控”既可以发展为右翼极权主义，也可以发展为左翼极权主义。监控的实现离不开暴力，暴力又是与资本主义民族主义的发展和民族国家的形成密切相关，所以，对资本主义社会“监控”的分析就离不开对暴力的分析，而马克思主义意义上的暴力论是建立在对革命暴力的分析基础之上的。资本主义“监控”的暴力则不是一种革命的暴力，而是一种为完成“监控”而进行的暴力，因为在真正的资本主义社会内部运行的过程中，社会团结的维持和剩余价值的剥削并不是直接依赖于暴力，而是依赖于隐匿的资本主义再生产规律。

三、资本主义资本与国家的合谋

对于民族国家和资本主义的关系，吉登斯批判了功能主义思维原则，即资本主义需要民族国家或民族国家需要资本主义。从欧洲历史发展的整个历程来看，1453 年拜占庭帝国灭亡之后，罗马帝国完全崩溃，欧洲开始进入后帝国时期，在这个时期，教皇作为神圣罗马帝国的象征性力量被地方性的军阀和半独立城市国家的地方性权力所制衡；紧接而来的就是“原生性民族国家”或“绝对主义国家”的出现。吉登斯认为绝对主义国家与资本主义的发展早期关系密切，而真正的“民族国家”则是与作为一种生产方式的资本主义巩固存在直接的关联。绝对主义在资本主义发展史上，是作为 16、17 世纪的欧洲重商主义的强大后盾而存在的，在倡导贱买贵卖而产生利润的资本主义早期，强大的王权在推动商业的发展和资本主义生产方式的确立方面的确起到了重要的作用。虽然如同吉登斯所说不能把绝对主义国家和资本主义发展之间的关系做功能主义理解，但两者之间的关系却是一个需要继续澄清的问题。而需要指出的是，作为一种建构性的情感，民族主义则是一种具有后现代意义的晚近历史发展的产物。

不管是绝对主义国家还是民族国家，在吉登斯看来，公民身份的理念从古希腊时期一直到资本主义生产方式的确立都没有消亡。而宽泛意义上的民族主义是指作为一种格尔茨所称谓的人类的“原始情感”，这种原始情感从本质上看是心理现象的一部分，它根植于传统和血缘之中，但随着资本主义大众消费社会的到来，当时间商品化和空间权力化的时候，资本主义扩张所形成的日常生活领域，其意义开始逐步消失，每个人开始处于一种无根的状态之中，资本主义生产方式造就的这种情感空场，就为民族主义的出现孕育了情感根源。但是在资本主义之前，作为一种形塑主权意识的民族主义却没有出现。根据支配性资源和权威性资源的分类，绝对主义国家的国王或君主或诸侯被赋予的是一种最大限度的政治权威和制裁权，但这种权力所涉及的场所主要是城市而非乡村。随着 18 世纪以英国为典型的国家开始发生的劳动者向雇佣劳动力发展，时间开始商品化，空间开始变成人造的城市空间，再加上交通的飞速发展，时空融合开始收缩，直到 18 世纪之后的西欧和美国，民族国家才开始取代城市成为权力的熔炉。所以，从这个意义上说，先有民族国家才有资本主义的大发展，资产阶级首先是作为一种民族资产阶级而出现的。

当资本主义裹挟着现代化所带来的一切优势和劣势向周围扩散之时，吉登斯看到了资本主义在当代的发展其实显然忽略了另外两个主体：一是以现代化为目标的广大社会主义国家的发展；二是广大的发展中国家的现代化大发展。也就是所谓的“现已成为‘既存’社会主义社会之官方信条的马克思主义，并不见得比资本主义社会更加抵制民族国家和民族主义组织的双重影响”。[①] 而在这种民族主义影响下的民族国家之间，包括历史

---

① ［英］安东尼·吉登斯：《历史唯物主义的当代批判：权力、财产与国家》，郭忠华译，上海：上海译文出版社，2010 年，第 202 页。

上的中苏冲突、越南和柬埔寨之间的冲突都表明，凡是认为民族国家开始终结的论点都是吉登斯所反对的。从联合国到欧盟，从经互会到跨国公司，这些目前都还无法作为一种替代民族国家的组织，而形成对目前从帝国到民族国家整个解释格局的动摇。由此可见，吉登斯是一个现实主义的国际政治论者。在第九章中，吉登斯进一步分析了“国家”理论。

在吉登斯看来，虽然列宁和葛兰西对国家理论有过论述，但是前者把资本主义国家看作是行将灭亡的对象，其内容乏善可陈，而后者的国家理论则影响有限。在马克思主义创始人那里和以涂尔干的工业理论与帕森斯的结构功能主义等为代表，国家理论不是这些理论关注的焦点。而二战后以凯恩斯为代表的宏观经济学派却赋予了国家以救世主的角色，把国家看作实现福利扩张、财富再分配以及提升教育质量的主导性力量。这种过于重视国家的思维方法，却也是对国家认识不清而造成的思想结果。尤其是涂尔干的“工业理论”，它割裂了民族国家和工业社会的内在联系，没有真正从根源上认识工业社会中的国家也是和暴力联系在一起的。圣西门、马克思和涂尔干只是重视了工业现代性造成的世界图景，而忽略了在工业化过程中，民族主义国家所起到的作用是什么，由绝对主义国家向现代资本主义民族国家转化的过程是一个异常复杂的过程。马克思只是在《黑格尔法哲学批判》①等残篇中讨论了国家和市民社会的关系，这一分析是建立在马克思对资本主义国家虚伪性批判的

① 马克思在国家和市民社会的关系上，认为市民社会决定国家，而非黑格尔所认为的国家决定市民社会。

基础之上的。这种虚伪主要体现为资本主义国家所宣称的自由、平等和博爱口号，和现实市民社会的自私自利同实际的非自由和不平等的真实状况之间的不符合。马克思批判资本主义国家是阶级矛盾不可调和的产物，是一个阶级对另一个阶级压迫的工具。从这个意义上说，马克思认为社会主义是对资本主义国家的超越，而涂尔干则是在批判功利主义国家论的基础上，赋予国家一种正义化身的角色，涂尔干不认为社会会超越国家，因为国家是给整个社会秩序提供道德和正义的一种机制。所以，社会所能做的只是理性地制约国家，其制约国家的工具是协会或者职业团体。这其实是对西方国家公民社会理论的较早论述。

资本主义国家是以绝对支配"配置性资源"为特点而存在的，在吉登斯看来，这种"支配"具有四个方面的特点。一是资本主义国家的产生是和16世纪以来"绝对主义国家"[①]的发展密切联系的。二是阶级支配的权力源自对配置性资源的控制。三是资本主义国家建立的价值原则是政治与经济的制度性分离。政治领域的共和主义传统和罗马法为欧洲公民社会的形成奠定了基础，而这个基础又和美国、法国革命中所形成的自由、平等理念之间有着密切关系。在自由和平等公民身份的确定过程中，和资本主义民族国家的建构存在正相关关系。四是资本主义国家作为阶级社会，存在高度依赖的社会分工现象。

吉登斯同意马克思关于阶级斗争的基本理论。在工人不占有任何生产资料的情况下，必须在一定劳动纪律的约束下，通

---

① 吉登斯所谓的"绝对主义国家"也称为"民族君主国"。（参看徐蓝主编：《世界近现代史（1500—2007）》，高等教育出版社，2012年，第66页）

过有偿劳动的形式获得自己和家属的基本生存条件。但是致力于"管理科学"建构的"泰勒制"支持者弗里德曼等学者却把工人纳入到资本主义生产体系中，作为生产体系的一个元素而存在，在吉登斯看来，这只是看到了单边控制延伸过程，而没有看到此起彼伏的工人的反抗过程，这种反抗不一定是按照马克思主义创始人所设想的那样，通过轰轰烈烈的工人起义和有组织的武装斗争来完成。吉登斯认为，工人阶级的反抗完全可以融合在日常的各种怠工和消极对待之中。弗里德曼这种所谓的"日常层面的阶级斗争"①会表现出一种工人作为自主性而存在的一面，这其实是对阿尔都塞结构主义马克思主义的一种非能动性批判。吉登斯是把资本家的剥削和工人的斗争赋予了一种主体性的动态过程，这种方法论原则既是对经典马克思主义的一种现代回应，同时又是对结构主义马克思主义的证伪。前者描述的阶级斗争导致的社会大革命进而形成的社会嬗变并未在现实政治实践中实现，而后者则固化了马克思主义阶级斗争学说，把马克思主义实证化、结构化。对马克思思想真谛的误解势必导致现实对理论的报复——后来的历史证明：不管阶级斗争的形式如何变化，它在资本主义社会里是始终存在的。而这种存在本身为什么没有导致资本主义社会的崩溃呢？这是资本主义的发展现实向理论界提出的一个重大挑战。

对于这个问题，吉登斯引入了"公民权利"的概念。吉登斯依据 T. H. 马歇尔的观点，认为有三种公民身份权利消解了阶

---

① Andrew L. Friedman, *Industry and Labour*, London: Macmillan, 1977; Michael Burawoy, *Manufacturing Consent*, Chicago: University of Chicago Press, 1979.

级斗争对资本主义社会的解构作用。在这三种公民权利的实现过程中，激烈的劳工运动最后就被资本主义的社会结构所吸纳。这三种相互重叠的公民权利塑造了现代国家政体。在阶级斗争的过程中形成了三种公民权利：一是法律面前人人平等和自由契约权利；二是建立政党的结社自由权；三是由国家担当的社会失业救济和病假津贴等社会福利。[①] 这三者中第一种属于公民法律权利；第二种属于公民政治权利；第三种则属于公民福利权利。而与马歇尔不同的是，吉登斯认为第一种和第二种公民权利是在阶级斗争而非"自然顺序"的基础上建立起来的。法律权利是在新兴资产阶级对绝对主义国家和封建贵族的阶级斗争的基础上发展起来的；政治权利也是在长期的阶级斗争中，尤其是在工人阶级对资产阶级的斗争中逐步形成的；而第三种权利则是在战争中，尤其是在两次世界大战的基础上形成的。可见，三种权利的形成既缓和了阶级斗争的强度，同时又为阶级斗争提供了平台。而在吉登斯看来，发生在社会领域的这些变化丝毫没有改变生产领域中还在发生的资本主义的劳动契约、劳动力销售和劳动异化等问题，即所谓的"民主不存在于工作场所之中"[②]。

在《当代批判》的最后一章，吉登斯采用了一种分析马克思时所用的理论方法，即矛盾分析法。吉登斯指出了这种思维方

---

① T. H. Marshall, *Citizenship and Social Class*, New York: Cambridge University Press, 1950; Reinhard Bendix, *Nation-building and Citizenship*, New York: Wiley, 1964.

② [英]安东尼·吉登斯：《历史唯物主义的当代批判：权力、财产与国家》，郭忠华译，上海：上海译文出版社，2010年，第236页。

法对于马克思主义唯物史观的重要意义，他认为，虽然在马克思的语境中存在功能主义的某些倾向，并且马克思往往把矛盾和冲突看作一种同义语来运用，然而，矛盾不是冲突，矛盾作为发源于黑格尔的一种思维方式，马克思是利用矛盾来解释社会历史，并以之形成社会历史演进的内在动力。矛盾表示的是一种社会系统中的两种结构性原则，这种结构性原则相互依赖又彼此否定，从这个意义上讲，矛盾就是成为社会系统的一种结构性特征；而冲突，吉登斯认为不管是个人和集体之间的哪怕是潜在的利益冲突，还是个人或者集体之间的活跃的直接斗争，都是一种社会系统结构性矛盾的外在表现。

所以，如果说吉登斯是在“结构”意义上来谈论矛盾的话，那么吉登斯认为马克思是在进化的角度上来定位矛盾的。马克思的矛盾论，尤其是在《德意志意识形态》和《〈政治经济学批判〉序言》中，马克思把生产力和生产关系之间的矛盾作为社会历史演进的内在动力，而在《资本论》中，马克思也是从商品的两个因素入手，运用矛盾的思维方式分析资本主义剥削的秘密，并最终形成资本家和工人阶级之间的矛盾。

而在吉登斯看来，这种思维模式仍然没有摆脱掉黑格尔把历史看作通过对立面的冲突，而逐渐克服自我不断进行异化的过程。吉登斯认为马克思所谓的矛盾的范围其实是偏狭的，只是从黑格尔意义上来理解矛盾是不全面的，所以，吉登斯认为矛盾是倾向于形成大量冲突的断层线，马克思所谓的阶级冲突无非是沿着主要的断层线而形成的一种社会表象。而这种阶级冲突在马克思的语境中却是和剥削、劳动及剩余价值等紧密联系在一起的，因为马克思分析的指向对象主要是基于生产关系发展而形成的资本主义社会，资本主义社会同时也是在资产阶级剥削的情势下，所形成的人的异化最为严重的阶级社会。马克思把这种剥削和阶级联系在一起进行分析，在马克思看来，作为一个普遍的阶级，无产阶级的解放同时也是作为一个整体的人类的解放。而事实却远非如此顺利。吉登斯认为对于马克思关于剥削、阶级和国家等在共产主义社会最后都将消亡的观点，其实是无视现实社会的复杂性而做出的一种相对模糊的判断。吉登斯的理由主要是基于以下五点。

第一，社会主义现实中也存在一些剥削现象，这种现象虽为事实却无法用马克思主义的相关理论予以解释。

第二，就剥削的范围而言，剥削不但存在于阶级之间，还存在于国家与国家之间、不同的种族和性别之间。而这些宏观和微观领域的剥削现实都是传统马克思主义剥削思想所不能解释的问题。这仿佛也让人联想到当年的本尼迪克特·安德森，当他看到同为社会主义国家的越南和中国曾经的冲突，这启发他重新考虑国家之间和意识形态之间的关系，进而写成了《想象的共同体》一书一样，吉登斯发现了与剥削相关的更大范围的存在。

第三，吉登斯认为剥削本身是承载着权力与自由关系的一个重要概念。剥削作为对剩余的一种榨取，是剥削阶级能够凭借各种手段进行的榨取。所以，和剥削关系最为紧密的，要么是阶级社会的资源配置性社会，要么是阶级社会之前的权威配置性社会。

第四，马克思虽然深刻地分析了资本主义社会中人与人之间的剥削关系，却忽略了人类对于大自然的剥削。

第五，吉登斯从英国的经验论传统出发，批判了唯物史观作为规范性宏大叙事的不确定性。因为这种思维方法是以逻辑自洽的方式反对经验事实，吉登斯认为这种缺陷还存在于罗尔斯和哈贝马斯的相关理论之中。

但笔者认为，吉登斯的经验主义是以一种反理论的方式来进行的历史唯物主义研究，如果说罗尔斯的《正义论》和哈贝马斯《重构历史唯物主义》的企图是非历史唯物主义的另一种宏大叙事，吉登斯的"结构化理论"则完全进入一种细碎的历史细节而不能自拔。这都是由于无视社会学研究的折中方案而导致的剑走偏锋，结果可能就是"可爱而不可信"，而更令人信服的方法仿佛又回到美国著名社会学家默顿所谓的"中层理论"①上去了。

① [美]罗伯特·K. 默顿：《社会理论和社会结构》，唐少杰、齐心译，南京：译林出版社，2008 年。

第三章

吉登斯历史唯物主义研究的国家向度

本章主要是解读吉登斯历史唯物主义研究三部曲的第二部《民族—国家与暴力》。如果说作为吉登斯历史唯物主义研究三部曲的第一部——《历史唯物主义的当代批判：权力、财产与国家》是依据“结构化理论”来展开对历史唯物主义的批判性分析，那么历史唯物主义研究三部曲中的第二部——《民族—国家与暴力》(1985年版，下文简称《暴力》)，则针对历史唯物主义关于“民族国家”的分析，分析了从传统“阶级分化社会”“绝对主义国家”到最后形成所谓的“民族—国家”的全过程，吉登斯给予了条分缕析的缜密论证。当然，这种论证是建立在吉登斯自我理论建构的需要基础之上的，所以，吉登斯的批判忽略了历史唯物主义中人的解放的价值旨归，而使批判归于一种物理性机械。

第一节　传统国家的四维结构

吉登斯是从历史角度出发对传统国家进行分析的。这种分析的理论工具是“权力与支配”，分析的对象是传统国家的军事力量、官僚制、阶级和意识形态，分析的内在机制是“监控”。传统国家的权力支配关系是现代民族国家产生的基础。

一、国家理论的“硬核”：权力与支配

在“导论”中，吉登斯首先对历史唯物主义的“唯经济论”进行了批判，认为历史唯物主义的国家和传统国家的诞生都与物质生产联系在一起。而吉登斯在三部曲的第一部中，已经把权力支配分为“配置性资源”和“权威性资源”两种。在他看来，历史唯物主义只是重视了前者而忽略了后者。所以吉登斯认为，在现代国家产生的过程中，除了这种具有经济决定力的“配置性资源”之外，那种“为了协调臣民而展开的信息收集和储存”的“权威性资源”也同等重要。由于20世纪的两次世界大战和数不清的军事暴力，促使吉登斯开始对这些在马克思历史唯物主义中不能详尽分析的领域去进行分析。除此之外，吉登斯还对构成现代性维度之一的“工业主义”进行了分析。在这些总括的基础上，吉登斯指出了这本著作中十条所着重讨论的主题。①

《暴力》的第一章主要明确了几个概念，这些概念是进行“民族国家”和“暴力”分析必不可少的工具。首选出场的是其在《当代批判》中已经提出过的“权力”与“支配”的问题。吉登斯认为“权力”“能动”和人的关系如下：人是能动者，而能动者必须掌握权力——因为“权力”是指能够对一系列既定事件进行干预以至于通过某种方式来改变它们的一种力量。可见，人作为能动

① 吉登斯这种看上去貌似“全面”的分析其实是对马克思历史唯物主义的一种误读，当把历史唯物主义的“历史”因素和“唯物”因素完全抽取掉时，其实也就无意间使历史唯物主义沦落为一种对社会历史演进的平庸的折中主义诠释。

者必须依靠权力的支配性作用才能完成，而权力又分为对时空控制的“配置性资源”和“权威性资源”，在吉登斯看来，这两种资源的获得是通过对“支配”的研究而得以明晰的。

吉登斯在分析传统社会时，主要是对传统社会中尤其具有官僚体系特征的传统社会进行了具体分析。在西方，包括马克思、韦伯在内，很多学者都认为从西方传统“帝国”到“东方专制主义社会”，都是一个只有“边陲”而无“边界”的“帝国体制”，在这种“帝国”体制下，真正做到完全对角角落落进行监控管理的社会是不存在的，这是传统社会的一个重要特征。吉登斯的这一观点也完全吻合我国著名社会学家费孝通先生对中国古代传统社会是“国权不下县，县下惟宗族”①的基本判断。

吉登斯在《暴力》中对历史唯物主义只是强调“配置性资源”作为社会历史前进的动力提出批判。在他看来，不管是历史唯物主义、文化进化论，还是社会进化论，都是从一种被动的角度依社会形态对其“环境”的不同适应程度来解释社会变迁。②这种解释模式重视了社会生产力以及环境的基础性作用，却忽视了“权威性资源”对社会历史的动员作用。对社会历史的前进过程进行结构性分析，就是把客观存在的各种对象彼此相互联结成一个动态过程，而之所以可以形成这种动态过程，就在于其中有“支配”的存在，这种“支配”是和权力紧紧联系在一起的。

---

① 秦晖教授则把它完整地概括为：“国权不下县，县下惟宗族，宗族皆自治，自治靠伦理，伦理造乡绅。”(参见秦晖：《传统十论——本土社会的制度、文化及其变革》，上海：复旦大学出版社，2003 年，第 3 页)

② [英]安东尼・吉登斯：《民族—国家与暴力》，胡宗泽、赵力涛译，北京：生活・读书・新知三联书店，1998 年，第 8 页。

所有的组织和个人都是在制度之维中存在，制度正是支配性力量起作用的基本形式，而所谓的“统治”，就是利用权力进行支配的相对稳定的控制形式。就控制的范围和强度而言，“传统帝国”“绝对主义国家”以及“现代民族国家”都是不一样的。

所以，吉登斯得出的结论就是各种统治均依赖于制度性调配，而在这种制度调配过程中，支配者和被支配者之间的权力关系，依赖于不同社会形态的彼此之间的控制和反控制的博弈，吉登斯把这种博弈称为“控制辩证法”。在一定的时空条件下，这种组织团体的权力支配是在一定的规则下进行的，而这种规则的形成源于人们的话语传承，尤其是在传统的小型口承文化中，历史就是一种学习和反思，通过这种反思，权力支配的制度性规则得以重新树立并运行。因此，任何场所都是一种“权力箱”①，在这种“权力箱”中，每天都发生着由一定历史传统规定着的，包括“资源性配置”和“权威性配置”在内的各种权力支配。在权力的运作中，“配置性资源”受制于技术水平，但是“权威性资源”却不受制于此，“配置性资源”此时就依赖于“权威性资源”的集中程度，而对于“权威性资源”的支配性作用，在吉登斯看来是通过以下四个方面来完成的：第一是通过信息的收集或者居于权威位置的个人对另一些人的活动实施直接的监管，进而形成对人的监控，前者随着历史的发展由面对面进行信息的口传交流，而改变为通过文字书写的方式来予以完成，后者在现代国家崛起之前所能进行的监控也非常有限；第二是专业性的职业行政组织和人员的出现；第三是对外军事力量、对内警备

---

① 注：“Power Containers”，笔者翻译为“权力箱”。

力量以及永久性武装力量的出现；第四是影响意识形态形成的条件的创设。

在这个基础上，吉登斯对国家的概念进行了一种思想史梳理，吉登斯评价了涂尔干、韦伯、黑格尔和马克思的国家概念。在这个分析过程中，吉登斯首先抛出了自己所关心的国家的基本特征，那就是："凡是国家都会牵涉到对归其统辖的社会体系的再生产的各方面实施反思性的监控。"①吉登斯特别强调了"监控"的国家性质。在这个基础上，吉登斯首先评价了涂尔干，涂尔干把现代民族国家的特征无限制地赋予古代的帝国，特别是认为涂尔干所认为的国家必然会体现归其统治的那些人的利益，同时他认为涂尔干也低估了独立于社会的其余部分的权力与国家机器的源流关系。吉登斯同意韦伯对国家特征的基本描述，一是存在固定的行政官员，二是合法地垄断暴力工具，三是能在既定的区域维持这种垄断。韦伯的这种判断在吉登斯看来虽然比涂尔干进了一步，但这只是把现代民族国家的特征进行了一般性理解，吉登斯认为只有现代民族国家才能从根本上形成对垄断暴力工具的使用。在这个基础上，吉登斯对国家定义为："国家可以被界定为这样一种政治组织：它的统治在地域上是有章可循的，而且还能动员暴力工具来维护这种统治。"②这种对国家的定位，吉登斯认为规避了韦伯特别强调的国家必须垄断暴力工具以及具有意识形态上的合法性问题。而对国家、市民

---

① ［英］安东尼·吉登斯：《民族—国家与暴力》，胡宗泽、赵力涛译，北京：生活·读书·新知三联书店，1998年，第19页。

② ［英］安东尼·吉登斯：《民族—国家与暴力》，胡宗泽、赵力涛译，北京：生活·读书·新知三联书店，1998年，第21页。

和社会之间进行“范域”划分是黑格尔和马克思所做的——在吉登斯看来，黑格尔和马克思对于市民社会和国家关系的分析正好是两个相反的过程。黑格尔所遵循的思路是国家作为一种普遍的道德精神，相对于家庭和市民社会，国家是社会进化过程中“道德共同体”的最后发展阶段，没有国家就没有市民社会原子化的个人自由的实现。所以，从这个角度讲，国家是具体自由的化身，是表现其自身真实理性的普遍之物。而马克思在“倒置”黑格尔的过程中，把国家置于市民社会的土壤之中，认为国家是市民社会阶级构成的外在表现。吉登斯认为这种国家和市民社会将会终结的观点是存在问题的，甚至认为马克思对国家和市民社会关系的定位是对黑格尔学说的倒退，吉登斯认同黑格尔的观点，认为市民社会和现代民族国家是相互依存而产生的。而马克思却把国家看作是社会机体上的一个阶段性产物——这其实是吉登斯对马克思的误读，马克思对于市民社会的定位，其立意是非常高远的，马克思定位市民社会更多是从“社会”的角度，而非国家的角度，马克思理想的状态是人从一种国家异化的状态回归“社会”或人类社会。马克思的这个观点是在卢梭等人思想的影响下形成的一种与黑格尔的视域完全不同的论域和观点，所以，吉登斯对黑格尔和马克思的这种比较其实是由于对马克思思想和黑格尔思想的立意源头和目标理想缺乏整体性解读所致。因为吉登斯是从人类学的角度，通过组织的权力支配关系来考察国家的存在，在他看来，只要有人存在，就会有支配性权力的存在，这种权力只不过是在“配置性”和“权威性”之间此消彼长而已。

在第一章的最后，吉登斯从学术史的角度分两个层面，从涂尔干、韦伯、马克思和尼采对比的角度指出被社会学研究所忽略的两点：第一点是内容方面的缺陷，即社会学理论中对作为最强有力的军事力量与社会演进之间关系的研究不足；第二点是方法上的缺陷，即要么是一种涂尔干式的进化论思路，把社会历史的发展看作累进式过程；要么是一种历史唯物主义或社会达尔文主义的争斗推动社会历史发展的解释。吉登斯主张的却是一种致力于寻找社会形态之间的不同而非相同的努力，也就是所谓的对现代史要做非连贯性的解释，而这种对非连贯性的解释的努力恰恰是社会学这一学科的历史任务。

二、传统国家分析的四维模型

吉登斯社会学最重要的一个研究方法就是结构主义的方法，一般把研究对象置于一定的时空范围之内，在这种时空范围内开始寻找使社会互动得以形成的结构元素。他认为凡是人类的互动，就包括“意义的沟通”“权力的运作”和“规范的制裁模式”三种模式。而在第二种模式“权力的运作”中，又包括“权威性权力”的运作和“配置性权力”的运作两种模式——这样就形成解释社会运动的四维模式。对于这四维模式吉登斯是用如下模型表达的：

示意—支配—合法性	象征秩序/话语模式
权威性支配—示意—合法性	政治制度
配置性支配—示意—合法性	经济制度
合法性—支配—示意	法律/制裁模式

图 3-1

吉登斯在四维模式中把整个社会的经济、政治、文化和法制等对人进行权力支配的整体结构凸显出来了。在这个结构中，“象征秩序”是一种意识形态驯服，而其他三种则都具有暴力色彩。从这个结构中还可以看出，“合法性”“支配”和“示意”之间具有密切的关联性：“象征秩序”是寻找权力监控的软根据，“法律/制裁模式”是寻求权力监控的硬根据，而“权威性支配”就是一整套的行政意志通过“示意”的方式寻求“合法性”，“配置性支配”则通过经济权的监控形成“示意”进而寻求“合法性”。这四者之间相互融合，一种权力监控、四维表现模式，进而形成整个社会的生产和再生产。只要有人类社会，确切地说，只要有团体和组织的存在，就存在这种团体和组织的四维元素对整体社会结构的支撑。吉登斯列举了这四种维度之后再以之作为研究工具，对“传统国家”“绝对主义国家”和“现代民族国家”进行了解剖分析。

三、传统国家的四维结构

社会主体的互动形成一定静态的四维结构，吉登斯首先利用这四维结构来分析传统国家的特点。

(一)传统国家的配置性支配

吉登斯对传统国家形态结构的分析是从城市和乡村关系入手的。虽然传统国家的类别有城邦制、封建制、世袭帝国、官僚帝国和游牧帝国等多种复杂形式，但吉登斯主要分析了最小的城邦和最大的大型农业帝国。在这些组织体中，吉登斯试图证明：城市是阶级分化社会中主要的权力箱，同时还存在其他的非城市的权力箱。为了证明这个论断，吉登斯批判艾森斯塔德对传统国家的分类方法，取而代之的是采用一种解剖小麻雀的方式来对传统国家进行分析。在这个基础上，吉登斯又批判了斯沃伯格对于阶级分化社会的城市做整齐划一的分析倾向，指出了各个城市的不同之处，包括很多城市并非都具有城墙，并且阶级分化社会中的城市通常同其他权力箱或权力生产者并存于网络之中。另外，吉登斯又批判了博丹对印加社会所做的分析和魏特夫对东方国家所做的分析，进而得出“东方专制主义”的概念是存在问题的。吉登斯这种对包括中国古代在内的社会形态的分析跟中国著名社会学家费孝通对中国传统乡土社会的分析基本类似，“国权不下县，下县惟宗族”的地方自治力量非常强大，吉登斯通过分析乡村和城市彼此间资源配置性在乡村和城市的控制力量来分析传统国家，传统国家对乡村的资源配置性支配非常薄弱，而对城市的支配则相对较强。这就从事实上推翻了所谓的不管是西方还是东方，对于存在绝对的专制主义的证伪。吉登斯强调了书写对于传统国家进行监控支配的重要性之外，还谈到了传统国家的领土权和国家与社会的关系，从根本上看，吉登斯想证明的是，同现代民族国家相比，传统国家从其控制力上来看，是有边陲而无国界的，依赖权威性资源和配置性资源而形成的监控国家的能力极其有限，所以，监控能力是行政强大与否的基础，这导致的结果就是传统国家往往是裂变性的，传统国家的整合能力和整合水平相当有限。

(二)传统国家的权威性支配

吉登斯对于传统国家的权威性支配阐释是通过分析非现代

国家和书写的关系开始的。在吉登斯看来，书写不是言语的延伸。句子不单单是记号的结合，而且是话语的基本单元，句子此时就形成一种超越自身的语义，从而占有了世界自我和他人。句子构成书写，书写形成文本，文本本身可以被解释。就如同吉登斯所言，文本获得了跨越时空仍能持久存在的固定性。当然，书写作为传统国家实现权威性支配的重要载体，其本身并非始于文本，结绳记事、行政列表和词汇编目等都属于书写之前的一种信息传递方式，而这种方式和书写一样，都成为后来资源性配置支配和权威性支配的重要载体。具体来讲就是书写由于能够对信息进行整编，所以能够扩大国家机器对物体和个人的行政控制范围。所以，书写扩大了时空的延伸，因为书写本身是对特定社会历史情境中一些事件等的记载，但是一旦被记之于文形成文本，就开始转化为解释学的问题，视界融合的结果就是地方的知识经过反思形成一种普适性的规则，权威性支配就此形成。

(三)传统国家的制裁模式

书写不但成为传统国家的权威性支配，同时书写也用来阐明行为的准则，而行为准则最重要的方面，在吉登斯看来就是成文的法律准则。可见，书写除了作为权威性支配力量之外，还逐步演化为传统国家的制裁模式，形成穿越性的法治条文，从而成为影响深远的制裁元素。吉登斯以苏美尔人的法律体系为例，他们就是从惯常的实践经过书写并形成公元前三千年的综合性法典。这个综合性的法典是汉谟拉比法典的基础，在传统国家中，除了书写作为一种工具，形成对一种逐步扩大的中央对周围的控制以外，吉登斯还专门讨论了传统国家的军事力量在社会形态变迁中的作用。吉登斯分析马克思只是重视了技术改进对社会生产力的影响，而忽略了技术改进同时更影响了军事能力的强弱。吉登斯从两个维度论述了军事力量作为一种权威性支配在社会形态历史嬗变中的作用。一是传统国家总是存在军事冲突，或者说军事冲突是传统国家的一个普遍性特征；二是传统国家除了普遍存在军事冲突和一般都有常备军之外，这种军事力量在阶级分化社会中的状况却是千差万别，在西方可以有雇佣军，这种雇佣军只对雇佣者效忠，而对最高统治者不效忠，中国的情况则是在国家的基本价值原则上就对军队进行了工具化对待，为了防止历史上由于军事割据对中央政权形成的威胁，中国一般都是把军队的地位跟社会上其他阶层的地位进行靠后排列，同时通过经常调动军事首长的方式防止军队干政。吉登斯对马克思所忽略的军事本质进行分析只是想得出一个基本的结论：即使有了书写工具，传统国家虽然有恒常的军事暴力，但是由于传统的传播技术等情况，传统国家的这种依靠军事暴力来形成权威性支配的力量还是相当薄弱的，与后来现代民族国家的强有力监控相比，传统国家的军事力量不能形成对国家的有效监控。因为在传统国家的乡村，真正进行社会整合的力量是习俗和传统，乡村作为一种自治的地方，其争端或由宗族，或由地方庙宇管理组织予以解决。当然，吉登斯又特别指出，这种貌似和平牧歌的传统乡村景象往往是一种浪漫主义的理想状态，由于中央政权的横征暴敛可能就会形成对乡村自治的破坏，从而激起乡间暴力的发生。当然，无论如何，传统国家的中央政权一般都不会通过一种权威性支配权力来形成对社会基层的动员，传统国家的制裁模式一般都是依靠当地习俗和传统来维持。

除了对军事元素的分析之外，吉登斯还单独以一章的内容进一步分析了传统国家的官僚制和阶级状况。吉登斯是在同时批判两种极端研究的前提下开始分析自身的研究的。他首先批判了三种研究倾向：一是认为传统社会是一种极端专制主义统治下的阶级社会，在中央集权的官僚帝国中，操纵国家机器者理应是统治阶级，政治权力被看作统治者的个人处置权，统治阶级之外的其他人则理所当然地应臣服于他们的暴虐统治；二是认为在前现代还不存在所谓的阶级，阶级概念在前现代世界无法有效运用；三是正统的马克思主义观点，即认为西欧封建主义制度下的统治根源于对生产工具的控制，而东方国家则是一种“亚细亚生产方式”，这是一种停滞不前的生产方式。这是从黑格尔到韦伯都坚持的一种观点，吉登斯对这三种观点都进行了批判，他认为在阶级分化社会虽然存在“支配/统治”关系，但不能把这种关系无限制地强化，传统国家无法真正完全掌握群众的日常生活，在这种社会状态下，阶级冲突就不是阶级集团的主轴。所以，在阶级分化的社会中，其实是缺乏阶级冲突的，特别是涉及传统国家中经济和政治的关系，在资本主义现代民族国家出现的过程中，马克思主义认为国家是在市民社会中分离出来而逐步形成现代民族国家，而吉登斯如果以这种思维方式去理解传统国家，则是有问题的。在他看来，传统国家政治和经济之间的区分是非常模糊的，也就是说，国家和市民社会之间的分离其实并非是一种现代性现象，而是一种在传统国家也存在的现象，但两者的区分是在传统社会不管是权威性资源支配还是配置性资源支配，都是一种范围相对较弱的动员状态，而在现代社会，这种经济和政治的分野不但十分明确，在动员过程中，其力量也要大得多。所以，在吉登斯看来，即便是中央集权的官僚帝国，国家也极少能真正去干预经济生活，绝大多数农民都是在独立于政治中心所发生的一切的状态下从事劳作的。马克思的历史唯物主义把私有财产的产生看作是阶级形成的基础，可在吉登斯看来，这是存在问题的，因为在定居的农业社区，既有大家共同占有的财产，又有各式各样的土地私有制。在传统社会中，对于什么是“财产”的看法与现代资本主义社会是完全不同的。

（四）传统国家的象征秩序

象征秩序是一种为了支配的需要和意识形态密切相关的训导机制。与前三种支配方式相比，象征秩序更多的是一种软力量。马克思对意识形态进行过很多深刻的论述，比如“统治阶级的思想在每一时代都是占统治地位的思想”①，“支配着物质生产资料的阶级，同时也支配着精神生产资料”②，这其实是指出了精神意识与阶级之间的内在关联，这种意识形态理论后来被葛兰西发展为“霸权”理论和“有机知识分子”理论，阿尔都塞则

① 中共中央马克思恩格斯列宁斯大林著作编译局：《马克思恩格斯文集》（第1卷），北京：人民出版社，2009年，第550页。

② 中共中央马克思恩格斯列宁斯大林著作编译局：《马克思恩格斯文集》（第1卷），北京：人民出版社，2009年，第550页。

把其发展为“意识形态国家机器”[①]。吉登斯在对社会形态进行四个维度的理性分析过程中，其中一个重要的维度就是精神的维度，因为任何一个统治，在统治的过程中都要寻求精神上的合法性，这种精神意识上的合法性就形成维持这个政权存在的意识形态和象征秩序。而这种精神意识领域的象征秩序在阶级分化社会中，与部落社会和现代社会相比，具有自身的特点，吉登斯是从宗教的领域来对这个问题进行阐释的。在阶级分化社会，宗教理性化是其最大的特点，在这样一种社会形态中，任何人和团体都要试图掌握对宗教的解释权，同时理性化的宗教倾向于只会对社会的上层具有吸引力，这种理性化的宗教已经与民众的仪式和信仰区别开来。所以，在阶级分化社会中，乡村中的人和居于统治地位的统治者都可能持有不同的宗教信仰，在吉登斯看来，即使是在把这种象征性秩序进行无限强化的中国，即使汉代通过制定系统的道德教化政策并把儒家道德通过故事和戏剧的形式进行传播等，这些措施都没能取得很大的效果。这种信仰的分散化会导致民间社会和中央统治集团之间的分离，而中央的精神统治在吉登斯看来则采用了一种系统的意识形态霸权，也就是在社会上层，实行一种真正的意识形态控制。这让人联想到中国古代的儒家教化在各级官员中的巨大影响。在传统社会中，大多数人都是被排除在政治主流话语

---

① 阿尔都塞在1970年发表的《意识形态和意识形态国家机器》一文中认为，不能将意识形态仅仅看成一种否定性的虚假存在，意识形态是一种无处不在、略显神秘而又时时发挥着现实功用的物质性存在。国家权力可以通过一种强制性和镇压性的国家机器去实施，另一种则通过意识形态国家机器去实施。前者包括政府、行政机构、警察、法庭和监狱等；后者包括宗教的、教育的、家庭的、法律的、政治的、工会的、传媒的、文化的等诸多方面意识形态国家机器。

领域之外的，传统国家的意识形态就出现了这样一种状况：凡是阶级分化社会均拥有多种国教，君主作为统治集团的代表，力图使这些国教形成其统治的精神支柱，而任何精神性的东西，其本身又具有创造力和裂变性，比如中国的儒家思想本身既有反对革命的一面又有倡导革新的一面。这也决定了在阶级分化的社会中，要想真正实现社会的整合，完全不能依靠意识形态的一致性，靠的是统治者和国家机构的上层精英对统治阶级中的其他成员和行政官员实行的意识形态霸权。

经过以上分析，吉登斯得出了非现代社会国家体系的四种基本类型：第一是地方化的部落文化体系，人类历史最长的就是这个文化体系，阶级分化社会在整个人类历史中只是一个小小的片段；第二是城邦体系，城市国家一般都属于这种国家体系；第三是封建国家体系；第四是大型帝国形态占据主导地位的体系，其边陲地带都是一些纳贡小国，帝国的建立靠的是暴力，帝国的扩张使很多小国都会纳入到整个帝国的版图中来。在这四种国家体系中，无论是哪种国家体系，都与资本主义的现代民族国家不同，即使在很长时期内古代帝国体系曾经和现代民族国家彼此同时存在，它们彼此间在社会变迁的过程中也曾经相互替代。

第二节　国家的历史性演进

从人类聚集的形态类别来看，人类经过了氏族、胞族、部落、国家的发展历程。国家又分为前后相继的两种类型：绝对主义国家和现代民族国家。对于现代民族国家，不管是欧洲原生性的现代民族国家还是后来亚非拉的“想象的共同体”，不管是一族一国、多族一国，还是一族多国，现代民族国家都是在欧洲绝对主义国家或亚非拉文明型古代帝国基础上产生的，现代民族国家都是一种现代现象。吉登斯历史唯物主义研究的重要内容之一就是对马克思主义的民族国家分析的再分析。

一、国家发展的初始状态(一)

考察西欧的政治制度演变史，从 8 世纪的采邑制度改革逐步形成“封建等级制”，到 11 世纪之后随着商品经济的发展和城市的复兴，王权的力量在逐步加强，城市市民、教会贵族和世俗贵族共同参与的等级代表大会形成了一种新的统治方式——“等级君主论”。随着市民阶级的强大和王权的加强，这种“等级君主制”逐步让位于“专制君主制”或“绝对君主制”。对于西欧历史的这种嬗变，马克思站在阶级分析的基础上进行了解释，马克思从资产阶级是如何产生的角度对之进行了评价：“后来，在工场手工业时期，它(资产阶级)是等级君主国或专制君主国中同贵族相抗衡的势力，而且是大君主国的主要基础。”①马克思其实是通过对三种同时并存的三个阶级进行一种相机抉择的动态分析，在这种格局中，君主仿佛就成了作为市民社会资产阶级和封建贵族之间的调停人。吉登斯主要是从这个角度对马克思的历史唯物主义观点进行了批判。

---

① 中共中央马克思恩格斯列宁斯大林著作编译局：《马克思恩格斯文集》(第 2 卷)，北京：人民出版社，2009 年，第 33 页。

吉登斯首先批判了一种进化论思维，认为欧洲的封建主义既有别于其他一些封建体制，同时又不同于其他类型的阶级分化社会，这样就会对历史做一种“渐进式”解释，这种进化论的思维模式是历史唯物主义的特点之一，吉登斯宣称采用的方法是现代国家和传统国家发生学和类型学的对比，而不是将重点放在前者是如何一步步从后者演进而来。所以，吉登斯对绝对主义国家的分析不是从个别绝对国家的某一特征出发，而是从整体的绝对主义国家的“国家体系”出发来进行分析。或者换句话说，吉登斯是从权力支配的角度，即其一贯的对社会形态进行四维分析的角度来展开其理论分析。

在 1453 年之后，随着东罗马帝国的灭亡，突厥人对欧洲的压力其实是绝对主义逐步崛起的重要原因之一，这仿佛也适用于“冲击—反应”定律。在绝对主义时代，国家的行政安排逐渐向“金字塔”式过渡，对于国家间的关系，在主权观念的引导下，开始摆脱传统的贡赋外交而转向现代建设性外交，国家疆域也开始逐步由模糊的边陲向清晰的国界转变，国家对疆域的监控开始在书写的帮助下通过定期报表和备忘录的方式逐步加强，这种转变直到 18 世纪才逐步完成。在国际关系上，已经开始了通过国家间的会议来维持彼此的平衡，如同吉登斯所指出的，从三十年战争结束之后的威斯特伐利亚会议至路易十四临死时，又先后举行了九次这样类似的会议，这些会议的重要结果就是奠定了欧洲各国的领土分配格局。吉登斯对绝对主义国家出现过程的分析，吻合于本尼迪克特在《想象的共同体》中的基本观点，不但东南亚，就连欧洲从绝对主义的专制君主国向现代民族国家转变都是一种在协约基础上的建构过程。绝对主义国家开始了其全球史的过程，随着航海事业的发展和地理大发现，在吉登斯看来，绝对主义国家开始把自己的“地方性知识”推向世界，而形成所谓的“普遍性知识”。

二、国家发展的初始状态(二)

在从国际关系的角度对绝对主义国家进行分析之后，吉登斯进一步对绝对主义国家得以运行的组织进行了分析，表现在以下三个方面：一是行政力量的集中和扩张；二是新的法律机构的发展；三是财政管理模式的交替运用。吉登斯主要是以路易十四时期的法国作为案例来进行分析的，在路易十四时代最为恢宏的绝对主义国家时期，随着封建王权控制力的逐步衰落，由于税收以及财政的需要，不管是皇帝的内廷还是整个国家的行政体系都在发生着重大的变化。

在内廷中，由于世袭制的衰落，一是内廷的规模在变小，同时内廷的职责范围也在缩小，君主对地方产生了相对直接的控制，因为在这个时期相对完善的官僚科层制逐步形成了，中央官僚和地方官员间的协调程度得到了空前发展。这样的结果就是在法国以及整个欧洲，使君主能直接面对地方的城市、国会和议会。法国的城镇开始由国王任命的市长来管理。从本质上来说，吉登斯在这里完全赞同马克思对绝对主义国家权力的论述，即中央集权的国家权力，及其普遍存在的、经过系统的等级劳动分工规划精心建构而成的常备军、警察、官僚、牧师和审判员，都源于绝对君主时代。这种国家权力把初生的中产阶级社会看作同封建主义做斗争的巨大武器。吉登斯是从绝对主义国家自身的自主性方面去分析传统国家由封建等级制到等级君主制，再到绝对君主制的发展过程的，资产阶级的壮大是由于绝对君主国在处理内部和外部挑战的过程中无意识的产物和结果。即使是绝对主义国家君主权力的增强，也不能认为这种国家体制就完成了如同现代民族国家一样对全国的监控。对于绝对主义国家作为一种组织的形成，吉登斯认为法律制度的发展功不可没，在权力向君主手中逐步转移的过程中，法律没有沦为服从暴君意志的工具。在吉登斯看来以下三点形成了这样的结果：一是法律以非个人的方式适用于所有社会等级的法规日益增多。其实在这个过程中，地方性的法律法规开始逐步被全国性的法律法规所替代，形成一种在范围和主体方面都具有特色的法律体系。二是法律的内容开始发生变化，通过对罗马法的再发现，尤其在私有财产方面更是产生了很大的影响。如同吉登斯所说："经过重构的罗马法，成为私有财产依封建秩序所不允许的方式得以从'公共'领域中分离出来的手段。"①重构后的罗马法给绝对主义国家带来了两方面的影响：统治阶级以立法作为工具形成对中世纪封建特权的规制；罗马法的重构营造出新的机会，使人们对居于国家权力范围以外的土地和商品享有"私人所有权"。三是法律机制的惩戒方式发生了变化。在刑法的制裁方式上，原来的地方性社区制裁开始被国家控制的制裁机构所替代。始于1657年法国巴黎总医院的建立，在英国则可追溯到1575年教养院的建立。从本质上分析，这其实是

① ［英］安东尼·吉登斯：《民族—国家与暴力》，胡宗泽、赵力涛译，北京：生活·读书·新知三联书店，1998年，第123页。

绝对主义国家组织化的一种外在表征，除了行政官僚组织和法制方面的发展，财政管理制度也发生了很大的变化，这种变化是和绝对主义国家军事力量的扩张密切相关的。在整个 17 世纪，欧洲的国家间，没有发生战争的时间只有七年，所以，由于绝对主义国家要支付昂贵的战争费用，就要严重依赖税收的征集，这就逼迫财政管理体制发生变革，财政理性化同时促进了中央集权和科层制的发展。

吉登斯在论述了行政体制、法律和财政体制的变迁之后，又专门对绝对主义国家向民族国家转换过程中的军事力量进行了分析。总的观点是：规模和破坏性日益发展的无数的战斗和战争，造就了欧洲绝对主义国家和新兴的民族国家在地域上的联合。[①] 吉登斯之所以特别重视战争对社会形态历史演进造成的巨大影响，就是因为在西班牙衰落的过程中，战争导致了英国的崛起和德意志的分裂，这却为绝对主义国家和现代民族国家的兴起提供了地缘基础。同时，偶然战争策略的改变都可以改变历史发展的方向，如 13 世纪蒙古帝国征服的对象不是东方而是西方的欧洲边境，或者如果奥斯曼土耳其在 17 世纪也取得了对欧洲的胜利，那么在吉登斯看来欧洲最后可能就不会形成一个社会政治实体。从内部来看，如果一个统治者在欧洲重新建立了类似罗马帝国的一个帝国形态，那么在吉登斯看来这种情况的结局就会如同东方一样，也许也是一个“停滞不前”的社会形态。吉登斯在这里陷入了历史唯心论，夸大了偶然因素在

---

① ［英］安东尼·吉登斯：《民族—国家与暴力》，胡宗泽、赵力涛译，北京：生活·读书·新知三联书店，1998 年，第 127 页。

社会历史演进过程中的巨大作用。无论如何，吉登斯都强调了这样一种思想：正是战争和战备，为绝对主义兴起时所特有的行政资源的集中以及财政的重组提供了最强有力的刺激。而吉登斯对战争进行分析的特点是特别重视技术条件在战争中的重要作用，这是以历史唯物主义的态度对战争进行的分析。

三、国家的资本主义形态

吉登斯在对绝对主义国家进行了行政官僚体系和组织体系的分析之后，总结性地对“民族—国家”、民族和民族主义几个概念进行了分析。

吉登斯在民族国家、民族和民族主义这三者关系的分析中，深刻指出了民族主义和民族之间的关系，而认为民族—国家和民族以及民族主义却没有必然联系。吉登斯认为民族主义是一种心理符号，是个人在心理上从属于那些强调政治秩序中人们的共同性的信仰。而民族则是一种实实在在存在的居于拥有明确边界的领土上的集体。就民族和民族主义之间的关系而言，只有出现了民族之后，才出现了民族主义。而相对于最原始意义上的群体认同，民族主义是晚近时代的产物，在吉登斯看来，民族主义是从民族文化中心区将符号传播开来的手段，可能早就与居于社会较低等级的人中间形成的自发性认同同等重要。这种重要性的激发因素是战争，在对付共同敌人的过程中，国家就动员了不同的阶级和阶层，这个动员的过程就是民族主义发酵之时，由此可见，民族主义虽然是一种心理现象，但其并不具有内部结构意义上的内涵，而是源于道德伦理或语言上的共通性。民族主义这种情感是随着绝对主义国家的逐步发展而发展的，比如在17、18世纪的早期，多数的法国群众都把自己看作隶属于某一省或某一城市的人，所以，民族主义情感本身在当时的发展并不完全。从以上的分析出发，吉登斯把现代民族主义的产生定位在中欧和北欧分崩离析的国家和各个诸侯国，从思想本质上看，民族主义导源于浪漫主义而非宪政理性主义。

而民族—国家则更是在绝对主义国家的基础上出现的，在国家体系进行反思性建构的过程中，固定的边界得以形成，固定的常备军得以招募，所以，吉登斯把现代民族国家看作是最杰出的拥有边界的权力箱。在这个基础上，吉登斯得出了民族国家的一般性定义："民族—国家存在于由其他民族—国家所组成的联合体之中，它是统治的一系列制度模式，它对业已划定的边界(国界)的领土实施行政垄断，它的统治靠法律以及对内外部暴力工具的直接控制而得以维护。"①吉登斯对现代性理论范式的重建经历了一个发展的过程。1985年，他出版了被誉为"现代社会理论三部曲"的第二部，即《民族—国家与暴力》。在对国家进行历史社会学分析的基础上，他初步提出了现代性理论范式：现代性存在四个制度性维度，即与阶级相关联的"私有财产"、与多元政治相关联的"监控"、与武装力量相关联的"军事暴力"和与人造环境相关联的"特性的转变"。在福柯看来，话语和权力之间充满着这样一种关系："话语"在拉丁文中的原意是"夸夸其谈"，话语与权力密不可分，话语是权力的表征，又

---

① [英]安东尼·吉登斯：《民族—国家与暴力》，胡宗泽、赵力涛译，北京：生活·读书·新知三联书店，1998年，第147页。

是权力争夺、占有、挪用和恩赐的对象，权力通过话语对人们施以发挥控制、操纵、压迫和解放的功能。同时话语也衍生权力，凝聚着权力的威严，权力的争夺也意味着话语的争夺，话语的争夺引起权力的争夺。当话语有意或者无意地向我们强加意义时，话语便具有了权力，当话语被人们不假思索地接受，并内化为我们的身体规范时，话语便衍生出了权力。所以，话语的背后是权力关系。

第三节　现代资本主义国家的工具主义

国家形态的变化是逐步完成的，随着宗教力量的衰落，在理性启蒙精神的导引下，个人主义和功利主义开始成为政治哲学道德哲学的主流，价值认同在经历着巨大的流变，而作为整体性的社会，作为思想外在表现的国家形态也在经历着由传统帝国向绝对主义专制国家，进而向具有建构意义的现代民族国家过渡。

一、资本主义的初始发展

吉登斯对现代民族国家的分析首先从两个相关的概念入手，即资本主义、工业主义。在社会学家和历史学家眼中，这两个对社会形态的称谓都是具有不同含义的。资本主义是西方左翼对资本逻辑支配下的社会形态的一种称谓，而工业主义则是以相对客观的眼光来对资本主义进行定位。工业主义相对于资本主义而言是出现较晚的一个概念，资本主义是工业主义出现的一个条件。吉登斯是从分析韦伯开始的，因为资本主义的分析是同韦伯的经济分析密切联系在一起的，所以在韦伯那里，资本主义是在任何时代、任何地点都会出现的一种经济现象，但是现代资本主义在韦伯那里却成为一个问题。

韦伯指出了现代资本主义和传统资本主义的不同，这种不同主要表现为：①

第一，“具有固定资本的理性的资本主义企业”。② 在吉登斯看来，韦伯的这种分析是跟其对资本主义的“理性”分析联系在一起的，不管是现代资本主义的簿记核算，还是经济利润的精打细算，都表明理性化对社会的渗透，社会形态本身的魅性在这种启蒙理性浪潮的冲击下变成了一种计算型社会。从本质上看，韦伯是从人类学的角度来看待人类的社会宿命，吉登斯恰恰是从这一点去把握韦伯社会学的真谛。现代资本主义这种合理而明了的理性是指生产工具和投资手段的理性运用，吉登斯把这种运用称之为配置性资源的不间断支配，这其实是一种影响力。

第二，存在着大量的自由工资劳动者。在吉登斯看来，马克思和韦伯都认为，之所以产生自由工资劳动者，是因为农业劳动者的生产工具被大规模地剥夺了。

第三，商业组织中形成明确界定且相互协调的任务。现代组织的一大特点就是科层制、官职等级和复杂的程序。

① [英]安东尼·吉登斯：《民族—国家与暴力》，胡宗泽、赵力涛译，北京：生活·读书·新知三联书店，1998年，第159—161页。

② [德]马克斯·韦伯：《经济与社会》(第1卷)，阎克文译，上海：上海世纪出版集团，2010年，第182页。

第四，市场经济条件下单个资本主义企业之间的相互联系。原初的市场都是传统和巫术式的，凡是阶级分化的社会都具有市场，这些市场本身永远都不仅是在规模上受到限制，除了受价格、投资和利润这些经济需求的影响之外，还受诸多因素的制约。

第五，主要由资本主义生产方式来满足所有人员的需求。韦伯认为工业主义导源于资本主义的压力，资本主义的大发展时期是16、17世纪，特别是17世纪，企业之间争相降低生产成本以增强自身竞争力。

而马克思对资本主义的定位则是一种世界历史意义上的产物，在吉登斯看来，马克思虽然承认现代资本主义出现之前资本就业已存在，但他认为正是前现代的商业活动和金融家的利润追求才形成资本主义。吉登斯的这种评价本身其实是和马克思对资本主义的整体分析分不开的。马克思是从资本主义社会最显著的特征——商品开始进行分析的，马克思在《资本论》的开篇曾经讨论了研究的方法问题，对于马克思来说，“研究的方法”如果说是从历史的逻辑出发来事实性地对社会历史进行定位，而“叙述的方法”则不然，马克思“叙述的方法”更多是运用一种逻辑的方法，在这种逻辑分析中，尤其是在《资本论》的第三卷中，马克思把商业资本家的商业利润和金融资本家的金融利润看作对产业工人创造的总利润的分割。这在无形中使得马克思把在历史上出现较早的古老的商人资本形式看作非资本主义的资本形式。在马克思那里，资本主义是有其特殊内涵的一个历史性社会形态的指称。

吉登斯在分析韦伯和马克思对资本主义基本定位的基础上

提出了什么是资本的独特看法。吉登斯认为以下两点构成了现代资本主义的独特性：一是现代资本主义出现之前并非都存在如同现代资本主义社会一样的商品化过程。二是资本主义的一个最大特点是商品化、市场化。吉登斯说，在非资本主义社会，“持续不断地追求利润几乎不能不受到其他各种因素的制约”。[①]

最后吉登斯列出了资本主义的几个特征：“资本主义”作为一种经济制度形态，是一个社会所有成员赖以生存的产品生产和劳务生产的主要基石；离散的“经济”领域的存在造成了“政治”和“经济”的相互分离；政体和经济分离的前提是生产工具的私有产权制度；国家的统治模式取决于国家与私有财产以及独立的经济在制度上的联合；资本主义国家和资本主义社会是同义词，由此可见，民族国家的边界维护是自身得以存在的必要条件。

相对于资本主义，吉登斯认为工业主义是从另一个维度对现代社会进行的一种定位，其特点是：在生产或影响商品流通的流程中运用无生命的物质能源；生产和其他经济过程的机械化；工业主义意味着制造业的普遍推广，而制造业必须理解为一种新的生产方式的诞生；工业主义不单单是一种技术现象，还是一种社会组织现象。如果说对于资本主义，马克思是予以了详尽的分析，而韦伯则通过理性化概念对工业主义进行了分析，后来的很多学者把资本主义看作工业主义的一种亚类型，或者把工业主义看作资本主义的一种外在表象，而吉登斯则不

① ［英］安东尼·吉登斯：《民族—国家与暴力》，胡宗泽、赵力涛译，北京：生活·读书·新知三联书店，1998年，第167页。

同于这两者，吉登斯把“资本主义”“工业主义”和“政府的一些行政机构”三者看作并列的三个单项，任何一项都无法替代其他两项，这三项形成三种与众不同的“组织丛结”。

由此，吉登斯对马克思所谓的“化约论”进行分析。在吉登斯看来，资本主义社会的形成过程应该是一个结构化的过程，在这种结构化的过程中，不能简单地认为支配的各个方面都导源于阶级结构。因为在诸种权力中，不单单是资产阶级对无产阶级的支配性权力，各种类型或类别的权威性资源都有可能存在。吉登斯对于工业主义、资本主义和民族国家形成的四种制度丛结用以下图示进行了表达：

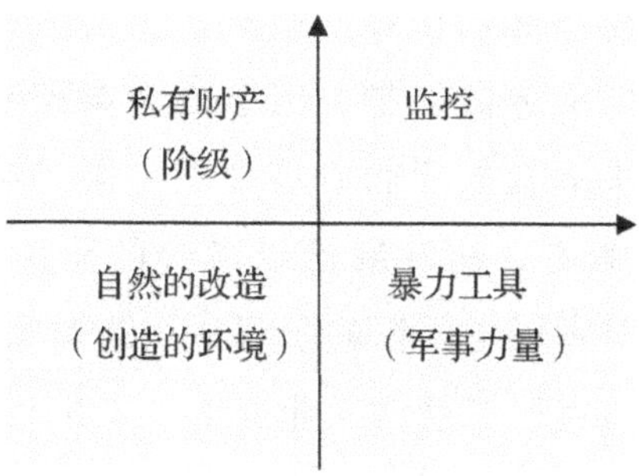

图 3-2

在这四个制度丛结组成的社会结构中，随着私有财产的发展，资本主义社会的军事力量逐步增强，民族国家作为一种监控的力量也在强化之中，而作为工业资本主义的支配性力量，在以城市为中心的权力容器中，对环境进行着一种创造性的改变。

二、资本主义的内在演化

从第六章到第九章，吉登斯主要围绕现代民族国家的主要特征来展开分析。这部分的分析与前面分析模式的不同在于，这部分主要是以平面的角度而非时间的维度来展开对现代民族国家的基本分析和定位。现代资本主义的成熟经过了两个不同的阶段：第一个阶段是16世纪至18世纪晚期，在这个过程中，绝对主义国家逐步发展，资本主义取得一定的发展，表现为土地和产品的逐步商品化。土地和产品商品化的原因之所以与绝对主义国家勾连在一起，在吉登斯看来主要是中央法律秩序保护的契约性权利与义务的保护、国家权力调控和认可的货币制度的发展以及中央集权的税收制度使然。第二阶段则是现代民族国家和工业资本主义的发展得以联合的阶段，在这个阶段，资本主义的大规模发展主要依赖于现代民族国家的形成和发展。在吉登斯看来，马克思虽然对工业资本主义进行了深刻的分析，但由于历史唯物主义采取的是一种阶级化约论，所以历史唯物主义势必会忽略对聚集性权威性资源的分析，忽略对现代民族国家的深入分析。对于工业资本主义的起源，吉登斯主要借助了沃勒斯坦“世界体系理论”来予以分析，吉登斯在分析波兰（边陲）、威尼斯（半边陲）和英格兰（资本主义中心区）不同命运的基础上，说明了三者之间的不同发展情况。15世纪初，波兰和英格兰没有巨大差异，可是波兰的“第二次封建主义”，即波兰贵族成功地将农民束缚在自己的庄园上，而英格兰由于存在一个明智而强大的国家机构，成功地防止了贵族们复辟传统农业生产方式的企图，从而激发起资本主义的大发展。在这个基础上，英格兰形成以一个中心向周围发展——吉登斯完全赞同沃勒斯坦对于世界工业资本主义起源的外在刺激的说法，而不同意资本主义是从某一经济体内部发展起来的说法。基于此，吉登斯对沃勒斯坦的“世界体系理论”这样评价：“他（沃勒斯坦）在批判社会变迁的内发观的同时，也对资本主义企业的特性和动力提出了一种在经验上已被证明是富有成果的解释。这种解释特别强调政治和经济制度的域化（regionalization），而且由此它还强调社会组织和社会变迁的空间特征。”①

吉登斯对现代民族国家的基本特征是从现代民族国家形成的物质载体和精神意识、维护现代民族国家的军事力量以及现代民族国家在全球国家体系中的地位来进行分析的。

（一）行政力量与内部绥靖——主权的确立

吉登斯认为现代民族国家的形成过程也是时空不断浓缩的过程，在这个过程中，首先是随着电报邮政等现代通讯和信息储存功能的发展而形成时间和空间的逐步发展。19 世纪初，欧洲才出现了严密的收费公路网，而通过 1884 年格林尼治世界标准时间的制定，世界性的时间观念开始出现，而一个时间就是一种“时—空”秩序设置，时空秩序的设置又是现代组织的核心所在，时空开始变得越来越小。从组织管理形式上看，吉登斯受福柯权力理论的影响，特别指出了“内部绥靖”对现代民族国

① ［英］安东尼·吉登斯：《民族—国家与暴力》，胡宗泽、赵力涛译，北京：生活·读书·新知三联书店，1998 年，第 205 页。

家运作的重要作用。因为绥靖的目的是权威性资源的分配手段，绥靖对于“越轨”的惩罚是和暴力联系在一起的，或者说绥靖得以形成的背后是暴力。

而在传统社会中，谈绥靖是没有意义的，因为传统社会中权威性支配力量非常有限，国家的行政权力没有延伸到地方社区的实践中，传统社会没有所谓的警察制度，甚至偏远的强盗劫匪以及形形色色的地方帮派都形成对中央权威力量的威胁。16 世纪以来，随着绝对主义国家的发展，此时的平民骚动标志着国家与民众之间新关系的开端，而整个发展过程却是随着现代民族国家的形成，使得“隔离”成为一种日常的组织现象，从早期的医院、贫民习艺所，到后来的现代学校、公司组织、监狱等现代隔离组织的出现，从传统社会中一般民众的即使是在现代社会微不足道的“越轨”行为，在传统社会都可能被施予与之不相符的惩罚，而现代社会的“绥靖”策略则是对这一现象的改变，从传统社会到现代民族国家的发展，也是对“越轨”行为从严重的暴力惩罚到逐步的内部“绥靖”发展的过程，在吉登斯看来，目前死刑在很多国家被废除就是一个明显的例证。

所以吉登斯认为绝对主义国家的发展毫无疑问与内部绥靖的重大进展是联系在一起的。而在这个发展过程中，伴随着隔离发展的是不断前进的都市化和域化。这种隔离和域化表现在民族国家对自身严格的地域疆界的划定、工业分布、人口分布以及人工环境和人为部分与其毗邻地区之中。

（二）多元政治和公民权

对于现代民族国家内部的政治状态，吉登斯首先对马克思的观点和本迪克斯的观点做了一个比较。马克思是把现代民主的出现归结为资产阶级在对封建主义的阶级斗争过程中逐步获得的，即用阶级动力学来解释公民权和现代民主，认为影响民主政治出现的主要转型力量是资本主义以及由此而带来的阶级斗争的发展。按照林德布洛姆的观点，民主就等同于多元政治，多元政治意味着多数人的统治，吉登斯也同意林德布洛姆所列举的现代民主政治所必需的比如“表达的自由”“投票的权利”“充任公务员的资格”以及“信息的替代渠道”等民主权利，但是吉登斯不同于林德布洛姆的是，他本人不把多元政治直接等同于现代民主，而是把多元政治当作一个更加宽泛的概念来进行定位，而如果这样定位，自由民主就成为多元政治的一个子项，吉登斯这种从宽泛意义上来对现代主权概念和政治进行定位，至少具有两个方面的重大意义：一是从理论上进一步拓展了现代民主的内涵；二是从实践的角度对于包括中国在内的后发展国家的民主发展提供了一种宽容性的解释模式。

（三）意识形态和民族主义

随着现代民族国家的不断发展，由于现代造纸以及书写工具和书写者的不断分离，“公共性”开始随着主权国家的发展而发展，表现在精神领域，吉登斯认为，与传统国家相比，不单单是传统的利益关系在影响着意识形态的差别，还有三个更重要的方面逐步影响到作为象征体系的意识形态。这三个方面依次是：第一，有了原则上允许国家对之进行干预或控制的公共性的政治领域；第二，反对偏向个别群体或部门利益的符合普遍利益的实践方案和政策的界定；第三，更为重要的是，历史此时不再是作为一种写实的记载，而是转化为一种通过对历史进行控制性反思以造就改变历史的手段。当历史成为一种解释性的手段，其作为意识形态的功能性就显示出来了。吉登斯通过这三个方面的论述以强调现代民族国家的意识形态特点。

对于意识形态与民族主义的关系，吉登斯也论述了两者间的区别。吉登斯首先明确了民族主义虽然具有意识形态色彩，但民族主义本身绝对不是意识形态的全部。同时，吉登斯反对以下四种观点：一是把民族主义当作阶级利益关系的一种隐秘表达；二是把民族主义看作世界资本主义经济地区的不均衡发展；三是通信技术的发展创造和强化了对于道德和政治的一些基本认同，这些认同助长了国家的行政能力，进而直接刺激了民族主义感情；四是从民族主义的内容入手，认为民族主义是一种由心理因素造成的，创造与灌输有特色的理念和价值观，传统社会中满足这种需要的家族或社区都已经在工业资本主义的发展中瓦解了，所以这种情感就实现了转移，从而形成民族主义情感。

吉登斯综述了以上观点后，对民族主义进行了非常巧妙的定位，他既不想揭示民族主义的本质，也不分析民族主义的产生渊源，而是采用了一种结构主义的相关性对民族主义进行定位。吉登斯认为民族主义有四个相关性。一是政治性，这可以理解为不言而喻的；二是意识形态与工业资本主义密切相关；三是意识形态的心理性而非制度性；四是特有的象征内涵。吉登斯在指出这四点的基础上，首先借助于赫尔德的历史主义言说对民族主义的象征性进行了分析。在吉登斯看来，民族主义一般都是从故土概念和自身民族的起源上开始制造神话，从而为某一特定的环境制造某种神秘。而在现代资本主义时代，吉登斯认为民族主义和两个端点是密切相关的：一是主权，二是公民权。吉登斯认为民族主义恰恰是处于这两者此消彼长的抉择之中：如果民族主义导向主权，而这个国家又处于备受欺凌的时候，此时这个国家就会表现出民族主义情感高涨的状况，公民权可能大大受到限制甚至蔑视；当民族主义导向公民，就会促进公民权得以实现并向纵深扎根，基于现代民族主义的这种两面性，吉登斯说："一方面，它(民族主义)引发为祸甚烈的民族侵略性，另一方面它也引发启蒙的民主理想。"①针对民族主义和公民权以及主权的这种双向关系，吉登斯用以下图示进行了说明：

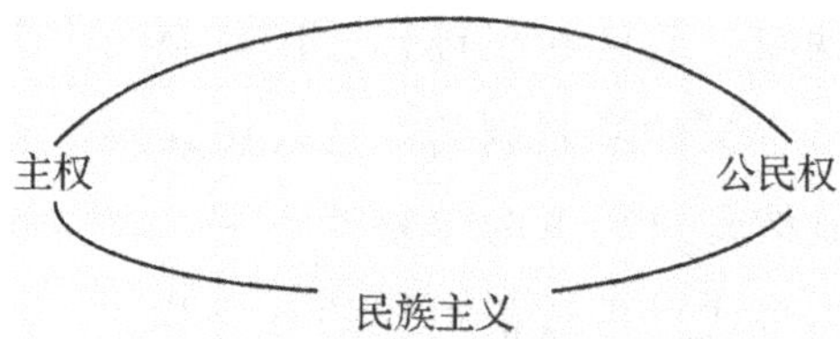

图 3-3

(四)资本主义国家的军事

吉登斯特别注重对暴力的分析，而军事工业化是暴力得以产生的基础条件，所以，吉登斯主要分析了民族国家是如何过渡到全球民族国家体系的。对于这个变化过程，吉登斯认为是

---

① ［英］安东尼·吉登斯：《民族—国家与暴力》，胡宗泽、赵力涛译，北京：生活·读书·新知三联书店，1998 年，第 262 页。

在欧洲从 19 世纪的相对“长久和平”到 20 世纪两次残酷的世界大战之间的反差中形成的。吉登斯还从公民权和主权的关系的角度来分析了社会军事暴力。吉登斯对战争所形成的良性后果进行了分析，从总体上看，如果没有 20 世纪一战的军事暴力，就没有公民权的普遍实施，尤其是男子普选权和女子选举权被提上日程，军事暴力和公民权利之间的内在联系，在于现代资本主义的军事工业是和生产紧紧联系在一起的，虽然勇敢和荣誉还是作为战争伦理被推崇，但是现代军事暴力的背后却是现代科层管理和公民权利的保障，因为如果没有公民权利的获得，现代民族国家的认同就面临着危机，所以，从这个意义上看，现代民族国家和公民权利之间就形成一定的内在联系。军事工业促进了现代铁路、通信和现代普遍征募制的大发展。现代军事工业受到资本主义的机制制约，现代民族国家和现代军事工业相比，前者显然是对后者的宰制性力量，在吉登斯看来，至少目前仍是作为现代世界政治组织的首要载体，其他民族国家仍认为是该民族国家而非其训导下的军事力量具有合法性。所以，吉登斯说：“由于拥有发动工业化战争的手段，因而，国家参与并推动着整个世界体系的普遍军事化过程。”①

（五）全球化国家体系中的民族国家

对于现代民族国家，如果从国际关系的角度进行分析是一个什么样的历史意蕴呢？这是吉登斯在第十章着重讨论的中心

---

① ［英］安东尼·吉登斯：《民族—国家与暴力》，胡宗泽、赵力涛译，北京：生活·读书·新知三联书店，1998 年，第 300 页。

问题。吉登斯从历史的角度分析了以民族共同体网络的形式发展出的覆盖全球的民族国家体系，在对这个体系进行分析的过程中，吉登斯试图说明工业主义、资本主义和现代民族国家三者是如何形成现代国际关系的。吉登斯首先分析了现代国家关系中民族国家的普遍性特点，主要表现为工业力量与军事力量的结合、国家行政力量的急剧膨胀以及偶然的历史发展过程三个因素。从 1806 年冯・根茨写的《欧洲均势片论》，到拿破仑 1815 年意图建立全欧洲“超级帝国”，从调和一战后国家间关系的威尔逊的“十四点计划”，到二战后成立的调节国家间关系的联合国，最后的国际关系格局就是国家间“均势”局面的形成。而这不能理解为现代国际邮政和国际卫生事业等是消解民族国家的一种方式，吉登斯认为恰恰相反，现代“均势”的国际关系格局正是现代民族国家存在的基础。因为国家的主权观念就是在世界国家间操作性监控中由国内不断向国外发展的结果，就是因为有了诸多的民族国家出现，主权的存在才成为可能，所以，国家主权既不早于欧洲国家体系的发展，也不早于民族国家体系向全球水平的过渡。

现代民族国家的类型，基于不同的标准有不同的划分。按照地理政治学的标准，吉登斯分为以下六种类型：核心的/霸权的；毗邻的/附庸的；中心的/结盟的；中心的/不结盟的；边陲的/结盟的；边陲的/不结盟的。在国际关系的总体格局中，各个国家可以根据地理政治学对自己的国家进行定位。除了地理政治学的划分标准，吉登斯还根据各个国家形成的各种方式对其划分为古典的、殖民化的、后殖民的、现代化的四种国家类型。这四种类型其实是按照西方中心的观点来对现代民族国家进行的分类，如果按照吉登斯的这个标准，中国显然属于第四类即“现代化的”，也就是说某些国家虽然经历过殖民主义，最后仍然能够通过内部动员而成功地从传统国家转化为现代民族国家，中国就是典型的例证。而“后殖民”则是包括非洲和东南亚一些国家在内的，在殖民当局的操纵下形成的一种“想象的共同体”，其本身是逐步建构的结果。

吉登斯在第十章的最后总括性地对“资本主义”“工业主义”和“民族国家”三者的关系进行了梳理。吉登斯批判了马克思单纯从资本逻辑的角度来分析资本主义的诞生史，这个分析模式除注重了资本主义产生的内在原因之外，却把工业主义和现代民族国家在资本主义诞生中的重要作用给忽略了；而当代国家关系理论家却走向了另一个极端，即把处于国际关系中的每一个国家看作一个个的行动者，通过外部的关系去分析民族国家体系，这种分析模式和马克思主义的分析模式正好相反，顾及了国外却忽略了国内资本主义的发展对民族国家体系的影响。在吉登斯看来，马克思主义和“行动论者”都是坚持一条线索。对于资本主义和民族国家的关系，吉登斯认为资本主义企业是在一个与传统国家形态截然不同的国家体系中出现的，这些国家体系为资本主义的发展提供了包括法律框架、财政保障和持续绥靖在内的各种条件，这促使资本主义新发明的出现和资本主义的大发展。资本主义一旦产生就开始向外扩张。而工业主义则和资本主义连带出现，工业资本主义的出现使现代民族国家更加成熟，使民族国家更像一个行动者，国家开始具有法定意义上的人格。在这个基础上，吉登斯得出了“世界体系”的基本内涵，他说：“我认为世界体系应该被看成是受到了几个基本过程的影响，它们彼此之间有相当的独立性。这些过程与民族—国家体系有关，而民族—国家体系是通过全球信息交换网络、世界资本主义经济以及世界军事秩序的协调而建立起来的。”[①]面对世界体系的不断扩大，如果因此而认为现代民族国家在式微，则是一种一厢情愿。不但是现代国际体系的出现不会影响民族国家的产生，吉登斯认为现代化的跨国公司由于并不掌握暴力机器，因此也不会替代现代民族国家的地位。工业主义和资本主义不同的地方在于：工业主义可以从资本主义世界中输出，包括第二、第三世界很多非资本主义国家也在致力于工业主义的发展，吉登斯的这种判断让人联想到列宁的社会主义等于苏维埃政权加全国电气化的判断。

三、资本主义的军事暴力

包括弗洛姆和阿伦特在内，很多思想家都对极权主义进行过独到的分析，弗洛姆从大众心理学的角度去论述大众借助于“逃避自由”[②]的心理机制，从而使极权主义得以形成；阿伦特则从“权力异化”[③]的角度去分析极权主义。而吉登斯对极权主义的分析与前两者都不相同，吉登斯是从立体结构的角度，通过对维持现代性社会结构的四个元素中的其中两个元素出发，

① ［英］安东尼·吉登斯：《民族—国家与暴力》，胡宗泽、赵力涛译，北京：生活·读书·新知三联书店，1998年，第339页。

② ［美］艾里希·弗洛姆：《逃避自由》，刘林海译，上海：上海译文出版社，2015年。

③ ［美］汉娜·阿伦特：《极权主义的起源》，林骧华译，北京：生活·读书·新知三联书店，2008年。

来对现代极权主义进行定位：在密不可分的资本主义、工业主义、现代民族国家、监控和现代军事暴力中，吉登斯认为传统社会理论对资本主义和工业主义的分析已经是汗牛充栋，而对监控和军事暴力的分析则较为欠缺。现代社会的反思性监控和军事暴力的结合，为现代极权主义的出现提供了条件，而这种条件在传统的阶级分化社会是不存在的。即使有形成极权主义的契机，也没有形成极权主义的基本条件。

对于极权主义的概念，吉登斯指出了这一概念被滥用的同时，又赞同弗雷德利希对极权主义的基本定义。弗雷德利希指出了极权主义既不同于古代的独裁，也不同于西方式民主，它具有以下六个特点：一个大一统的意识形态；一个执着于该意识形态的单一政党；充分发展的秘密警察；大规模的通信垄断；军事武器的垄断；一切组织(包括经济组织)的垄断性控制。吉登斯是从与传统对比的角度来肯定弗雷德利希关于极权主义概念的基本定位的。而极权主义的典型则是墨索里尼的意大利法西斯主义和希特勒的德国法西斯主义。

极权主义主要是高度的监控，对重要人员的行为举止进行信息编码和监控。通过身份证、许可证以及其他各种方法进行控制，监控与治安的结合为政治迫害开了绿灯，同时监控是和民族主义宣传紧紧结合在一起的。法西斯主义是利用了民族主义的侵略性和排外性的一面。在这个基础上，吉登斯指出了极权主义的四个要素：监控的集中化，这其中包括信息编码人口活动的文档化以及对活动的监视和强化警察治安；“道德整体主义”，所谓“道德整体主义”是指政治共同体的命运嵌入人民的历史性中；恐怖，吉登斯引用阿伦特的观点，认为制造恐怖的目的是为了创造便于接受极权主义宣传的整体气氛；建构领袖人物的显要地位，因为一般的群众非常脆弱，尤其是一战后，群众在缺乏安全感的氛围下容易认同领袖的领导，对领袖保持着超常信任。著名哲学家雅克·比岱在其《总体理论》中认为："如果我们只是从现代性特有的普遍的自由—平等—理性的立场和宣言出发，我们就不能构想现代的暴力、阶级关系的暴力、国家之间的战争暴力，甚至灭绝主义的暴力。"①这仿佛是在支持迈克尔·曼的观点：暴力是现代性的产物②。那么，吉登斯是如何分析现代暴力的呢？吉登斯最后对军事暴力的分析含有两个前后相连的因素，一个是对军事暴力在现代民族国家产生中的重要作用的分析，同时又对军事暴力进行了规范性分析，即创造一种有关暴力工具的规范性的政治理论实践，这种实践力图创造一种社会秩序，而在这种社会秩序中，军事力量的存在不再是威胁我们整体生存的力量。在这个基础上吉登斯认为克劳塞维茨的战争论应该再向前推进，仅仅认为战争是政治的继续是完全不够的，战争本身是作为一种本体在现代民族国家间起着作用，现代战争要的不单单是制服对方的军队，还要使对方的人民大众也降服。因为吉登斯在写作《民族—国家与暴力》这本书时，美苏还处于争霸之时，所以在对暴力的分析中，吉登斯更多的是结合美苏两个超级大国的核竞赛来展开分析的。

马克思是在分析进化论和历史目的论的基础上提出重建社

① ［法］雅克·比岱：《总体理论》，陈原译，北京：东方出版社，2010 年，第 3 页。

② ［英］迈克尔·曼：《民主的阴暗面：解释种族清洗》，严春松译，北京：中央编译出版社，2015 年，第 2 页。

会批判理论的。吉登斯认为，应该摒弃孔德式的实证主义及马克思强调的阶级分化和阶级冲突在资本主义结构化及其被超越过程中的作用，吉登斯提倡的是一种对于乌托邦的重新唤醒，因为一切社会分析都是社会批判，因为在乌托邦主义中必然有非乌托邦的成分，辩证地看，任何社会批判都是敦促社会从乌托邦不断变为现实的过程。那么在现实的实际操作中，如何重建现代批判理论呢？吉登斯做了这样的回答："回应当前要求的批判理论，应当是解释内在变迁的中心，应当是规范地建构（乌托邦式）'美好社会'模型要求的中心。"[①]基于此，吉登斯认为现代批判理论应该转向当代防止核战争和核扩散的相关问题的研究中，还有对与军事暴力相关的和平运动、生态运动等的思想批判。最后，20 世纪晚期的批判理论，必须保持对作为权力中介的与监控相关的现代性进行批判研究。吉登斯对批判理论的前途做出的指导性研究路向，也表现在他的历史唯物主义研究三部曲的第三部《超越左与右——激进政治的未来》一书中。

---

① [英]安东尼·吉登斯：《民族—国家与暴力》，胡宗泽、赵力涛译，北京：生活·读书·新知三联书店，1998 年，第 388 页。

第四章

吉登斯历史唯物主义研究的未来向度

这一章主要致力于吉登斯历史唯物主义研究三部曲的第三部——《超越左与右——激进政治的未来》的解读。如同马克思一样，吉登斯也不想只做书斋里的思想家，吉登斯的理论建构最终还是要表现在其现实的政治实践。20 世纪 90 年代后，吉登斯的学术旨趣转向了对未来社会发展的关注。1997 年，吉登斯离开剑桥任伦敦政治经济学院院长，当年的 5 月 1 日，英国工党结束了长达十八年的在野地位取得了大选胜利。从 1997 年至 2010 年，工党执政的这十三年从一定意义上可以看作吉登斯思想外化为政治实践的时期，吉登斯现实的政治实践特色是其建构的“生活政治”理想。“生活政治”本质上是一种马克思主义意义上的“解放政治”分析模式，解放代表了行动的一面，而现代性则代表了对解放行动的制约性一面。

第一节　指向未来的“生活政治”

如果说《历史唯物主义的当代批判》是从结构主义的角度对历史唯物主义展开分析，《民族—国家与暴力》则通过对民族国家重要性的分析，对监控等手段进行了阐释，而吉登斯历史唯物主义研究的第三部《超越左与右——激进政治的未来》(1994年第一版，1996年第二版，1998年第三版)则从思想史的角度对“左”与右的激进主义进行了分析，从而得出了“能动政治”和“积极福利”的“生活政治”主张。

一、保守主义的激进化

吉登斯通过对经典社会学思想的理论旨趣和方法论进行批判和反思，提出和发展了自己的“双重解释学”以及以结构二重性为核心的“结构化理论”。吉登斯理论建构的目的更多是为现实问题的解决，就现实的政治局势而言，在全球范围内，社会主义和保守主义都已经解体，而新自由主义一方面在破坏着一切传统，另一方面又与传统密不可分，甚至在传统方面保持着一种保守主义的原教旨主义风格。吉登斯是以新自由主义对价值的捍卫来予以阐释的：市场社会的全面扩张是对家庭的巨大冲击，而从原教旨主义出发，新自由主义又是坚决捍卫家庭价值的。哲学保守主义本身是主张与不完善并存，生态思想和哲学保守主义都主张保存、复原和修复，但是，吉登斯却给出了这些理念的一种自身的悖论：绿色政治呼吁尊重“自然”，而在经济发展过程中，“自然”已经不复存在，就如同不能用传统的方法来维护传统一样。从总体上看，不管是保守主义还是社会主义、哲学保守主义，这些思想都表现出启蒙理性的内在悖论，体现出存在和道德之间的存在困境。

在分析了社会主义保守化和保守主义的激进化之后，吉登斯展望了激进政治在未来建构的基本框架。这个框架分为六部分：一是要通过积极信任和增强责任感的方式来关注修复被破坏了的团结；二是否决解放政治，倡导生活政治，前者的诉求是自由，后者的诉求是某种生活方式；三是通过积极信任培育能动性政治；四是在全球化秩序中，讲求对话民主，进而培育出一种情感民主；五是积极的福利策略，这是针对福利国家的弊端而提出的，通过精准的积极福利策略，把自主与个人和集体的责任联系在一起；六是通过对话解决人类的暴力难题。吉登斯与传统的左翼把革命的力量赋予无产阶级不同，他把实现这个框架结构的希望寄托于世界普遍价值养成过程中人民逐步形成的一种责任感，这种责任感会让人类超越一切，形成一种积极的主动性力量来建构更加美好的社会。

吉登斯首先在“导论”中对本书的大体内容进行了简单勾勒。他首先承认国际共产主义运动，“虽然在过去 70 多年中获得了坚实的存在”，但在 20 世纪末遭受了巨大的失败，“已经被送回了它的地下世界”。[①] 吉登斯批判政治激进主义者的观点，认为革命可以把他们追求的目标与过去所发生的一切截然分开，吉登斯指出了这只是表面现象，其实激进主义采用革命的手段是与其一贯坚持的进步主义密切相关的，内心深处的进步主义和完美主义才是造成激进主义的真正原因。国际共产主义运动的挫折仿佛得出了一个结论：无尽的变革带来了对社会的极大破坏性。而这种思维方式恰恰是革命之前的保守主义的基本观点。

---

① ［英］安东尼·吉登斯：《超越左与右——激进政治的未来》，李惠斌、杨雪冬译，北京：社会科学文献出版社，2000 年，第 1 页。

而吊诡的是，在历史发展过程中，被保守主义所谴责的资本主义及其无限制的竞争机制，由保守主义的批判对象转变成了保守主义捍卫的基本价值。保守主义开始变得激进，而激进的保守主义和保守的社会主义在20世纪末相遇了。保守的社会主义在社会主义遭受巨大挫折之后，其所能做到的就是极力维护福利国家并不断地发动女性主义、生态、和平或人权的新社会运动。但是新社会运动的思想来源丰富多样，所以这些运动的最终价值抱负也不见得是实现社会主义。这些思想的不确定性，吉登斯定位为“人为不确定性”。这种人为不确定性是现代制度日趋成熟的结果，而造成这种不确定性的三个因素在吉登斯看来分别是“全球化”“传统”和“反思性”。全球化作为各种过程的复合，意味着惯常的行为日益受到发生在世界另一端的事件的影响。与“传统”相关的是原教旨主义的出现，这种原教旨主义不管是宗教意义上的，还是族性的、家庭的、性别的或者其他形式的，“人为不确定性”是跟后福特主义之后的人的反思性密切联系在一起的，反思性的社会是一个聪明人的社会，在这样一种社会中，韦伯所分析的官僚体制也面临着诸多分崩离析的危险，在这种反思机制下，旧的官僚体制开始逐步消解，反思性的社会公民会要求更多的社会权力，并引发包括对政治重构、腐败消除以及政治机制的广泛不满。

二、社会主义的改革和发展

吉登斯是从五个方面对社会主义的保守性来进行论述的。这种论述采用了一种并列式的解剖方式来进行，这五种并列式的解释模式分别是“社会主义与历史”“社会主义与民主”“社会主义与革命”“社会主义与控制手段”以及“社会主义与福利国家”。吉登斯通过这五个方面来力图佐证自己的观点：社会主义在各个方面都会进入一种保守化的状态之中。而这种阐释是从社会主义产生的历史文化土壤开始的。

吉登斯认为社会主义和自由主义一样，都是产生于启蒙运动的理性源头，马克思分析了对黑格尔历史哲学的改变，通过阶级斗争学说形成对历史前进动力的基本解释。吉登斯分析了马克思主义社会主义的历史观，认为它是把历史理解为一种不以人的主观意志为转移的“自然历史过程”，吉登斯通过引述涂尔干对马克思主义的论述，认为社会主义作为对古代乌托邦共产主义思想的历史继承，永久性地产生了历史唯物主义所追求的平等主义和直接控制经济活动之间的张力，这个张力时刻会在国际共产主义运动中显示出来。

关于社会主义与民主的问题，在吉登斯看来，由于受到美国和法国革命的强烈影响，社会主义与民主理想密切联系在一起。吉登斯在历史唯物主义关于民主的问题上，首先承认马克思不是不渴望建立一种民主，而是对资本主义的虚伪民主进行了批判，在马克思看来，资本主义国家所倡导的所谓的民主其实从本质和民主运作的细节上看是非民主的，是一种维护资本主义存在的工具。在这个问题上，马克思对于资本主义国家的政治多元论民主也是采取批判的态度，历史唯物主义是通过消灭国家的方式把民主权力交付给社会，其产生的悖论吉登斯是引用涂尔干的解释来予以说明的，那就是“如果把国家融入公民社会，那么，谁来保护民主权利或以民主的方式规定义务”？[①] 吉登斯认为，历史唯物主义关于民主的基本看法，是带有极强的卢梭主义色彩的。吉登斯对历史唯物主义民主观念的理解其实是偏颇的，首先他所运用的思维方法就是有问题的，他采用反向推导，是在苏联和“红色高棉”的民主策略出现问题的基础上去反驳历史唯物主义的民主观念，这就如同根据德意志第三帝国去反驳“超人”哲学、根据法国大革命去否定卢梭的人民民主理念一样荒谬。历史唯物主义的民主观念本身是在批判资本主义民主观的基础上力图重建真正的平等民主理念，而马克思在生前并没有真正实现这种愿望。

对于社会主义来说，传统上一直认为只有通过革命才能实现美好的社会，而随着西方福利国家的建立，对于社会主义的革命性形成消解，革命者的阶级意识也在残酷的现实面前得以钝化。吉登斯还专门列举了西方马克思主义批判理论的衰落、现实实践中的苏联解体以及中国和古巴等传统社会主义国家的改革和转型，而地处远东的亚洲四小龙和第三世界国家都能在市场经济框架内使经济快速发展。

吉登斯论述历史唯物主义必然走向保守化的第三个论据是传统社会主义控制模式的内在局限。吉登斯首先批判了新自由主义者米塞斯、哈耶克的放任主义经济观点，在这个基础上对以苏联为代表的经济控制模式也展开了批判，认为苏联的经济控制模式由于忽略人的“默会知识”和“地方性知识”，苏联经济

① ［英］安东尼·吉登斯：《超越左与右——激进政治的未来》，李惠斌、杨雪冬译，北京：社会科学文献出版社，2000 年，第 64 页。

控制方式“只有在人民相对固定地喜欢以及他们反思地参与大范围社会经济过程的水平比较低的情况下，直接的经济控制才是可能的”。[①] 所以，吉登斯认为在现代复杂经济运作过程中，社会主义计划经济模式的经济控制方式肯定是会导致经济僵化、运转失灵的。

最后是吉登斯对福利国家的批判。随着社会主义转向守势，作为改良的社会主义的福利国家，吉登斯是通过马歇尔和克罗斯兰的基本观点展开批判的。吉登斯批判了马歇尔所认为的由于扩大了公民的法律权利和政治权利，使得工人有足够的力量发出自己的声音，这样的结果就是福利国家最后形成的；而克罗斯兰则试图通过一种法团主义的方式向着更大的平等、更少的阶级划分以及更小的“可避免的社会痛苦”进发。吉登斯对于这些福利主义的主张提出了十点批判：(1)福利国家思想，尤其是马歇尔不能正确估计“公民的经济地位”，这种经济地位和民族国家的关系是马歇尔未能真正思考的领域；(2)随着全球经济竞争的加剧，福利国家再分配机制会更加复杂，再分配会更加困难；(3)福利国家在反贫困和增加居民收入上乏善可陈；(4)忽略了女性的家庭劳动；(5)福利国家政策导致了一种依赖文化和心态，这反而对由众多个体结合成一个大社会是有害的；(6)高税率导致了纳税人的反抗；(7)福利国家的官僚机构变得僵化和非人格化；(8)妇女的家庭劳动被逐步承认是劳动，在这种情况下，高失业率就增加了福利国家的财政困难；(9)福利开支模

① ［英］安东尼·吉登斯：《超越左与右——激进政治的未来》，李惠斌、杨雪冬译，北京：社会科学文献出版社，2000年，第70页。

式的改变影响了家庭的变化，如离婚率的上升等；(10)福利政策无法改变人的感情、道德以及与文化相关的问题。

三、反思性现代化及其挑战

面对当今社会发生的重大变化，吉登斯认为“左”与右的派别定性失去了其作为历史分析工具的功能。因为随着现代化的发展，人类社会面对的已经不是简单现代化时期的各种难题，人类开始进入到一种自反性现代化时期，因为全球化的冲击、日常生活和个人生活中发生的变化以及后传统社会的出现，开始“折射”回来在起点上重塑现代化。依据地理学上的分离，以简单现代化为标志的世界是一个文化多样化的世界，而这种多样化的世界相对于反思性现代化社会却是保守和消极的，反思性现代化则是在世界全球化发展非常充分的情况下出现的一种社会状貌。这种反思性现代化社会是一个个人、团体和集体对他们生存环境采取积极态度的参与性社会，其本身导致了社会结构的重大变化，经过反思机制作用的资本主义经济几乎在全球得以迅猛发展，全球化使福利国家受到很大的影响，全球化必然打破国家经济中出现的垄断和寡头局面，反思性现代化导致蓝领工人大规模消亡而代之以白领和专门职员的大规模涌现。

这直接导致“生活政治”的到来，生活政治是对传统左翼所念兹在兹的解放政治的解构，在吉登斯看来，生活政治是认同政治、选择政治。吉登斯对生活政治的定位是：“生活政治以及与之有关的争论和斗争，是关于我们如何在一个一切都曾经是自然(或传统)而现在在某种意义上要被选择或决定的世界上生活的问题。”①生活政治本身是在生态主义和女性主义等各种社会思潮下，涉及集体面对的挑战，它要解决的是面对由资本主义发展早期而到自反性现代化时期必须要进行的各种选择问题，所以生活政治的特点就是要建立一种积极信任和能动性政治。随着全球化现代信息技术的发展，当传统的权威，不管是科层关系中的上下级权威关系，还是现实生活中的父亲对子女的权威关系都在面临着解体，这就需要一种积极的信任来代替原来的权威关系，就如同吉登斯所言："如果是建立在同意的基础上，而不是建立在直接使用武力的基础上，那么，父母的权威就会得到提高。”②即使是倡导积极的信任，在一个高度现代化的生活政治中，仍然存在四种风险，吉登斯从结构主义的角度把风险社会的四维结构揭示了出来。现代风险社会的这四维风险是：由于资本主义的发展导致的经济两极分化；基于工业主义发展导致的生态危机；为了否定民主权力而实施的大规模的现代监控；以暴力为特点的大规模的战争威胁。吉登斯用一种象限图示对这一风险社会的结构进行了说明：

① [英]安东尼·吉登斯：《超越左与右——激进政治的未来》，李惠斌、杨雪冬译，北京：社会科学文献出版社，2000年，第94页。

② [英]安东尼·吉登斯：《超越左与右——激进政治的未来》，李惠斌、杨雪冬译，北京：社会科学文献出版社，2000年，第101页。

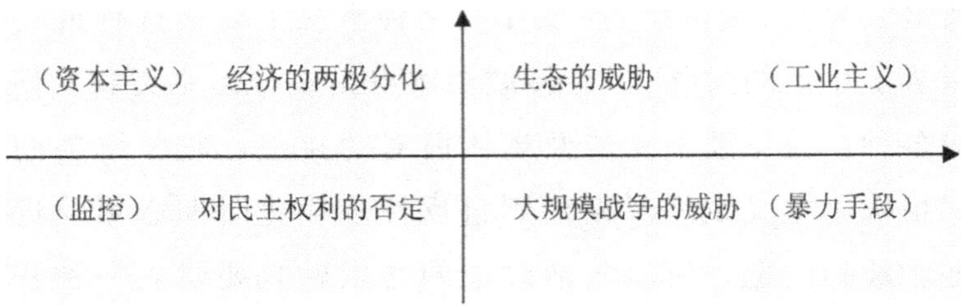

图 4-1

对于这一图示，第一象限是涂尔干从非政治的角度以科技为中轴对社会历史变迁进行的定位，也就是由于工业主义造成了目前的生态环境破坏，从而使人类面对生态环境的威胁；第二象限是从阶级分析的角度，对资本主义造成的经济两极分化而形成一种解放政治的分析；第三象限是在福柯微观权力社会学的基础上对社会“监控”在资本主义社会中的作用进行的分析；而第四象限则是在对暴力进行分析的基础上对资本主义的军事力量的阐释。这四个领域的分析是结构意义上的而非历史延续意义上的，因此，吉登斯把历史唯物主义的时间性无形中屏蔽掉了。

如果说吉登斯在第三章“当代的社会革命”中是借助对左翼的批判而提出“生活政治”的主张，那么第四章“两种民主化理论”则是通过批判右翼的“自由民主”来论述其“对话民主”。

吉登斯对右翼“自由民主”的普世性批判是通过批判福山的相关观点来进行的。特别是在东欧剧变、苏联解体之后，福山以《历史的终结》一书名满天下，在福山看来，民主的流行，是一种进化意义上的人类到目前为止能够提出的最好的政治制度安排，随着德意日等权威主义的法西斯和苏东国家共产主义国家的失败，福山认为与经济领域的资本主义相耦合的自由民主制度成了人类最好的选择，自由民主制度标志着“人类意识形态进化的终点”以及“人类最后的政府”形式的完成。虽然这种自由民主制度曾经遭到韦伯等对之的“非英雄”和“平庸”的批判，认为资本主义自由民主制度是对封建时代忠诚、勇敢和冒险精神的戕害。

在吉登斯看来，福山不认为自由主义和民主制度之间存在张力，而恰恰相反，福山认为民主制度是自由主义发展的产物，自由主义是法治，它承认言论自由的权利和自由拥有财产的权利，民主则是所有公民参与选举和组成政治社团的权利，民主权利本身就是自由权利的一种，所以两者之间并没有必然的界限。如果说民主和自由主义之间是统一的，那么福山在对民主的合法性来源上与新自由主义的论调则是不一致的。吉登斯认为福山的自由民主不是因为资本主义大发展而带来的副产品，或者说福山不是把资本主义看作自由民主形成的条件，而把资本主义看作自由民主的产物，为什么这样说呢？根据吉登斯的分析，福山是通过黑格尔的主奴辩证法“为承认而斗争”[①]的心理动因，而非一种经济动因的方式去分析自由民主制度的产生，因为在资本主义时代，追求被承认成为自由的信仰，承认一切人都有权利自主地和有尊严地生活，资本主义物质财富只是保证人有尊严地活着的一种物质基础。吉登斯支持福山关于民主

① 关于自由民主体制的产生，笔者认为有两个动因：一是发源于英国的“经济模式”；二是发源于德国的“心理模式”。前者是“亚当·斯密—马克思—诺斯”一脉，后者是“黑格尔—霍耐特—福山”一脉。

化的发展与人类的自主和受人尊重的愿望有关，而同时也指出福山的观点在如下几个方面的弊病：一是从长时段来看，为什么民主化在近代才有如此迅速的发展？二是福山对自由民主导致的价值相对主义缺乏有力解释；三是在自由民主的氛围中产生的虚无主义也缺乏解释，因为自由民主体制倡导的价值观将破坏掉传统的英雄主义和英勇奋斗的道德价值，从而使社会失去根本的稳定；四是自由民主制度的产生有其内在的文化支撑，一旦自由民主作为一种普世原则在全球推广则会导致麻烦不断；五是自由民主是跟民族国家联系在一起的，一旦失去这种依托，自由民主是否还能作为一种普世性原则呢？

鄙弃这些自由民主的方法就是倡导参与、代表和对话的民主。吉登斯认为这种对话民主既不是自由民主的延伸，也不是它的补充，而是增进社会团结的一种方式，对话民主关心的是推进文化的世界主义，对话民主的中心不是国家，对话民主是在全球化时代对民主国家的民主化强调。吉登斯是通过引述米勒的观点来对建立在哈贝马斯商议政治基础上的民主进行定位的。米勒说："商议民主的概念，强调是所有观点都听得到的公开讨论过程可以使结果合法化的方式，而不是作为寻找正确答案的发现过程。"①基于此，吉登斯认为这种商议民主不同于自由民主的地方就在于"民主不是定义为是否所有的人都参与它，而是定义为对政策问题的公共商议"。② 吉登斯认为自己所主张

---

① David Miller, *Deliberative Democracy and Social Choicex*, *Political Studies*, 1992, Supplement, vol. 40, pp. 55－59.

② ［英］安东尼·吉登斯：《超越左与右——激进政治的未来》，李惠斌、杨雪冬译，北京：社会科学文献出版社，2000 年，第 118 页。

的这种对话民主并不像哈贝马斯那样假定这种民主化有多少包含在讲话或对话的行为中，同时对话民主并不一定要求达成共识，而仅仅意味着公共场合的对话提供了与他人在一种彼此宽容的关系中相处的手段，从而通过这种手段建立起彼此间积极信任的能力，因为在吉登斯看来，信任是“跨时空调整社会关系的手段”。[①] 对话民主的理念在现实中要转化为一种现实的政治行为，吉登斯按照组织范围，以从小到大的顺序从四个方面来对对话民主政治进行阐释：(1)对话民主改变了从前存在的婚姻关系、性关系、友谊、亲子、亲属等关系，比如传统的婚姻是一种制度安排，而对话民主倡导的积极信任等就使婚姻中的男女形成一种新的角度定位，再比如对话民主也会改变亲子关系中父子之间的权威关系，而形成一种相互对话、相互理解的对话关系；(2)在社会运动和自助团体的工作中，通过对话民主可以使社会运动中的领袖们与对立面的群众形成情感认同；(3)对话民主政治可以使巨型公司在拓展的过程中，一改原来机械僵化的官僚等级制，形成一个扩大了的对话空间；(4)对话政治对全球化时代下全球秩序的维持提供了方法论启示。自由民主制度的适用范围更多是在民族国家内部进行，而对话民主政治则是以一种对话的方式启动了国际间民族国家信任的建立。

现代社会的最大特点就是滕尼斯所说的社会的有机团结被破坏，代之以一种机械性团结，吉登斯认为，寄希望于通过公民社会的建立来重新形成社群的想法是幼稚的，并且列举了三

① [英]安东尼·吉登斯：《超越左与右——激进政治的未来》，李惠斌、杨雪冬译，北京：社会科学文献出版社，2000年，第120页。

个理由：一是在全球化时代下，现代民族国家的形式是被强化了而不是被弱化了，这种强化跟公民社会的建立呈现一种相反的方向；二是公民社会的复兴本身会在一种相对宽松的环境下导致各种原教旨主义泛滥，这种原教旨主义和潜在的暴力结合会形成一种无序状态，在外无敌人、内部意见不一的情况下建立公民社会，最后的结局就是使社会中的各种瓦解性倾向变得强大；三是民主与公民社会之间存在一种张力，因为随着民主权力的增多，国民开始变成利己主义者，此时的社群反而创造不出来，这些权利的增加反而扰乱了公民社会的公共秩序。吉登斯在这个基础上进一步论述了对话民主必须在社会团结的基础上形成，而团结则需要建立在积极信任的基础之上，一旦信任这种社会资本形成，那么义务本身就成为社会成员间的一种互惠。所以，吉登斯最后的结论是：对话民主与团结关系的核心是信任问题，积极信任是通过差异建立起来的，这也能够中和原教旨主义。而在左翼思想中，从马克思到现代左翼，都遵从一个前置性条件，那就是资本主义所谈的民主以及所谓的阶级对话都是建立在实际的财产不平等的基础之上，而对于现代左翼来说，福利国家的建立仿佛已经解决了这种社会的不平等。吉登斯指出，在马歇尔的著作中，福利国家制度已经被概括为从政治平等到经济平等的长期社会解放过程的一个主要部分。左翼思想认为在现代福利国家的作用下，贫困将消失，通过社会福利制度财富将会得到重新分配。左翼思想家这种解放政治的思路在吉登斯看来是没有价值的，特别是这种福利国家制度，如果没有对话民主和积极的生活政治驱动，其本身将是没有希望的。吉登斯在第五章具体分析了现代福利国家的矛盾所在，并提出了超越“左”与右的激进主义对生活政治的构想。

第二节　生活政治的形成

现代左翼斗争最大的成就就是现代社会福利国家的存在，吉登斯是在对现代福利国家批判的基础上来论述生活政治的，福利国家的矛盾是在福利国家的结构性来源以及下层阶级等问题的基础上形成的。生活政治是在这个基础上扬弃现代福利国家制度，从而形成更加人道的超越“左”与右激进主义的社会管理体制。

一、现代福利国家批判

福利国家的一般观点是穷人和病人不能没人负责，而是通过政府行为使其过上满意的生活，贫穷、失业和疾病等都是国家需要处理好的问题。而这种现代福利思想在吉登斯看来是在一战、二战前后才形成的一种思想观念。纵观福利国家的形成史，17 世纪晚期到 19 世纪末，贫穷是和勤劳联系在一起的，即“‘勤劳’一词把‘生产劳动’与特定的人生观结合在一起”。① 所以，这个时段贫穷是没有和资本主义联系在一起的。

吉登斯认为现代福利国家的问题主要涉及的是劳动、团结和风险管理三个方面。“劳动”问题关涉的是性别和家庭这些核

---

① ［英］安东尼·吉登斯：《超越左与右——激进政治的未来》，李惠斌、杨雪冬译，北京：社会科学文献出版社，2000 年，第 139 页。

心问题，因为在福利国家的就业中，暗含着男性就业，这无形中就忽略了女性的家务劳动并形成对女性的潜在歧视；“团结”则意味着阶级分析问题，福利国家会导致阶级差别缩小，从而带来一系列的社会问题，这诸多的社会问题中最大的问题是现代福利国家形成的一种悖论：福利政策本身是想壮大民族国家，进而增进社群的团结，而在全球化时代下，这种福利策略的实施反而形成一种对现代民族国家的解构，国家已经没有足够的能力对经济生活提供有效的中央控制，最后的结果是民族的主权能力遭到福利策略本身的削弱；而“风险”问题则表现为外在风险和人为风险在不断增大。现代福利国家的发展导致阶级关系的不分明，阶级和集体社会参与之间的关系在自反性现代性时期被削弱了，阶级过去是与公共经验和公共行为联系在一起的，而传统的工人阶级社群，由于这种新的地区化模式使得阶级的稳定性大大减弱，在这种情形下更谈不上引导无产阶级革命的阶级意识的产生。以上这三个方面都是现代福利国家带来的社会弊病。在这种福利政策下，还导致了“下层阶级”的产生。吉登斯对下层阶级进行的分析是与对现代福利国家的批判紧密联系在一起的。因为在吉登斯看来，下层社会是福利依赖的产物，并且这种福利依赖会形成一种依赖文化：“创造下层阶级的社会力量是结构性的，然后才是文化性的，但是一旦卷入进来，它们就会带来深层次的文化堕落。”①所以，福利依赖可能变得与贫困文化有关。在这个基础上，吉登斯对福利的未来进行了

① [英]安东尼·吉登斯：《超越左与右——激进政治的未来》，李惠斌、杨雪冬译，北京：社会科学文献出版社，2000年，第152页。

预判和初步定位。如果说福利政策在现代化时期，尤其是在民族国家依然十分强大，传统的社会保障就能处理一些风险，进而弱化了经济效能和再分配之间产生的张力，而在未来的反思性现代化的历史条件下则不然，相对于人和自然的行为环境，人为风险是不稳定的，内在风险要比外在风险更明显地影响着世界历史的进程，按照社会历史发展的进程，福利主义本身和社会主义是各自不同的思想源泉，而苏东在尝试社会主义失败之后，原来把福利国家制度看作资本主义向共产主义过渡的一个妥协方案的想法也需要重新考量，福利国家作为一种不同于社会主义的单纯的社会现象，随着苏东社会主义的失败，吉登斯认为应该对福利主义的替代方案进行分析。

吉登斯在第五章阐释了福利国家所面临的内在矛盾之后，开始试图为这种已经不能适应社会历史发展的人类保障体系寻找一种替代性方案，这种方案本身的价值取向是非左非右的，传统的右派通过取消最低工资限制来活跃劳动力市场的方式是一种保守主义的价值取向，在劳工发展史上，这种方法被证明是以违反人道主义为代价的；而左翼以提高税收保持福利国家的方针对西方经济发展造成的潜在停滞，其带来的威胁已经非常明晰。在这种情况下，就需要一种超越“左”与右的方案来弥补反思性现代化社会出现的新问题。吉登斯的分析也是从福利政策产生的渊源开始的，吉登斯认为福利制度是跟风险紧紧联系在一起的，风险观念承认控制的有限性，如果说在前现代时期通过风险评估的方式可以把握风险本身造成的长期结果，而现代反思性现代化社会所形成的风险则是长期的、无法评估的，传统福利措施是一种事后的补救，是解决已经发生的事，而不是切断风险发生的根源，不是防患于未然，针对这个问题吉登斯说："事实上，与其说是不断增加的福利成本和国家对问题的无能为力，不如说是组织资源的方式越来越不适应解决当初设想的问题。"①在这种认识论的指导下，吉登斯列举了癌症暴发的不可知性但却可以预防的原理，类比于现代福利制度的由消极向积极、由事后向事前、由被动向能动的不断转化。比如对烟民的三级预防机制，再比如对于借助福利政策对离异家庭妇女的经济补偿，就不如在这种行为对孩子心理等造成伤害之前，以一种积极的能动性的政治进行干预，让夫妻之间的积极信任能够形成等。这些积极的福利行为相对于传统的福利制度来说，其最大的特点就是增强了主动性和积极性。在全球消除贫困的行动中，吉登斯犯了一个制度性错误，那就是发达国家通过向贫穷国家贷款等方式帮助这些国家发展，而实际上这些国家由于自身建设的落后，这些贷款可能最后用于"耗资巨大的工程、体现政绩的建筑、奢侈品的进口以及武器装备这样的项目"②，而积极的能动性福利制度则主张在保护落后国家自身文化传统的基础上逐步发展现代化，要以理解性的态度来对待别国文化，现代福利策略不应只是把经济发展放到第一位，而应该是培养自力更生的经济发展，这从文化上讲是激进的发展政治与哲学保守主义的有机结合。所以，生活政治就成为解放政治的核心，解放的目的是解决如何生活的问题，而如何生活绝不仅仅是一

① [英]安东尼·吉登斯：《超越左与右——激进政治的未来》，李惠斌、杨雪冬译，北京：社会科学文献出版社，2000年，第158页。

② [英]安东尼·吉登斯：《超越左与右——激进政治的未来》，李惠斌、杨雪冬译，北京：社会科学文献出版社，2000年，第163页。

个经济问题。最后的结果就是要实现真正自立和诚实的发展，这种发展表现为妇女地位的提高和家庭医疗保健条件的不断改善。同时，生活政治反对一种生产主义推动的消费主义现象，传统的福利制度造成了人们对福利制度的依赖，吉登斯引用拉图什的观点，认为“现代性的扩展依靠生产主义压制或推到边缘的象征体系和核心道德观”，因为落后的下层社会作为一种非正规经济，它与现代秩序保持了一种既对抗又合作的关系，“一方面，那里（非正规经济）道德堕落、希望丧失、犯罪和贩毒充斥；另一方面，那里的本地传统还顽强地存在着并且获得了复兴，新手工艺人的各种活动迸发出智慧的火花，他们靠自己在本地学到的手艺糊口谋生，并且满足着周围人的需要”。① 这种非正规经济恰恰是吉登斯所倡导的生活政治的一个方面，通过这种脱离启蒙理性的非理性经济的发展，极有可能为未来的社会发展提供某种可能性。在这个分析的基础上，吉登斯进一步分析了现代福利国家形成的所谓的“老龄”社会存在的问题，通过福利策略等，把老人逐步建构成了“老人”，生活政治一反福利政治僵化地把老人进行圈养的弊病，打破年龄的限制而灵活地给予老人包括工作在内的各种权利。

二、后匮乏社会的“积极福利”的诠释

吉登斯对现代社会的判断是一种在全球化得以充分发展之

① ［英］安东尼·吉登斯：《超越左与右——激进政治的未来》，李惠斌、杨雪冬译，北京：社会科学文献出版社，2000 年，第 173 页。

后形成的后匮乏社会，这种社会是一种淡化了民族国家观念而以适应人为风险，同时形成了由工业化发展导致的社会结构的变化，而与重估后的某种价值相互适应的社会状态。在这种生活状态中，至上的是一种遍布全社会的“生产主义”，这种生产主义从其来源看，吉登斯引用韦伯的观点认为资本主义世界的这种生产主义统治，是宗教改革之后的清教徒自我禁欲的精神的必然结果。韦伯在《新教伦理与资本主义精神》中非常明确地把新教伦理作为资本主义这种生产主义的精神起源，而吉登斯指出了现代资本主义社会与韦伯所论述的资本主义的不同，那就是现代资本主义是一种消费主义的资本主义，消费至上、娱乐至死是现代资本主义的基本特征，对这种矛盾的现代性解释是随着资本主义生产方式的确立，清教主义式微，资本主义此时开始由其内在逻辑来推动，消费主义开始泛滥。前现代社会的生活方式被彻底改变，传统中通过昨天的行动来为今天的行动提供指导的做法一去不复返，进入一种理性“铁笼”，不断地“沉迷”与工作开始成为现代人的必然选择。在这种情况下，没有完全被抛入工作环境的女性就成为感情、关怀和责任的载体，也就是吉登斯所谓的“妇女成为社会生活的许多道德结构的保持者”①，而随着现代化的不断发展，这种情况也在发生着潜移默化的改变。

从这种基本认识出发，在理性精神造就的生产主义社会，福利国家最后的结局是消极福利的泛滥，其所产生的首要危机

① ［英］安东尼·吉登斯：《超越左与右——激进政治的未来》，李惠斌、杨雪冬译，北京：社会科学文献出版社，2000年，第184页。

是财政危机。而吉登斯认为现代福利政策的财政危机只是一种表象，真正的危机是一种风险危机，特别是一种内在的人为风险危机。这种风险危机形成的基础是生产主义的，是把人的幸福建立在财富的多寡和泰勒制基础上的，把经济发展等同于经济增长是这种人为风险的最大隐患。在这种体制下的穷人是“人们已经放弃了希望，生活中充满暴力、吸毒以及犯罪”①，“能够改变生活的艰难条件，生活得满意，甚至内心充实的人微乎其微”②。那么这里就有一个问题自然就被提出来：如何在后匮乏社会中实施福利政策？这就是吉登斯所提倡的“积极福利”的能动政治的核心所在。吉登斯在第六章对这个问题进行了概略性回答，而在这里，吉登斯从制度设置的角度对这个问题进行了回答：(1)必须用事前关怀替代事后关怀，发挥主观能动性，防患于未然；(2)能动性的福利策略是一种生命政治，是以生命为中心，而非以生产为中心，这也是吉登斯能动福利政治把生态问题纳入分析框架的主要原因；(3)发展一种二次机会政治，这种二次机会政治主要是着手于人的主体认同和自我体验，尤其对退休概念的再理解、对于所谓退休老人的再工作问题的重视；(4)“要在阶级之间而且在人口中的其他团体或职别中创立一系列的社会契约和协定”③；(5)关注平等的启发性概念。

吉登斯用了大量篇幅来论述最后两个问题。在积极福利的

① ［英］安东尼·吉登斯：《超越左与右——激进政治的未来》，李惠斌、杨雪冬译，北京：社会科学文献出版社，2000年，第189页。

② ［英］安东尼·吉登斯：《超越左与右——激进政治的未来》，李惠斌、杨雪冬译，北京：社会科学文献出版社，2000年，第189页。

③ ［英］安东尼·吉登斯：《超越左与右——激进政治的未来》，李惠斌、杨雪冬译，北京：社会科学文献出版社，2000年，第190页。

策略下，由于劳动力的流动并非经典马克思主义意义上的“阶级冲突制度化”的结果，而是全球化市场经济竞争的结果，而这种结果的影响就是一种潜在阶级斗争关系的弥散化，吉登斯是通过一种社会分析的“钻石结构”来表达的。所谓“钻石结构”是指“工作”“代际”“性别”和“家庭”组成一个钻石形状的结构，如下图：

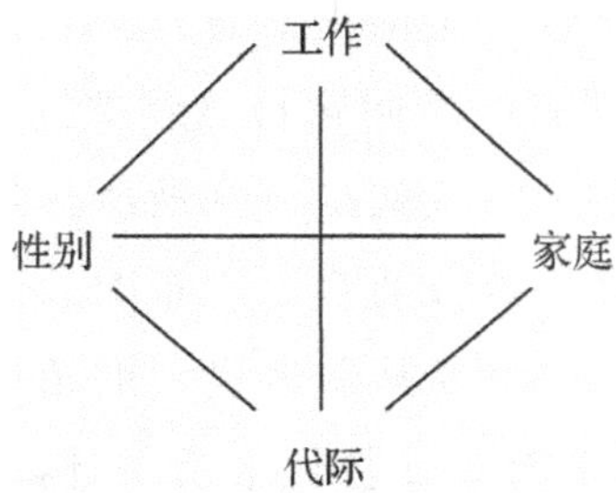

图 4-2

在这个“钻石结构”中，吉登斯就把经典历史唯物主义的阶级和阶级斗争理论进行了解构，这四者之间都存在着斗争性的一面，比如由于社会和技术的变化带来孩子的体验和父亲的体验的隔离，进而产生了“代际”冲突，由于性别歧视而形成的性别冲突已经成为社会冲突的一个重要表现形式。这两种冲突都在解构着保守主义家庭的价值观。积极福利就是要在这些并非典型阶级冲突的领域致力于信任团结的努力。

对于最后一点“关注平等的启发性概念”，吉登斯与传统福利国家对平等的理解是截然不同的，之所以是以“启发性”来对之进行定位，是因为这种新的平等观是一个能定性的平等模式。这种后匮乏社会的平等理念是一种“积极平等”，这种积极平等摆脱了现代性的控制取向，即反对冷漠、绝望和强制，进而获得安全感、自尊和自我实现等幸福指标，这种平等理念“它的基础与其说是拼命地分享物质利益，不如说是对物质利益漠不关心，以及对无休止的经济增长限度采取‘有保留的’理解”。[①] 所以，积极福利的目标是培养“自发地带有目的的自我”[②]，这种自我“把潜在的威胁转化为积极的挑战，把熵转化为持续不断的动能”[③]，这是一种由积极的福利策略所造就的平等人格。在这个积极福利策略下，穷人和富人是以商谈性的契约为基础，其动力机制不是一种英国古典经济学意义上的以财富来判断人，而是从黑格尔“承认”意义上来断定人，通过培养一种积极主动的个体，富人和穷人双方生活方式都有改变的机会。在这种“社群”背景下民族国家的作用又是什么呢？吉登斯认为国家的作用则是杜绝传统福利政策下出现的依赖性状况。

对于以上的积极福利举措，吉登斯自己就称之为“乌托邦式的现实主义”，而其又不甘心于这种乌托邦，而是寻求实现富人和穷人之间的生活方式的契约：(1)在保护环境减少有毒物质的前提下，实现有利于穷人的再分配政策；(2)由国家提供第三产业就业；(3)进一步细化福利措施，尤其是把终生福利和为减少结构性不平等为目标的福利区别开来；(4)严格通过各种方式保障穷人的民主权力和制定免于暴力的规定。

---

① [英]安东尼·吉登斯：《超越左与右——激进政治的未来》，李惠斌、杨雪冬译，北京：社会科学文献出版社，2000年，第200页。

② [英]安东尼·吉登斯：《超越左与右——激进政治的未来》，李惠斌、杨雪冬译，北京：社会科学文献出版社，2000年，第201页。

③ [英]安东尼·吉登斯：《超越左与右——激进政治的未来》，李惠斌、杨雪冬译，北京：社会科学文献出版社，2000年，第201页。

第三节　生活政治面临的挑战

吉登斯在对传统福利政策进行批判的前提下，提出了积极福利和能动政治的理念，而积极福利和能动政治所形成的生活政治最大的挑战是风险，其中人为风险是对生活政治的最大挑战，而现代化过程中所形成的生态破坏问题是目前对积极能动生活政治的最大挑战。除了生态问题，暴力问题是现代生活政治的另一个需要解决的挑战，这涉及吉登斯对战争起源的“男子汉气概”、族群冲突等问题的具体分析。在对生活政治面临的两大挑战分析基础上，吉登斯以生活政治的“价值”宣言宣告了对“左”与右的激进主义的超越。

一、生态问题面临的挑战

作为现代性的负面，吉登斯是通过引用包括卡洛琳·麦钱特、默里·布克琴以及阿尔内·内斯等生态批判家的相关观点开始其生态问题阐释的。对于这些来自于“左”和右的不同观点，吉登斯既不能同意“左”的观点，即认为通过生态主义运动能拯救世界，又指出了绿色激进生态学和左翼思想之间没有必然联系，甚至从法国大革命中的柏克保守主义到德国法西斯主义，都认为是现代理性的发展侵害了自然的内在美感和整体和谐，竟然还付之于环保和造林。所以吉登斯的观点非常明确：激进绿色运动其实是和保守主义密切相关的，而跟左翼运动并无必然联系。基于此，吉登斯认为“绿色哲学既不是明确的右派，也不是确定的左翼”[①]。吉登斯在生态问题上超越了“左”与右的方法，是把生态问题理解为在全球化背景下与反思式现代化达成的妥协部分，因为现代文明的前进是人类通过对科学技术的掌握进而实现对行动环境的控制，任何激进的方法，比如用非暴力的手段推翻我们整个充斥着污染的工业社会，或者保持原来的地方文化传统一点不变等都是不切合吉登斯所倡导的生活政治生态观的，吉登斯的这种生态观致力于以现代科技为代表的现代化和自然的和解，这也是吉登斯生活政治的能动性和商谈政治在人和自然关系上的一种运用。对于这种思维方法，吉登斯是通过蓬勃发展的“基因工程”“堕胎”和“风险秩序”来进行揭示的。“基因工程”和“堕胎”问题都面临着一种科学伦理困境，而这种困境都是现代性发展过程中必然出现的一种社会现象，在这种情况下就要有人类的反思性对之进行限制，进而避免发生伦理意义上的人道主义灾难。在这个基础上，根据现代化发展的程度，吉登斯又提出了“后果严重的风险的秩序”，对于生态可能造成最大危害的风险秩序，吉登斯把全球变暖排在了第一位，然后又提出了核电站爆炸、无法精确预测的大规模自然灾害，还有艾滋病泛滥等人为造成的风险。面对这些生态风险，吉登斯倡导的积极生态政治完成了平等主义和能动政治之间的统一，就如同吉登斯总结的那样：“为了摆脱生产主义，像我努力说明的那样，意味着要在自主、团结以及追求幸福的主题引

---

① ［英］安东尼·吉登斯：《超越左与右——激进政治的未来》，李惠斌、杨雪冬译，北京：社会科学文献出版社，2000年，第212页。

导下恢复积极的生活价值。”①可见，从诠释的方法论上看，吉登斯是在用其积极的生活政治方式来解决生态危机问题。

二、生活政治对暴力的消解

吉登斯批判了现代“左”与右对暴力的偏颇性解释，因为“左”与右更多的是把对暴力的分析放在了战争的起源以及暴力的主角民族国家研究之上，而保守主义又认为暴力是人类状态的根本因素。吉登斯是在对暴力的内涵进行定位的基础上来论述暴力的，他更多的是从广义的层面赞同约翰·佳尔通和皮埃尔·布迪厄对暴力的定位，即暴力是限制个人生活发展机会的一组广泛条件，暴力是人民遭受的各种压迫形式。这样的暴力含义就消除了传统对所谓暴力必须是造成他人肉体上的伤害的认识。

在现代民族国家发展史上，暴力往往是和民族国家的建构联系在一起的。吉登斯是从暴力起源的谱系角度指出了暴力在前现代时期的弥散性，政治中心还无法真正做到对整个共同体的暴力进行完全垄断，随着现代民族国家的发展，从 18 世纪开始，中央政府对欧洲和美国的控制逐步强化，在这种社会历史条件下，暴力在民族国家内部得以基本消除，吉登斯称这种现象为国家内部的“和解”。这种所谓的“和解”其实就是现代性使现代民族国家的监控手段得以强化，进而在全国实现了无缝隙

① ［英］安东尼·吉登斯：《超越左与右——激进政治的未来》，李惠斌、杨雪冬译，北京：社会科学文献出版社，2000 年，第 240 页。

控制，也就是吉登斯所说的“和解是国家政治权威对暴力工具的成功垄断”①。随着战争的产业化和军人职业化，传统贵族阶级所珍视的武士价值观开始逐步衰落，以暴力为特点的战争失去了一种仪式和价值意义而呈现为一种工具理性的时候，战争开始变得不是必须经常使用的手段，战争暴力的内部消解开始向国际间扩散，经过冷战时期彼此间的核威慑等，国家没有了敌人，军国主义出现了衰退，世界保持了长时期的相对和平。

传统意义上，从人学角度一般把男子气概跟战争联系在一起，而根据吉登斯的分析，这种有可能导致战争的男子气概，随着现代社会的女性主义和社会对性别平等的强烈诉求，妇女加入武装力量的人数在不断增多，传统的父权制体系面临着全面瓦解的境地，也就是说，不但作为战争的暴力在不断消解，作为父权压迫和作为男权压迫所形成的暴力都在现代化的过程中，随着公民权利意识的觉醒而得以消解。

而现代暴力最大的挑战是族性差别和文化差别造成的原教旨主义的偏执，对话停止的地方就是暴力开始的地方。吉登斯从三个方面对这种暴力的化解提出了自己的解释，一是相信对话民主的潜在力量，吉登斯认为族性差别是客观存在的，面对这种差别只能通过一种伽达默尔解释学意义上的由对话形成的“视界融合”从而达成双方的和解，进而化解暴力；二是积极反对不管是附着在宗教上的、种族上的、性别上的或者民族主义上的各种各样的原教旨主义；三是积极控制感情交流的退化。

① ［英］安东尼·吉登斯：《超越左与右——激进政治的未来》，李惠斌、杨雪冬译，北京：社会科学文献出版社，2000年，第244页。

并非所有的对话都可取得预期的和平效果，在对话过程中要防止恶性循环，也就是吉登斯所说的“以厌恶对厌恶，以憎恨还憎恨”的暴力状态。

三、生活政治的价值主张

吉登斯在超越“左”与右这个问题上采取的是一种分别批判的方式，而这种批判解决的核心问题其实是人通过改造自然而形成一定的环境的背景下，再通过解构传统的价值观念而产生现代人类不得不回答的一个问题：同时失去自然和精神两个家园的人类该何去何从？

吉登斯是从全球化的角度来分析普遍价值的形成对现代性造成的价值虚无的疗治。生活政治的实质是什么？概括来讲，生活政治以“我们如何生活”为出发点，以生活方式的选择为手段，以重构我们时代的道德和解决生存问题为目的。吉登斯认为：“我们所说的生活政治学是关于生活方式的一种政治学，且在制度反射性语境中运作。它关注的不是狭义上的‘政治化’，即生活方式的种种决定，而是对这些决定重新道德化——更准确地说，是把日常生活中被经验所隔离且被搁置一边的那些道德和生存问题挖掘出来。”①生活政治反对生产主义，因为生产主义是跟资本主义紧紧联系在一起的，取代生产主义的价值取向是一种后匮乏体制，后匮乏体制不是经济停滞的体制，而是

① [英]安东尼・吉登斯：《超越左与右——激进政治的未来》，李惠斌、杨雪冬译，北京：社会科学文献出版社，2000年，第247页。

生产主义不再作为社会核心的体制。在生活政治的后匮乏社会中，左翼所起到的作用是通过一种善意的批判方式来为新社会的产生提供一种精神启发的可能性，吉登斯虽然认同左翼批判对固有成见的解构作用，但同时吉登斯特别反对的是传统马克思主义强调的社会历史发展的规律性，这种规律性被吉登斯称为“宿命”，也就是马克思的社会主义深深受着西方文化传统的天命论观念的影响，吉登斯的这个观点其实和卡尔·洛维特在《世界历史和救赎历史：历史哲学的神学前提》中，对马克思历史唯物主义神学前提的批判一样，把马克思赋予工人阶级作为资产阶级掘墓人的角色嘲讽为一种新的弥赛亚精神和普罗米修斯情结，吉登斯是这样来表述自己的观点的：“今天，我们必须与天命论决裂，不论它采用的是什么形式。我们不接受资本主义孕育着社会主义的观点，也不接受有可以拯救我们的历史能动者的观点，不论它是无产阶级的还是其他阶级的，更不接受‘历史’有任何必然方向的观点。”[①]吉登斯反对历史决定论，提出一种结构意义上的风险决定论，也就是社会形态历史变迁的内在驱动力是规避风险的社会本能。在笛卡尔之后的人类理性崛起的过程中，怀疑主义盛行，一切神圣的东西都在被解构，在解构掉传统文化价值定点之后，尼采的虚无主义和价值相对主义开始出现，吉登斯认为与右有密切联系的尼采主义本身，使得整个世界充满着绝望的分裂和碎片化的特点，这也是为什么作为这种观点的反面的原教旨主义得以流行的动因。吉登斯

① ［英］安东尼·吉登斯：《超越左与右——激进政治的未来》，李惠斌、杨雪冬译，北京：社会科学文献出版社，2000年，第262页。

认为全球化背景下人类的面貌将呈现两个不同的界面：一方面是激进政治的导向机制而形成的全球化世界主义和普遍价值；另一方面则形成不确定性、碎裂等各种风险。在这两者的博弈中，吉登斯充满了希望，就如同存在着对抗道德虚无主义的权力哲学一样，在全球化过程中所存在的新集权主义崛起、生态的破坏以及阶层固化等问题的同时，全球化时代的世界主义伦理和普遍价值会自然形成对这种原教旨主义的本能抵制，一种“承认人类生命的神圣性以及幸福和自我实现的普遍权利”的、具有世界主义意义的人类共享的普遍价值开始冉冉升起在人类历史发展的地平线上。吉登斯就是这样通过对“左”与右的双重批判实现了一种价值观的超越，这种超越本身是吉登斯历史唯物主义研究方法的现实应用。如果说马克思是以历史的方式建构了社会，吉登斯则是以社会的方式解构了历史。

吉登斯虽然对历史唯物主义的分析研究带有极强的误判和谬断，但吉登斯社会学又具有自身的内在逻辑和优势，这种内在逻辑和优势是跟吉登斯社会学理论的两个特色分不开的。

第一，吉登斯社会学相对于马克思的历史唯物主义、涂尔干的工业主义和韦伯的“合理化”理论，其本身的理论特色是博采众长、兼收并蓄。虽然吉登斯社会学理论原创性不足，但却有着极强的综合性和兼容性。如同经济学思想史，每过一个历史阶段，就会出现一次经济思想的“综合”，经济思想史上，曾发生了19世纪中期的“密尔综合”、19世纪末20世纪初的“马歇尔综合”以及二战之后的“萨缪尔森综合”。与之相似，吉登斯的社会学理论几乎是对他之前的社会学思想进行了一次深刻的全面检阅和学术考察，然后在这个基础上形成自身的“结构化理论”，在这个理论的基础上，又形成指向未来的“生活政治”理想。如果把理论群图本身看作整体日常生活的一个侧面表达，那么强化任何一个端口都会导致社会走向一个非正常的状态。著名经济学家阿马蒂亚·森曾经在其《身份与暴力》这本书中表达了这样一个观点：人的身份是多重性的，一旦过分强化某种教徒身份，极有可能会无意识地排斥或弱化其他的身份，在强化了某一身份的前提下，自然会排斥其他人不同于自己的身份认同，从而造成党同伐异或异教徒之间的社会暴力。[①] 吉登斯社会学恰恰规避了阿马蒂亚·森所担心的这种由于理论专制而造成的国家专制，吉登斯社会学理论的特色是文化多元主义，是一种通过对资本主义、工业主义、民族国家和监控等的多角度分析而形成的一种内容丰富的理论体系。从这个意义上看，吉登斯社会学是一种靠近社会总体的理论表达，是一种不走偏锋、不走极端的社会学思想。

第二，从批判和建设这两种理论倾向来看，吉登斯理论兼有批判和建设的双重特色。如果从知识社会学和社会科学哲学的角度来分析，所有的社会思想如果从批判（解构）和建设（建构）的角度来看，一般都会被归入非此即彼的两个端口。哲学社会科学理论更多的是一种批判理论。当然，不破不立，批判是为了更好地建设。历史唯物主义是一种批判理论，在对资本主义批判的基础上力图找到更美好的社会状态。吉登斯社会学思想带有极强的批判和建设的双重特色。吉登斯一方面在左翼的

① ［印度］阿马蒂亚·森：《身份与暴力——命运的幻象》，李风华译，北京：中国人民大学出版社，2009年，第167页。

基础上，继承马克思主义的批判传统，对资本主义现代性进行了无情的批判，尤其对资本主义形成的无所不在的社会监控和微观领域的权力密布进行批判。与极端后现代主义不同的是，吉登斯在批判的基础上不间断地提出很多建设性的社会蓝图。所以，吉登斯社会学理论兼具批判和建设二维元素，这是吉登斯不同于传统左翼，也不同于对资本主义进行歌功颂德的极端自由主义，甚至也有别于取改良路线的民主社会主义。吉登斯是在对新自由主义和民主社会主义进行批判的基础上进行社会建构思想表达的。吉登斯这种创新性的思想表达，就集中表现在他超越“左”与右的“第三条道路”理论的提出，而“第三条道路”的本质是“生活政治”替代“解放政治”以及西方传统的自由政治。

总之，吉登斯的历史唯物主义研究虽然仅有三部主要著作，但除了这三部主要著作，吉登斯的历史唯物主义研究还弥散在其“结构化理论”、现代化理论、民族国家理论以及“第三条道路”等诸多理论建构之中。吉登斯的“生活政治”理念是建立在对现代性进行全面批判的基础之上，是建立在包括权力批判、生态批判、身体批判、性别批判等基础之上，同时借鉴了乌尔里希·贝克的“风险社会”、哈贝马斯的“商谈伦理”以及米德的“符号互动论”等理论。吉登斯的“生活政治”是其“结构化理论”的外在政治体现，是吉登斯社会批判理论之后的建构性产物，如同高僧涅槃之后的真身舍利，“生活政治”是吉登斯社会理论升华后的真正结晶。

第五章

吉登斯历史唯物主义研究的时代价值及其内在局限

本研究的第二、三、四章主要是通过章节的形式分别对吉登斯的历史唯物主义批判进行了专门分析，第二章以“历史唯物主义的当代批判：权力、财产与国家”分析为基础，分析了吉登斯借助“结构化理论”对历史唯物主义的批判。吉登斯认为自己的“结构化”分析模式是在摒弃了“目的论”“功能主义”和“进化论”的基础上进行的社会和制度分析，所以，笔者是以假定吉登斯“方法论上的恰当”为前提的。在这个分析过程中，吉登斯又在《民族—国家与暴力》以及《超越左与右——激进政治的未来》中用“结构化理论”对现代民族国家和暴力进行了分析。吉登斯的“结构化理论”方法以“资本主义”“工业主义”“监控”和“暴力”四个元素作为支架，构成了一个整体性的分析框架，从理论的“双重解释学”到配置性资源和权力性资源的时空配置、从军事暴力到现代民族国家以及从“解放政治”到“生活政治”的整体性转变，吉登斯的这种思维方法在提供了一种对历史唯物主义新理解的同时，也表现出从方法到内容对历史唯物主义理解的局限。

第一节 吉登斯历史唯物主义研究的时代价值

历史唯物主义在五百年国际共产主义运动史上曾起到了武装革命群众、引领革命成功的巨大理论价值，然而，随着世界政治经济文化形势的不断改变，历史唯物主义自身需要在新的形势下得以“返本开新”，永葆其革命活力和战斗激情。就吉登斯而言，不管是作为其理论建构硬核的“结构化理论”，还是其利用“结构化理论”进行的“现代性”批判，吉登斯都是在历史唯物主义研究的基础上，对社会理论和现实实践的不断反思与探讨，其理论气质具有非常明确的问题意识导向和主体行动特色。在这个意义上，吉登斯是一位知行合一的思想者，其思想对我们当代社会科学诸多领域的研究都具有不可估量的指导价值，同时，吉登斯的理论是根据变化了的社会现实进行的理论建构，因此具有极强的时代特色。

一、历史唯物主义的返本开新

现代新儒家特别强调对传统儒家的“返本开新”，马克思主义也面临着继续发展深化的问题。吉登斯的历史唯物主义研究是在马克思的基础上对马克思主义的“接着说”，从这个意义上看，吉登斯是对历史唯物主义思想的“返本开新”。特别是其“结构化理论”，是继马克思之后对主体和客体、必然和偶然关系的最深刻思考。

从历史来看，资本逻辑和民族国家维度的交叉博弈导致世界经济政治秩序混乱不堪。纵观人类发展史，人类在 15 世纪末地理大发现以前的漫长岁月，要么通过血腥的“战争交往”，要么经过和平的“商贸交往”，这些“交往”方式都是在古代交通工具不发达、人类心智尚处于蒙昧阶段所形成的交流方式。只有到了 15 世纪末的地理大发现之后，尤其麦哲伦环球航行之后，人类才对自己居住的这个星体有了“球”的概念，并逐步扩大了交往的范围和形式。自此以后，经济全球化逐步发展。而伴随着经济全球化过程的是资本主义生产方式的确立和其力量的不断壮大，特别是随着欧洲封建制解体，短暂的“绝对主义国家”之后，资本主义和民族国家互为表里，相互促进，形成了整个资本主义生产力的巨大发展。在这个过程中，资本的逐利本性和资本家的贪婪自私强化了民族国家的独占欲和排外气质，资本主义民族国家以强权政治的方式攻城略地、摧城拔寨。资本主义民族国家在其成长的幼儿时期，不惜通过贩卖黑奴和发动战争等手段来强化自身利益。所以，马克思把资本主义的发展史看作用“血和火”的文字载入人类的编年史；列宁则把这种由黩武的民族国家主导的资本主义称为“帝国主义”。特别是目前资本主义民族国家通过滥用金融衍生工具以及局部战争的方式，导致了世界混乱不堪，直到现在，世界经济秩序也没有完全恢复过来，社会集合体的规模和复杂性会影响其社会组织形式。如西美尔在 20 世纪初所指出的：“日常经验会立刻告诉我们，一个具有一定规模的群体必定会发展出维持并提高自身的形式和组织，但一个较小的群体却不必如此。另一方面，我们也不否认较小的群体具有一些当其壮大时就会消失的特性，包括其成员间的各种互动。"[1]在欧洲古代帝国纷纷解体的基础上，经过"绝对主义国家"时期，西欧现代"民族国家"纷纷崛起，紧跟其后的亚非拉"想象的共同体"在完成"民族—国家"建构之后，也迅速加入了现代国际关系以民族国家为主体的博弈之中，在现代国际关系中，以民族国家为主角的国际关系主体间的博弈，使整个国际秩序呈现为"均势"和"霸权"两种态势的反复交替。如何超越"均势"和"霸权"，实现人类的永远和平，就成为学界必须思考的时代主题。

世界地理大发现之后，随着全球化的不断推进，不同的国家和族群在国际交往中形成一定的国际秩序。尤其随着现代民族国家的崛起，国际秩序呈现为"均势"和"霸权"两种态势的反复交替。如何超越这种循环怪圈，实现人类的永远和平，这是摆在世界政治和国际关系领域的一个亟待解决的重大理论问题。中国特色社会主义外交实践精粹出的人类命运共同体理念，就为国家间超越"均势"或"霸权"的二元循环、战胜霸权主义的"新帝国论"提供了一套新的话语范式和指导理念。

二、反对"新帝国论"

吉登斯对现代民族国家进行了"结构化"分析，指出了现代民族国家不同于"传统帝国"以及"绝对主义国家"的各种特点。吉登斯的《民族—国家与暴力》一书中所分析的对象主要是依据时间轴线出现的国家形态。现代民族国家是最后一个出现的国

---

① Kurt Wolff, *The Sociology of Georg Simmel*, The Free Press, 1950, p. 87.

家形态，吉登斯主要是采用其“结构化理论”中的核心分析工具——“监控”“暴力”等元素来分析现代资本主义生产方式下的国家形态。吉登斯的这种分析方法对当下资本主义的“新帝国”批判具有积极意义。笔者所谓的“新帝国”是指在全球化过程中，奉行霸权主义和强权政治的西方民族国家。“新帝国”是在目前国际关系领域以新现实主义理论范式为基础的理论思潮指导下形成的国家形态。

“新帝国”是在“均势”和“霸权”循环往复的现代国际关系格局调整中逐步形成的。“均势”和“霸权”是近代民族国家崛起之后所形成的国家间的两种关系状态，在大国博弈中，为了规避冲突，实现和平，国家间通过建立某种国际秩序来保持彼此间的和平与稳定。近代以来，曾先后形成过几个大的世界秩序。第一个具有世界历史意义的世界秩序，是欧洲“三十年战争”(1618—1648)之后，在交战双方签订的一系列和约基础上形成的“威斯特伐利亚秩序”。“威斯特伐利亚秩序”使德意志和意大利四分五裂，却使法国、荷兰和瑞典成长为欧洲强国，这个秩序形成的平等和主权的基本原则使欧洲各国暂时处于一种稳定的“均势”之中。而随着19世纪初期拿破仑“法兰西第一帝国”的崛起，欧洲国家间这种“均势”被打破，代之以法国一国独大的“霸权”统治，在拿破仑以刀和剑的强力“霸权”统治下，法国维持了从1804年拿破仑称帝到其1815年被流放厄尔巴岛前后约十一年左右的对欧洲的“霸权”地位。为了恢复原来的封建秩序，反法的“神圣联盟”在1815年打败拿破仑之后，建立起一种新的“均势”体系——“维也纳体系”。从本质上看，“维也纳体系”是英国工业革命的经验在向欧洲大陆渗透的过程中，国际关系调整的必然结果，“维也纳体系”是继“威斯特伐利亚秩序”之后的又一个暂时保持了欧洲相对稳定的“均势”体系，同时也是世界史上第二个具有世界历史意义的国际体系。19 世纪末，资本主义由自由竞争向帝国主义过渡，强强必争、国强必霸的帝国霸权逻辑使“维也纳体系”也无法继续维持，世界局势开始动荡不安，最后导致一战爆发。

一战后，为了维持资本主义世界秩序，战胜国经过讨价还价，形成了国际关系的新格局——“凡尔赛—华盛顿体系”。这个体系并没有改变殖民地人民受剥削奴役的地位，由于这个体系本身是帝国主义之间分赃的产物，分赃的不均又为二战的爆发埋下了祸种。20 世纪三四十年代，以希特勒、墨索里尼和日本军国主义为代表的极右翼势力，打破“凡尔赛—华盛顿体系”所形成的国际秩序，靠战争奴役了欧亚很多国家，在欧亚取得了短暂的“霸权”地位。1945 年，随着德意日法西斯战败，其霸权地位在欧亚宣布结束。二战后，在苏联崛起的形势下，英美苏三个大国对世界格局又一次进行调整，形成国际关系的“雅尔塔体系”，这个体系也标志着美苏两大军事集团争霸的开始。自此，两大集团隔空冷战，同时也导致了 20 世纪五六十年代包括朝鲜战争、越南战争等在内的诸多局部热战。

“新帝国”之“新”，主要表现为以下几个核心观点：(1)“新帝国”的理念和政策取向主要体现在政治上放弃传统“帝国”安全观，追求一种绝对安全观，所谓绝对安全观，就是无论采取“现实主义”[①]、“自由制度主义”还是“建构主义”理论，都是为了追求其他国家望尘莫及的绝对安全；(2)在国际关系格局上，“新帝国”放弃“均势”策略，追求绝对“霸权”；(3)在军事上，“新帝国”放弃军控，追求绝对军事优势；(4)在经济上，“新帝国”奉行单边主义的经济强权，试图通过经济力量战胜他国；(5)在文化上，“新帝国”坚持西方中心主义的文化优越论，实行文化沙文主义。

在意识形态领域，“新帝国”对内宣称自由、平等、多元和博爱，对外则表现为强权和专制，其中充满了悖论。从历史的角度看，意识形态作为在一定社会形态里影响和指导一定社会集团行为的一种价值和信仰，是一国文化软实力的重要表征，同时也是一国文化价值观的集中表达。自从 18 世纪法国大革命提出“自由”“平等”“博爱”的革命口号，西方资产阶级就以其作为意识形态和价值理念来号召群众起来反对封建主义。然而，引导资产阶级革命的这些意识形态和价值原则，在资产阶级国家建立之后并没有真正实现过，马克思在《黑格尔法哲学批判》等经典著作中，早就指出资产者所宣称的“自由”“平等”“人权”“法治”“博爱”等政治口号，与现实市民社会以私有制为基础的资产者的自私自利形成悖论。在马克思看来，这是在生产资料私有制的资本主义社会必然存在的意识形态悖论，这是虚伪的资本主义社会必然存在的一种社会现象。

综上所述，“新帝国”的“实力决定安全”的思维逻辑存在一

① “现实主义”国际关系理论最有代表性的流派主要是汉斯·摩根索的“古典现实主义”、肯尼斯·沃尔兹的“结构现实主义”以及最近的新古典现实主义。

定的问题，约瑟夫·S. 奈对“新帝国”指导下的安全观进行了这样的判断，他说：“断然主张霸权的志士们会有一种危险，那就是他们的对外政策是不断加速的，没有刹车的时候。”[①]当然，奈的“软实力”理论意图通过对“新帝国”的批判，使其所主张的“软实力”和“巧实力”被非西方价值观的群体所认同，而本质上，不管是“软实力”还是“巧实力”，都是西方中心主义话语霸权下的外交理念。总之，“新帝国”的外交思维已经不适应国际形势的发展，在它的影响下，世界经济政治局势处于混乱之中，世界价值秩序处于崩溃的边缘。

第二节　吉登斯历史唯物主义研究的局限性

辩证地看，吉登斯对历史唯物主义的解读虽然具有一定的时代价值，同时也存在时空错置、苛求古人(指马克思)之谬。吉登斯历史唯物主义研究的局限主要表现在对马克思研究方法的误读、对历史唯物主义国家理论主旨的谬解以及其致力于替代解放政治的“生活政治”理想的虚妄。

一、方法论的独断性

方法论本身是一种分析问题的角度和工具，吉登斯是在批判历史唯物主义“资本主义”方法的基础上来建构其“结构化理

---

① [美]约瑟夫·S. 奈：《美国霸权的困惑：为什么美国不能独断专行》，郑志国等译，北京：世界知识出版社，2002 年，第 32 页。

论”的。吉登斯首先是从综合分析传统社会学思想入手的，这个分析的过程同时也是方法论的提取过程。吉登斯对历史唯物主义研究三部曲进行了总体理解，其方法论特点是综合性和多维性，而这种综合性和多维性恰恰也是吉登斯方法论的局限所在。具体而言，吉登斯方法论的局限主要表现在两个方面：一是在采用综合多维方法的同时，也放弃了分析问题的深刻性和针对性；二是吉登斯采用优先理论建构来裁断现实的机械性。下面对吉登斯方法论的局限性做具体分析。

就第一个局限性而言，吉登斯虽然继承了马克思的“资本主义”范式来分析“配置性资源”，但也继承了涂尔干的“工业主义”来分析作为权力的“支配性资源”，同时又借助福柯来分析权力运作在现代性社会的“监控”作用。所以，吉登斯的方法论特色是复合性的，甚至是杂乱的，是多个思想家方法论的组合，这也导致了吉登斯方法论具有嫁接裁剪的局限，从而失去了方法黏合理论的基本功能。著名人类学家巴斯在谈到族群研究的一般方法时强调：“应用生成性观点来分析个案，而不是通过各种族群形式与关系形式的类型学来分析个案，我们试图谈论的是那些可能涉及族群产生和维持的不同过程。”①吉登斯在其研究过程中所使用的方法论，就显然具有巴斯所批评的这种机械化而非动态化的倾向。

而马克思在启蒙理性的影响下是一位具有方法论自觉的思想家，历史唯物主义是在强调经济、政治、文化融合基础上的

① ［挪威］弗雷德里克·巴斯主编：《族群与边界——文化差异下的社会组织》，李丽琴译，马成俊校，北京：商务印书馆，2014年，第11页。

社会历史变迁，其是以阶段斗争为主线来分析这种变迁的，进而指出资本主义发展的未来趋势，所以，历史唯物主义即使有局限，但却不失深刻，吉登斯在批判历史唯物主义研究方法“还原论”“化约论”和“进化论”的同时，他自己的方法论其实才是一种平庸的综合，这类似于经济学思想的“密尔综合”，吉登斯是社会学家的“密尔综合”，马克思在《资本论》第二版“跋”中专门讨论了方法论的问题，他把自己的方法称为是在广泛研究之前经济学思想前提下的“研究方法”①，通过研究形成一种“先验框架”，这种框架通过“叙述”得以表达。叙述方法其实就是一种通过建构各种理论范畴逻辑地表达经验的过程。如果说这是马克思表面上作为一个学者所采用的写作方法，那么唯物辩证法则是马克思进行科学研究的思维方法，马克思在《资本论》中也坦陈自己是黑格尔的学生，而当马克思说自己是黑格尔的学生的时候，他其实并非指自己是一个神秘的唯心主义者，而是指自己是黑格尔辩证法的继承者。马克思天才地发现了社会历史结构的不协调，马克思认为恰恰是这种不协调在推动社会历史向前发展。当然，马克思所认为的社会结构不是吉登斯“结构化理论”之“结构”，马克思的“结构”是用“生产力和生产关系”“经济基础和上层建筑”这样的术语来进行表达的，所以，马克思是从遵从黑格尔辩证法的思维方式出发来分析社会历史的变迁的。马克思在《关于费尔巴哈的提纲》第四条中这样表达了这种思维方式：“费尔巴哈是从宗教上的自我异化，从世界被二重化为宗

---

① ［德］卡尔· 马克思：《资本论》（第 1 卷），北京：人民出版社，2004 年，第 21—22 页。

教的、想象的世界和现实的世界这一事实出发的，他做的工作是把宗教世界归结于它的世俗基础，他没注意到，在做完这一工作后，主要的事情还没有做。因为，世俗基础使自己从自身中分离出来，并在云霄中固定为一国独立王国，这一事实，只能用这个世俗基础的自我分裂和自我矛盾来说明。”[①]马克思在这里带有明显的黑格尔辩证法方法论特征，他是用世俗社会内部的内在矛盾来说明社会历史变迁的，然后接着分析说：“对这个世俗基础本身首先应当从它的矛盾中去理解，然后用排除矛盾的方法在实践中使之革命化。”[②]马克思的方法论其实是一种革命方法论，这也就使得黑格尔的精神辩证法转变为一种改变社会历史的革命辩证法。因为精神的独立王国异化于粗糙的世俗基础，改变精神就要改变世俗基础，精神的矛盾是世俗矛盾的异化表现，改造精神就必须解决世俗矛盾。

马克思在其青年时期受青年黑格尔派的影响，特别重视辩证思维在社会历史分析中的作用，唯物主义辩证法是一种锚定在实践“世俗基础”之上的总体辩证法，是对古希腊以来“逻各斯”精神和“努斯”精神的融合；成年之后尤其是在写作《资本论》的过程中，马克思对辩证法的运用则直接表现在对社会经济的分析之上，这其实跟马克思在《关于费尔巴哈的提纲》中表现的对“世俗基础”的矛盾进行分析并不矛盾，恰恰相反，这是马克思革命辩证法方法论的更深入的运用：马克思所理解的资本主

---

① 中共中央马克思恩格斯列宁斯大林著作编译局：《马克思恩格斯文集》(第1卷)，北京：人民出版社，2009年，第500页。

② 中共中央马克思恩格斯列宁斯大林著作编译局：《马克思恩格斯文集》(第1卷)，北京：人民出版社，2009年，第500页。

义社会就是一种市民社会，是一种由“商品”构成的资本主义社会微观元素的胎胞中所隐含的使用价值和价值、私人劳动和社会劳动等之间的不协调。这种不协调最后直接导致资本主义私人占有制和社会化大生产之间产生强烈的对抗，资本主义社会危机全面到来。马克思的辩证法显然不同于黑格尔的辩证法，而吉登斯就是规避了马克思的这种辩证思维，而采用了一种结构化思维。

在吉登斯看来，马克思这种建构生产力和生产关系、经济基础和上层建筑等方法的运用是对丰富的社会现实的“化约论”处理，这其实是对马克思方法的一种误解。在马克思所生活的时代，用基本原则来对社会历史进行精确描述是时代特征。这种时代特征早在牛顿对自然界中的各种现象进行定律描述时就已经开始了。也如同边沁、密尔的功利主义试图为纷纭复杂的社会历史发展提供一个统一的原则一样，自然主义的实证精神是整个 19 世纪的精神特质，而吉登斯在对马克思方法“化约论”和“功能主义”特点进行批判之时，其实是脱离开那个时代精神而进行的一种“脱域”批判，这种批判本身就是由时代错位造成的误读。另外，马克思方法论的另一个特质是进化主义特征，再加上恩格斯在马克思去世后第三天所做的著名讲话中所说，马克思如同生物界的达尔文发现了生物界的演化规律一样，马克思发现了社会历史演化的内在规律。这仿佛更加深了学界对马克思社会历史理论的进化论特征的理解，更何况马克思在《资本论》出版后的第一时间就寄给了达尔文一本这样一个历史事实。然而，如果回到历史唯物主义产生的 19 世纪，这在马克思的思想发展史中又是多么正常的外在表现。马克思的社会历史演进理论的确是带有进化论的特征，进化论对当时学界的社会历史影响巨大，马克思虽然受到了达尔文的影响，但历史唯物主义本身不是社会达尔文主义。历史唯物主义虽然有决定论色彩，但也不是激进的决定论者，如果马克思的方法论是完全的决定论，就不会出现后来所谓的“西方马克思主义”对黑格尔主义的马克思主义的挖掘，所以，吉登斯对马克思方法论的批判是无视马克思所生活的时代来进行的评判，这种评判带有极强的个人色彩。而如果从宏观上来对吉登斯方法论进行研究，其中不也带有时代思想潮流影子吗？如果没有弗洛伊德、拉康、皮亚杰以及索绪尔、列维·施特劳斯、福柯和罗兰·巴特等的结构主义和后结构主义，就没有吉登斯“结构化理论”的建构，吉登斯的历史唯物主义研究是在结构主义、后结构主义、风险社会理论以及批判理论等的时代思想潮流影响下建构而成的。

就第二个局限性而言，对于吉登斯方法论的建构方法，虽然吉登斯一再强调理论和实践的“双重解释学”，但在其方法论建构上却是前置方法论，进而以这种方法再去裁断过往之历史制度。从吉登斯社会学产生的时代判断，其社会学理论特征体现为历史社会学的基本特点。20 世纪四五十年代是帕森斯结构主义社会学思想一统学术天下的时代，而在 60 年代，随着社会学家对只注重结构而忽略历史的不满，以摩尔、蒂利、斯梅尔瑟、李普塞特、斯考切波等为代表的历史社会学应运而生。从广义上看，沃勒斯坦的“世界体系理论”、法国以长时段研究为特点的年鉴学派的“新史学”运动，都是吉登斯历史唯物主义研究的时代学术背景。所以，吉登斯社会学方法论是在 20 世纪“历史社会学”大行其道的学术氛围中诞生的。这种方法论和马克思建立在实践基础上的总体辩证法方法论，具有极强的“分析主义”色彩和断裂式的碎片化特征。从吉登斯社会学理论的发生学原理来看，吉登斯的社会学思想主要体现在他的“结构化理论”上，这个理论本身是遵循了马克思在《资本论》中的方法论要求，就是首先在广泛的“研究”基础上大量占有丰富的思想材料，在这个基础上进行创造性思维，提出一种研究基础上的“叙述”方法。这个研究的过程就是一个崭新框架形成的过程，这个框架一旦形成，就可以作为解释工具对社会现象进行解释。基于此，简单地说，吉登斯的“结构化理论”是在20世纪整个英国政治经济文化背景下，吸收借鉴马克思对资本主义的批判、涂尔干对工业主义的分析、韦伯的合理性科层制解释以及福柯的微观权力学、贝尔的风险社会等学术元素而形成的。在这个过程中，吉登斯论述了配置性资源、支配性资源形成的权力理论，以此来分析资本主义、工业主义、监控和暴力四维结构支撑的现代社会。

二、“脱域”的国家分析

除了方法论的批判，吉登斯历史唯物主义研究的第二个内在逻辑是对历史唯物主义国家观念的批判。吉登斯认为历史唯物主义是建立在“资本主义”范式批判基础上的，民族国家在历史唯物主义的解释视域中是一个行将消亡的历史范畴，而与历史唯物主义的这个观点相反，吉登斯却从时间的角度论证了现代民族国家不断强化其监控和暴力职能的过程。从古代帝国转变为绝对主义国家，再从绝对主义国家向现代民族国家进行转变，贯穿了这一切社会形态监控和军事势力从弱到强的整个过程。吉登斯在《历史唯物主义的当代批判》一书中对社会历史演进四维结构的建构，逐步发展到以这种批判为工具对现代民族国家进行阐释，而现代民族国家在当下的日益强大是历史唯物主义所不能充分解释的社会历史现象，吉登斯的这种批判是立足于当下现代民族国家崛起而进行的一种现实批判。

(一)历史唯物主义的国家理论

在全球化时代，现代民族国家是构成现代国家关系体系的基本政治单位。马克思所生活的时代，资本主义作为现代性最重要的表现形式呈现出突飞猛进的发展势头。历史唯物主义的国家观是建立在马克思对国家的起源和本质以及未来的发展方向这三个相互关联的问题之上的。

吉登斯认为自己是在对马克思国家批判的基础上来阐释自己的民族国家理论的。有学者认为吉登斯是脱离了马克思理论生成过程来“结构性”地分析马克思的国家观点。从国家的起源上来看，历史唯物主义理论建构的出发点并非考古学意义上的实证主义方法，而是采用了一种思想史的批判辩证法。马克思的国家观是建立在对黑格尔的批判基础之上的。马克思在《黑格尔法哲学批判》的残稿中，对黑格尔把国家幻化为理念的载体，从而带有抽象总体性正义的做法提出了异议，他不认为国家是市民社会的母体，而认为市民社会是国家的母体。从这个意义上讲就蕴含着国家本身带有一定的分裂性和悖论性，国家，尤其在历史唯物主义视域中是作为一种虚假意识形态的物质载体而存在：一方面宣称自由、平等和博爱，另一方面在真正的社会现实中存在着与自由、平等和博爱相反的社会现实。从这个意义上看，历史唯物主义认为国家是阶级统治的工具。这就把国家起源按照社会冲突调节者的身份予以认定，历史唯物主义把国家深深植入市民社会这个物质基础之上，进而通过市民社会的矛盾和分裂去分析国家。吉登斯在分析马克思的国家理论时，缺乏对马克思国家理论建构过程的深层次理解。历史唯物主义从来不会就某对象分析某对象，而是要寻找与这种对象相互关联的社会环境和社会根基。其实从这个意义上说，法国的年鉴学派的长时段分析、思想史研究的斯金纳革命，以及斯考切波的政治社会学研究方法都具有历史唯物主义特色。既然国家的本质是阶级压迫和阶级斗争的工具，那么历史唯物主义对国家的未来指向就有了双重意蕴：一方面，历史唯物主义对国家要采取实用主义方法，既然国家是一个阶级压迫另一个阶级的斗争工具，那么无产阶级在夺取政权之后可以利用国家的暴力去巩固无产阶级政权，马克思在1871年巴黎公社失败的教训中指责了当时无产阶级的某些错失了利用国家政权镇压性力量的机会。列宁在俄罗斯的革命就没有再重蹈巴黎公社失败之覆辙，而是充分利用国家的暴力镇压了各种试图绞杀新生无产阶级的反动力量。从这个角度来看，历史唯物主义并非完全无视国家这种镇压性力量为无产阶级服务的职能。另一方面，在历史唯物主义视域中，民族国家作为跟资本主义相伴同生的衍生物，在其本性上是资本主义性质的建构物，从未来看，这种国家体系是对“社会”的戕害和对真正的自由人权的侵害。国家是一种社会毒瘤和病毒，面对国家的这种本性，历史唯物主义的未来指向是“人的自由而全面发展”，若想达到人的自由而全面发展，首先要消灭国家这种压迫性的力量，从而真正实现国家向社会的回归。“社会”在历史唯物主义视域中是一个母体性的美好指代，而国家是从这种母体上长出的一个异化的存在，是一个需要铲除的对象。对于国家的铲除，历史唯物主义采取的是从反映资本主义市民社会的改造开始的。这也是马克思开始对政治经济学进行研究的逻辑起源，对市民社会的改造就是消除国家的根源性方法。而所有制关系又被历史唯物主义看作资本主义市民社会分裂性存在的根源中的根源。这里虽然能看到卢梭的影子，但马克思与卢梭不同的是他把对资本主义市民社会改造的力量赋予了新生的无产阶级。而吉登斯对马克思国家理论的指责是无视马克思国家理论产生的最基本的逻辑思路。吉登斯说历史唯物主义不重视对民族国家的分析，笔者认为恰恰相反，马克思不但重视对国家这个利维坦的分析，而且非常深刻地指出了国家得以产生和存在的社会土壤。吉登斯的分析视域是现实主义的，而马克思的分析视域是历史主义的。历史唯物主义是站在更加广阔的角度来对国家进行研判的。吉登斯是短视的，马克思是深沉的；吉登斯是结构的，马克思是历史的。这是吉登斯结构主义国家观和历史唯物主义国家观的不同的精神气质。

退一步讲，虽然现在社会历史的演进仿佛并没有沿着一种国家消亡的道路前进，随着所谓的文明的冲突，现代民族国家建构反而更加激烈。在世界各个角落因为族群独立和追求国族合法性的斗争此起彼此，但这并未证伪历史唯物主义国家观。恰恰相反，就如同病入膏肓的临终病患在临死前的回光返照一样，如同马克思对于法国经济在魁奈死后的狂飙时期所说，“像晚秋晴日使人想起春天一样"，现在民族国家的发展即使如同吉登斯所说在监控和暴力愈发强大的情况下，其发展的强大将再次吻合于伟大的辩证法则：月盈而亏，水满则溢。从深层次来看，吉登斯采取的是一种现象学存在主义的结构化方法来看社会历史的变化，马克思则通过事物内部的差异变化来解释社会历史变迁。英国著名的思想史家以赛亚·伯林在《自由及其背叛》中对黑格尔进行了分析，黑格尔把悲剧看作由于生活的"断裂"造成了一系列问题的产生。而如何来理解这种"断裂"呢？黑格尔认为这种断裂就是一种冲突，对于黑格尔的这种思维方式，伯林分析道："生活的悲剧就处在这个不可避免的冲突之中，不过，除非存在以下冲突：国家与国家之间的冲突、制度与制度之间的冲突、一种艺术形式与另一种艺术形式之间的冲突，否则就不存在运动；除非存在摩擦和冲突，否则只有死亡。"①伯林其实是暗指黑格尔把社会历史的变迁原因赋予一种整体的内部的不协调，即冲突中。没有冲突就没有社会历史的发展和社会的更新，绝对精神就是通过这种以人为载体的方式来成就自己。马克思继承了黑格尔的这种社会历史辩证法思想。马克思和黑格尔相同的是，不重视社会结构的外在变化，而分析社会历史的内在不协调，注重从社会内部结构的冲突来分析社会历史的变化；马克思与黑格尔不同的是，马克思是从唯物主义的角度来分析市民社会的内部冲突，从市民社会的内部冲突来理解社会政治文化结构的变迁，而吉登斯对历史唯物主义的批判

① [英]以赛亚·伯林：《自由及其背叛》，赵国新译，南京：译林出版社，2011年，第85页。

则无视马克思社会变迁理论的黑格尔元素。马克思的分析模式是内部的，吉登斯是外部的；历史唯物主义是有机的，历史唯物主义研究是断裂的。

（二）吉登斯对马克思国家观念的误读

依据马克思理论建构的价值旨归，国家理论在历史唯物主义视域中，并非是一个能特别引起重视的历史范畴。国家是马克思归入到以前不存在、将来也不会存在的一种历史建构的产物。而吉登斯恰恰相反，在吉登斯的理论地图中，把现代民族国家置于一个非常重要的中心位置，认为现代民族国家是一个具有极强权力支配作用的资源储存器。吉登斯与马克思对国家的分析也不一样，马克思是用阶级和阶级斗争来分析国家，而吉登斯则用监控、暴力来分析国家的起源和成长。在吉登斯的视域中，有三种状态的国家形式：传统国家、绝对主义国家和现代民族国家。吉登斯对这三种类型国家的分析是建立在其监控力度和掌握暴力的程度这些基本元素之上的。传统国家有边陲而无国界，这样的传统帝国往往是一种文化意义上的国家。传统帝国的统治也就是吉登斯所谓的统治当局对臣民的监控处于一种非常松散的状态，虽然“普天之下，莫非王土；率土之滨，莫非王臣”，但是“山高皇帝远”，传统国家经常爆发不受制于中央的地方叛乱。这种叛乱按照吉登斯的历史唯物主义研究分析就是由于传统帝国的“监控”不力，暴力不够。所以，在吉登斯的分析视域中，“监控”和“暴力”并非是一种发明，而只是一种发现。这些作为具有中性性质的控制性力量在不同阶段只能说有强弱之分，绝无有无之别。而随着现代主权观念的发展和世界近代各种结构性因素的变化，绝对主义国家逐步代替了传统帝国而形成典型的国家形态。这种绝对主义国家相对于传统帝国，其“监控”性力量更大，“监控”的范围更广。在这样一个时期，随着资本主义和工业主义的不断萌芽和发展，现代民族国家也就呼之欲出了。现代民族国家是一种更加专制性的制度安排。这种制度安排逐步消解了城乡差别，更加密集的行政等级得以建立，反思性的行政监控也随着出现，现代民族国家在国内实现了暴力工具的垄断。这样一种体制对内采用暴力镇压，对外实现暴力威慑。资本主义、工业主义、监控和暴力四个元素相互渗透，相互作用，形成了现代民族国家的基本特色。

历史唯物主义对国家形态历史演进的分析采用了“原因”分析的模式，而吉登斯在对历史唯物主义进行所谓的进化论或化约论批判的同时，也显露出自我理论的短板，那就是在吉登斯历史唯物主义研究中，明显缺乏一种前后相互关联的因果分析，这虽然是吉登斯历史唯物主义研究哲学宣言的实践特色。通过结构内部元素间的相互关系来解释社会历史变迁，给人一种耳目一新的感觉。但理论本身遵从辩证法，这种理论的优势同时也是这种理论的劣势：一种缺乏历史感的理论本身失去了感受社会历史变迁的艺术性。当用一种冷冰冰的结构性框架来解释社会历史变迁之时，一种蕴含在社会历史过程的价值立场就在无形中被消灭得无影无踪。而从信仰的高度追求“人的全面而自由发展”的历史唯物主义却从来不讳言作为穷人价值观的哲学立场。所以，马克思和吉登斯在国家问题上的不同见解，是有温度的良知与冰冷的科学间的对决。

三、“生活政治”的虚妄

吉登斯历史唯物主义研究除了方法论维度、现实的“民族—国家”维度之外，还有一个指向未来的前瞻性维度。吉登斯历史唯物主义研究的未来指向与其方法论维度、现代“民族—国家”维度具有内在的逻辑一致性。前两者致力于对马克思历史唯物主义的解构，后者则致力于代替历史唯物主义新的社会形态的建构。这种未来的社会形态，在吉登斯看来是一种同时超越了传统“左”与右的一种新的社会形态。这种新的社会形态是一种从经典马克思主义的“解放政治”向“生活政治”的转变过程。如何看待吉登斯的历史唯物主义研究以及在此基础上对于“生活政治”的建构？这是一个重要的理论问题。

我们需要真正理解历史唯物主义的“解放政治”。

吉登斯虽然批判历史唯物主义的进化论特征，但其历史唯物主义研究本身却建构起一个“生活政治”的社会图景。这也是吉登斯在 20 世纪 90 年代英国工党获得大选胜利之后试图以理论改造社会，乃至改造整个国际社会的尝试。从吉登斯建构主义的“双重解释学”出发，以理论实践的方式建构出一个“解放政治”的未来蓝图。如何看待这个具有前瞻性的“解放政治”的社会蓝图？这涉及对一个理论本身一般所具备的三个态度：一是认为吉登斯的社会学理论是对历史唯物主义理论的完全背叛，因而要在捍卫历史唯物主义的立场上完全否定吉登斯的理论建构；二是认为吉登斯对历史唯物主义的批判是完全正确的，所以要放弃历史唯物主义，完全用“结构化理论”建构来进行社会历史变迁的解释工作；三是采取“接着说”的态度，对吉登斯社会学思想批判地接受，展开对历史唯物主义研究的批判，以历史唯物主义作为圆点，贯彻辩证思维原则，在吉登斯社会学思想的基础上来研判历史唯物主义的当地价值，从而为当下的中国特色社会主义建设提供理论借鉴。笔者认为吉登斯的“生活政治”是对“解放政治”的“接着说”，是对当代变化了的背景的理论阐释。

吉登斯对历史唯物主义“解放”价值的把握是站在自己生活的时代条件下来进行阐释的。吉登斯的“生活政治”价值内涵有“能动”“积极”等相关意蕴，这其中包含着哈贝马斯的商谈伦理学、主体间性等疗治现代性弊病的各种药方。而相比于以暴力革命为主导原则的历史唯物主义的“解放”价值，则显示出一种“机械”“被动”甚至是“血腥”等印象。这其实是对历史唯物主义“解放”价值的误读。以笔者对历史唯物主义“解放”价值的理解，“解放”本身就是一个能动性的概念，这个概念至少蕴含着三个方面的内在维度。

第一，“解放”在马克思的整个理论体系中具有灵魂导引意义。在苏联教科书体系的影响下，马克思主义被称为辩证唯物主义与历史唯物主义，基于此，把无比丰富的马克思理论体系分为哲学、政治经济学和科学社会主义三个部分。而尤其在改革开放以来，以马克思主义研究专家高放为代表的学者把马克思主义看作人的“解放学”，这是具有重大学术意义的称谓，它深刻把握了马克思思想体系的真正灵魂和真正的价值旨归。建立在“解放”价值基础之上的“解放政治”，其本身是一种立意高远的带有极强人道主义的政治诉求。所以，历史唯物主义的“解放”价值，是一种价值追求，这是启蒙以来对神权奴役和资本奴役发出的最为猛烈的冲击。而反观吉登斯的“生活政治”，其立意就是一种缺乏宏大意旨的内在价值。虽然自从后现代以来就反对宏大叙事和宏大理论建构，倡导一种中层理论，然而，后现代的发展，也导致了整个社会历史的碎片化和原子化，一种最为激励人心的价值倡导反而成了社会历史发展的稀缺品。遍地是多元，满天是碎片，当一切都随着“生活政治”而成为一种所谓的“小确幸”之时，历史唯物主义的“解放政治”难道不能让人产生一种精神的活力吗?

第二，“解放政治”本身就是一种能动性政治。历史唯物主义从来都反对一种纸面上的革命理论，诉诸的是暴力革命和武力改变。马克思在青年时期就提出了“消灭哲学”的主张，这其实是一种理论实践辩证法：理论不通过实践就不能实现自身，当理论转化为实践之时，也就是理论实现自身之时，而在实现自身的过程中，理论就“消灭”了自身，也就是马克思所说的“批判的武器不能代替武器的批判，物质的东西只能靠物质去摧毁”这句话的真正意旨。所以，从历史唯物主义的这种致力于改变现实的理论特色来看，这种理论的生命力在于其能动性和革命性。历史唯物主义反对书斋中的哲学家，倡导的是一种主体能动性。历史唯物主义把这种改变社会历史前进的主体性力量赋予了新兴的无产阶级，通过无产阶级和资产阶级之间的阶级斗争来实现社会主义。

第三，“解放政治”的哲学基础是辩证法，而“生活政治”的哲学基础反而是形而上学。吉登斯在分析“解放政治”时忽略了对其哲学基础的彰显，历史唯物主义所导引的社会发展是一种内在的辩证过程，这种辩证过程是内在差异的相互对立，彼此会形成一种不协调，在这种不协调的状态下推动整体社会能动向前。辩证法在本质上是一种动态过程，包括民族国家在内的社会现象，在历史唯物主义的解释视域中，都是被裹挟在这种由辩证法所主导的社会历史变迁之中的。而吉登斯的“生活政治”则是在缺乏总体历史观，或者说是在抽空时间性的前提下进行的结构性分析。“生活政治”表面上是对主体间性和话语间关系的重视，背后却是一种新型的形而上学。如果说历史唯物主义的“解放政治”通过对行动的强调完成了在西方争论了上百年的主客二分的问题，那么“生活政治”则是历史唯物主义行动理论的倒退，笔者甚至认为：吉登斯的“生活政治”甚至是对自己早期作品中所形成的“结构化理论”的一种证伪。

基于以上三点分析，吉登斯历史唯物主义研究是建立在解构“解放政治”，建构“生活政治”基础之上的，“解放政治”指向的是共产主义，而“生活政治”是一种同时超越了“左”、右价值倾向的社会形态。如果说解放政治是一种指向未来的鼓励革命群众为之不懈奋斗的理想信念，而吉登斯对试图超越“左”与右的社会形态的建构就是一种虚妄，吉登斯对于马克思理论的分析，如果从总体上看仍然采用的是一种元素性的分散的分析方法，比如吉登斯在1971年出版的研究马克思、涂尔干和韦伯的著作《资本主义与现代社会理论：对马克思、涂尔干和韦伯著作的分析》中，在分析马克思的思想体系时，其所使用的方法是一种“移步换景”的方法：即根据马克思在不同时代所发表的不同著作来分析马克思的社会思想。这种方法当然是英美实证主义的经典方法，但同时其弊端就是造成了一个思想家思想的彼此割裂和碎片化，造成无法从整体上把握历史唯物主义思想的弊端，这种思维方法就是吉登斯研究历史唯物主义的基本思维方法，这种思维方法也充分表现在吉登斯对历史唯物主义“解放政治”的理解和阐释中。

如同马克思在对资本主义进行批判的基础上进行“共产主义”社会的设想，也如同哈贝马斯最后建构的建设性的“交往行为理论”对工具理性的破解，吉登斯最后要兑现他在《历史唯物主义的当代批判》中所许下的诺言：“与马克思主义相反，我们也需要某些形式的乌托邦：它们是一些伦理观照下的理想主义，描绘了未来美好社会的图景。无论如何，在我所重建的批判理论中，乌托邦主义与现实主义具有同等重要的意义。”①吉登斯这种指向未来的所谓的“生活政治”理想具有自身的特色。这特别类似于以赛亚·伯林在《自由及其背叛》中对圣西门乌托邦社会的评价。伯林说：“一大群幸福的人手拉着手，围成一个大圆圈，他们兴高采烈、满心欢喜一个劲儿地跳舞，他们所有的能力、所有的欲望、所有的爱好，都得到极大地——过度地——满足，使他们满足的是物质的丰盛，而物质的丰盛正是那些不再受古代制度和可笑法律压迫和限制的工业家和银行家所能带来的。”②吉登斯的“生活政治”试图消弭主体与客体、行动与结构、必然与或然、宿命与可能之间的二元对立，“生活政治”是一种建立在行动意义上的具有存在主义意味的生活状态，在这种积极能动的社会状态中，吉登斯试图描写的是一种积极心理

① ［英］安东尼·吉登斯：《历史唯物主义的当代批判：权力、财产与国家》，郭忠华译，上海：上海译文出版社，2010年，第10页。

② ［英］以赛亚·伯林：《自由及其背叛》，赵国新译，南京：译林出版社，2011年，第118页。

学意义上的社会状态，跟弗洛伊德心理学只是对病态社会的分析一样的偏颇，吉登斯“生活政治”更多是一种与弗洛伊德病态心理学分析相反的积极心理学思想，在顾及一种能动积极的生活状态的同时，却也把生活的多元性甚至阴暗面予以抹杀和遮蔽。在思想史上有一个很棘手的案例，即“空地上的奶牛”。这个案例讲的是一个农夫问一个刚从草场过来的送奶员，他的奶牛是否还在草场上吃草？送奶员说是的，他刚刚路过草场时亲眼看到奶牛在草场吃草，而农夫不放心，自己远远地向远处看了一眼，也发现自己的“奶牛”在那里吃草，而当送奶员重新路过草场时，看到一棵大树挡着正在吃草的奶牛，而大树上却缠绕着黑白相间的纸条，刚才农夫看到的并非他的奶牛，而是这个纸条，但农夫却误认为这个纸条是他的奶牛，虽然此时他的奶牛也的确还在那里吃草。这个问题就是：当农夫说他看到了他的奶牛在那里的时候，他是对的吗？这个案例就让我们不禁问：面对同一个全球化造就的社会现实，吉登斯看到的这个“现实”是真正的社会现实吗？他的历史唯物主义研究能够真正解释社会历史变迁吗？特别是面对人类思想史上的主观与客观、价值与事实、能动和被动、物质和意识之间的二元认识，吉登斯真的实现了对这两者之间的超越吗？

在笔者看来，吉登斯认识到现实是双重和解释学的产物，晚期现代性是反思性产物，是普通人通过无意识的活动形成的意义世界和经过社会科学家的理论建构对社会现实的干预而形成的自反性现实世界的产物，而任何解释都是一种韦伯意义上的合理化努力，它无意间又进入了“理想类型”的人工建构，比如吉登斯的概念工具建构出的历史唯物主义研究，其本身就是一种解释世界的“理想类型”，这就导致了一种悖论，意欲解构结构，打破自孔德、涂尔干和韦伯传统的自然主义、实证主义的宏大叙事，而结果是自己又无意间重新制造了一个宏大的解释框架。来说是非者，便是是非人，马克思在《关于费尔巴哈的提纲》的第十一条提出了改变世界高于解释世界的行动方案，而却不知道他无意间还通过建构历史唯物主义的方式形成了革命理论的动力学，吉登斯也同样是在这里走进了一个无法走出的循环：在方法论上，意欲通过同时超越自然主义和解释学的方式解决行动和结构之间关系的难题，而当“结构化理论”出现之时，恰是自己通过理论建构的方式来封闭自身之时。由此观之，解释世界作为反思世界的智力成果，相对于改变世界还是第一位的，而对于改变世界恰恰是这种理论经过社会复杂的再选择之后的结果，理论的这种行动功能恰恰是晚期现代性的一个特点。从这个角度看，任何自称要解决理论和实践、事实和价值乃至行动和结构之间张力的做法可能都要归于失败，笔者认为，吉登斯在方法论上的“结构化理论”既没有超越帕森斯、默顿的结构主义，也没有超越马林诺夫斯基和布朗的功能主义，而只不过是在漫长的学术史上又一次出现的一个解释社会的“理想类型”而已，只不过是吉登斯的“理想类型”具有极强的多维性和综合性而已。

第三节　人类命运共同体对吉登斯“生活政治”的超越

如果说“生活政治”本身也有其不可避免的理论缺陷和实施

困难，那么展望未来，人类彼此间又将通过什么理念的引领来实现和平共处、生死与共呢？建构新型国家间关系需要超越“生活政治”的大智慧，当“新帝国主义”给世界政治、经济、文化发展带来了无尽的劫难和诸多的不确定性时，勘正世界政治乱局、提振国际经济颓势、净化全球文化生态，需要一种新的运思和智慧，这种运思和智慧必须摒弃以征服和暴力为特征的西方中心主义的“帝国”文明观，取而代之的必须是一种和平、绿色新型文明观和外交理念，这种文明观和外交理念必须从全人类，而非一小部分人的利益出发来考虑问题。习近平新时代中国特色社会主义思想的“人类命运共同体”外交理念，就是对目前极端民族主义和宗教极端主义等不良社会思潮的对冲和消解。

人类命运共同体理念作为大国特色外交的价值目标，必须将其置于整个人类文明史的嬗变逻辑中进行考察，才能真正澄明其丰富的内在意蕴。在全球化之前，各个文明形态，默默流淌在各自的文明河床之上，形成一种自生自灭的人类文化遗迹。随着人类交往的不断发展，人类文明史上出现了两种族群之间相互交融的方式：一种是以古代中国朝贡体制为代表的“天下”体系，另一种是古代欧洲以暴力为基础的“帝国”架构。文艺复兴之后，随着启蒙理性所形塑的现代化不断推进，各个不同的文明形态相互融合，“天下”体系和“帝国”架构纷纷解体，而“民族—国家”则伴随着现代化的不断成长得以建构。二战之后，现代“民族—国家”本身的建构性不断被“祛魅”，也被后殖民主义看作“想象的共同体”，面对这种国际背景，一个世界性难题便摆在中国人面前：中国究竟是要沿着西方民族国家的老路打造一个以“民族—国家”为中心的现代“国族”，还是扬弃传统文化意义上的文明型“天下”体系而建构一个和谐、绿色的“文明型”国家？这是一个重大的理论和现实问题。“人类命运共同体”的提出就是在这种社会历史背景下，面对全球化的冲击，试图超越传统“帝国”体制和“民族—国家”建构，在国际关系领域追求一种更加恢宏、高远的文明格局。

吉登斯的“生活政治”注重的是信任社会资本的构建，人和人之间关系的非物质异化，商谈伦理主宰下的主体间性，人类命运共同体恰恰是要在国际间形成一种国与国之间的合作共赢，互利互惠，共商、共建、共享的人类命运共同体。所以，对于目前“新帝国主义”肆虐下的国际社会来讲，人类命运共同体不但能对目前国际社会某些国家的“新帝国主义”倾向起到纠偏和矫正作用，而且从根本上为 21 世纪国家间关系的处理提供了一种崭新的理念。以下就从政治、经济和文化三个方面来分析人类命运共同体对“生活政治”的超越。

一、政治超越

随着中国特色社会主义建设实践的不断深入，面对错综复杂的国际空间形势和国际正义的基本要求，党的十八大以来，以习近平同志为核心的党中央准确把握国内、国际两个大局，理论与实践相联系，汲取中华传统文明的核心价值，秉承新中国成立以来的外交传统，在处理国家间关系时，尤其是在处理同周边国家的关系时，秉承中华优秀传统文化和道德精神，精粹出中国经典思想精髓“正确的义利观”以资政中国外交实践。提出正确义利观是在世界政治经济格局发生重大变化时，对中国仍是发展中国家身份的确认，同时又是对中国是国际社会中负责任大国这一重要身份的定位。坚持重义轻利、先义后利、取利有道的基本原则，在国际事务中旗帜鲜明地维护世界公平正义，反对霸权主义和强权政治，积极参与国际和地区热点问题的处理，推进国际关系民主化，努力推动实现联合国千年发展目标。在世界共同性问题上，积极有为地参与国际体系的变革与完善，充实和完善国际治理体系，尤其是在气候变化、网络安全、反恐、反海盗等问题上，坚持公平正义原则，以中国力量、中国智慧来化解矛盾，平息争端。正确的义利观指导下的国际关系处理和西方国家弱肉强食的做法形成了鲜明对比。

中国改革开放四十多年来取得了一系列成就，但是反映这种成就的具有中国特色、中国风格、中国气派的“话语”和“声音”却异常微弱。因此，从“话语权”的角度分析中国特色社会主义宏观制度的三重维度，彰显其取得成功的内在精神气质，并把这种精神气质展示给世界，将有助于增强中国的文化软实力和国人的制度自信心。同时，中国特色社会主义制度自信三重维度的彰显，也有利于破除学界一贯流行的“民主万能论”思维定式，从而为广大发展中国家将来的宏观制度选择提供一个非西方蓝本。

一方面，历史地进行分析，人类命运共同体理念的和平内涵终结了“新帝国主义”国强必霸的政治逻辑。思想史上，从中国《礼记·礼运》中对“大同世界”讲信修睦美好社会的向往，到英国莫尔所著《乌托邦》中对人与人之间和平相处的人间天堂的憧憬，人类从来没有间断过对人与人之间、国与国之间如何才能和平相处的思考。康德在18世纪晚期发表的《持久和平论》一文中，也设想了各国在实行共和制的基础上组建“自由国家的联盟”的可能，通过联盟而避免国家之间的冲突，进而实现世界的永久和平。康德之后，这种追求世界永远和平的思想一直没有停止，一战结束时，美国总统威尔逊提出了维护和平的“十四点计划”；二战后，在世界上大多数国家签字认同基础上形成的《联合国宪章》，也是对构建世界和平，倡导国际经济政治新秩序的一种尝试。而吊诡的是，在世界历史上，人类每一次经过战争屠戮之后签署的和平协议，最后总被意图称霸世界的某些强权国家所破坏，即“均势”打破，“霸权”确立，而“霸权”之后又可能是暂时的“均势”。“均势”和“霸权”的循环逻辑从来没有真正被打破，“新帝国论”更是形成了一种强而必霸的思维逻辑，长此以往，强而必霸就形成“新帝国”处理国际关系的信条。

国际社会，尤其是经济落后的发展中国家，早就厌倦了“新帝国”的这种强权逻辑。面对这种情势，中国提出以人类命运共同体理念来协商处理国际关系，在人类命运共同体外交理念的引领下，中国建构起了“大国是关键、周边是首要、发展中国家是基础、多边是重要舞台”的总体外交框架。在这个总体外交框架的指导下，中国不会承认由哪一个国家领导的所谓的“世界秩序”，中国遵守的是以联合国出台的相关原则和规定，并且坚定不移地走和平发展道路，同周边国家坚持“正确义利观”，奉行“亲、诚、惠、容”的周边外交政策，坚持“共同、综合、合作、可持续”的亚洲安全观，信守“真、实、亲、诚”的对非工作方针，这得到世界上爱好和平国家的欢迎和支持。

另一方面，人类命运共同体理念的形成过程本身也在解构“新帝国论”的霸权逻辑。从共和国外交理念的演进来看，人类命运共同体理念是共和国六十多年和平外交实践的必然产物，我国外交从毛泽东的“打扫干净屋子再请客”，到和平共处五项原则的提出，从新中国成立初期反对帝国主义霸权外交到国际交往中坚守“不结盟”原则，中国一贯坚持的是独立自主的和平外交政策。改革开放以来，我国更加强调国际交往要坚持求同存异、和而不同的基本立场，“主张顺应历史潮流，维护全人类的共同利益”[①]，并且指出了在全球化时代维护世界多样性的重要性，认为“世界是丰富多彩的”，强调“世界上的各种文明、不同的社会制度和发展道路应彼此尊重，在竞争比较中取长补短，在求同存异中共同发展”[②]的基本主张。这是站在全球化的视野下，对中国外交向何处去的正确判断。特别是党的十八大以来，以习近平同志为核心的党中央，先后在不同的场合，提出共建“中国—东盟命运共同体”“中巴命运共同体”“亚洲命运共同体”“中拉命运共同体”“中非命运共同体”等多个命运共同体。人类命运共同体理念开始逐步成为我国特色大国外交的一面旗帜。在 2017 年年初日内瓦联合国总部的演讲中，习近平总书记更是把人类命运共同体理念向世界进行了详细的诠释和说明。总之，人类命运共同体理念是曾经饱受帝国主义欺凌的文明型中国向世界贡献的精神产品，这个精神产品与“新帝国论”主张的黩武暴烈不同，其理论特色是低碳绿色的和平主义，讲求的是求同存异，合作共赢。

---

① 中共中央文献研究室编：《改革开放三十年重要文献选编(下)》，北京：中央文献出版社，2008 年 12 月，第 1264 页。

② 中共中央文献研究室编：《改革开放三十年重要文献选编(下)》，北京：中央文献出版社，2008 年 12 月，第 1265 页。

中国特色社会主义制度自信表现为制度本身所内蕴的以人民为主体的人文关怀和道德理念。不管是作为人民代表大会制度的根本政治制度，还是以公有制为主体、多种所有制经济共同发展的基本经济制度，都体现着制度本身所具有的人文特点和道德属性。

从制度的本质属性来分析，本质上讲，制度本身具有双重属性：既是作为一种工具理性的体现，同时还是作为一种价值理性的体现。前者注重速度和效率的获得；后者注重对公正和良善的恪守。所以，任何一种制度设置都具有其内在的工具属性和价值属性，而制度的首要属性应该是价值属性，也就是说制度的设计和实施，必须体现出高度的人文精神和道德关怀。因为制度的产生从根本上是为了制约人类的邪恶、贪腐和功利，从而达到对真善美的终极获得。所以，单纯从制度设计的价值意义上分析，在中国传统政治实践中，从官员选拔的“九品中正制”，到开科取士的“科举制”，从“尊王攘夷”的华夷之辨到八方来仪的“朝贡”外交，都体现出一种依据华夏、根据中国、面向四夷的制度属性。这些制度作为一种规范性体制，其本身都在彰显传统文化制度所理解的“公正”“良善”和“德性”。而中国历代王朝的崩溃，无论其诱因是皇帝无道还是宦官擅权，其最终的表现形式总是制度本身已经严重异化为没有人文德性的外在空壳，由于这种没有灵魂的制度缺乏对民众的人文关怀，制度异化为搜刮民财的机器和恶人作乱的工具，其本身已经无法履行维持社会公正、确保人心良善之义务。最后结果就是：制度虽在，但其灵魂尽失。结局便是政亡人息、王朝覆灭。

从中国特色社会主义经济制度和体制来看，中国特色社会主义经济制度本身的设计，是在保证生产资料公有制的前提下，允许多种所有制共存。在市场经济运行的过程中，通过计划和市场两种资源配置手段综合运用，弹性灵活地调节“先富”和“共富”之间的辩证关系，通过“先富”促进效率，倡导“共富”实现公正。“共富”体现的就是一种人文德性，“共同富裕”这个价值目标的悬置，有效地规避了新自由主义经济策略的负面效果，使中国经济制度和经济运行始终保持着社会主义的价值特质。当前我国正致力于全面建成小康社会，实行精准扶贫，这体现出党中央治国理政新理念、新思想、新战略所蕴含的人文精神和德性伦理。

再从中国特色社会主义的政治制度来看，中国在漫长的革命、建设和改革过程中，形成了人民代表大会制度、中国共产党领导下的多党合作和政治协商制等政治制度。人民代表大会制度通过选举的方式产生自己的代表，各级人大代表都由人民选举产生，对人民负责，受人民监督。这种政治制度，非常有效地保障了中国社会的政治秩序，从而为公民的自由流动，充分发挥自己的主体能动性提供了制度平台。有中国特色的政治协商制度通过联合知识精英和商界精英，使他们从自己的专业和行业角度来不断调研社会，给出提案，这对于舒缓社会矛盾，从现实层面给予人民以人文关怀起到了重要作用。可见，人民代表大会制度和政治协商制度在现实的国家建设中，体现的都是人民第一、以人民为主体的价值特色。另外，在汉族和少数民族的关系上，我国的制度安排也体现了浓厚的人文关怀。在坚持各民族一律平等的基础上，实行民族区域自治制度以及基层群众自治制度，各民族在“多元一体”格局的基础上倡导中华民族的集体认同。这些制度从微观层面很好地解决了中央和边疆、中央和地方之间的分权关系，不但体现了中国共产党的领导地位和以工农联盟为基础的社会主义国家政权性质，而且强化了我国独具特色的单一制国家结构，更从抽象层面透视出中国政治体制设计的人文关怀和历史智慧。

综上所述，中国特色社会主义宏观政治制度，较之于西方建立在“三权分立”基础上的所谓民主体制，更具有鲜明的人文价值和伦理特色。中国特色社会主义宏观制度讲究民为邦本、政治协商，这既是对中国传统优秀政治文化的继承和发展，又是对发源于亚里士多德“德性伦理”和哈贝马斯“商谈伦理”的吸收和借鉴。著名政治学家王绍光把这种中国特色社会主义政治制度和体制所具有的人文特性，称为中国的“政道”思维传统，即“共产党有纠偏能力”①。著名学者张维为则把这种政治制度的人文特色，称为中国“选贤任能”的政治传统和“民心向背”的治国理念。② 诚哉斯言，中国执政的正当性来自于人民的意愿，而中国特色的社会主义立制之根基就是对民众的人文关怀和伦理观照。

二、经济超越

一方面，人类命运共同体理念倡导的互利共赢解构了“新帝国主义”的经济霸权。人类命运共同体与欧美“新帝国主义”一贯

---

① 玛雅：《中国道路与中国学派》，北京：中信出版社，2016 年，第 123 页。

② 玛雅：《中国道路与中国学派》，北京：中信出版社，2016 年，第 197 页。

奉行的具有殖民色彩进攻性的强势做法不同，其理念真切关心亚非拉发展中国家的利益和诉求，通过一切方式帮扶落后国家发展经济，提高其医疗和教育水平，把增进这些国家人民的福祉作为增进本国人民的福祉一样看待。特别是随着中国“一带一路”倡议的提出和“亚投行”“丝路基金”等项目的设立和运作，“一带一路”沿线的亚非欧诸多国家都将从中受益。当然，发展同亚非拉国家的经贸往来并非否认同欧美大国的经济交往，相反，中国反对的是“新帝国论”的经济霸权，赞成的是世界经济的共同发展，讲求的不是在经济上的独善其身，而是国家间的“美美与共”，就如同党的十八大报告提出的那样：“改善和发展同发达国家关系，拓宽合作领域，妥善处理意见分歧，推动建立长期稳定健康发展的新型大国关系。”①可见，人类命运共同体理念坚持中国将与世界各国人民的命运息息相通，通过各国之间的经贸往来和互惠互通，同各国人民携手共圆致富梦。

另一方面，人类命运共同体理念发展同世界爱好和平的国家间的经贸关系一脉相承。“世界好，中国才能好；中国好，世界才更好”②，人类命运共同体作为中国和平发展的外交理念，坚持世界和中国之间的辩证关系，坚决反对“新帝国论”造成的国家间的残酷竞争，致力于促进全球经济的均衡发展，以实现各国的共同繁荣。在人类命运共同体理念的指导下，展望未来，中国将围绕反恐、气候变暖、网络安全、外空间探索等与国际

---

① 胡锦涛：《坚定不移沿着中国特色社会主义道路前进，为全面建成小康社会而奋斗》，北京：人民出版社，2012年，第9页。

② 习近平：《共同构建人类命运共同体——在联合国日内瓦总部的演讲》，《人民日报》(第2版)，2017年1月20日。

社会展开更深入的合作。特别是在目前提出"一带一路"倡议的同时，积极倡导人类命运共同体理念，坚决抵制"新帝国论"唯我独尊的单边思维，就如同习近平总书记所指出的："让世界经济的大海退回到一个一个孤立的小湖泊、小河流是不可能的，也是不符合历史潮流的。"①

中国特色社会主义的制度自信还表现为制度本身所具有的动员能力的快速高效。众所周知，一个国家的动员能力是维持社会秩序的重要保证，对于一个拥有十四亿人口的超大型国家，在面对各种自然灾害、刑事犯罪、职务犯罪、极端主义势力等天灾人祸的侵袭，保持一个稳定的社会秩序，使民众拥有安全感非常重要。而社会秩序的取得，一般有两种方式：第一种方式是用暴力强迫对象就范，从而形成一种表面安定、内部却躁动的假性社会秩序；另一种社会秩序是通过"软实力"建设，使民众从精神意识上形成一种对制度或体制的高度认同，大家从内心自愿维护这种制度或体制，从而形成稳定的社会秩序。第一种秩序是法国著名社会学家布迪厄所说的，以信任缺失为主要标志的"社会资本"极度匮乏的社会，其社会秩序主要通过强制性暴力得以维持，社会成员完全被僵化的科层制所统治，缺乏现代社会治理理念。所以这种社会人际黏合度差，极度脆弱。20 世纪末苏联解体、东欧剧变的原因之一，就是因为这些国家缺乏社会信任，滥用暴力动员机制来维稳，对人民进行粗暴统治，最后导致政府崩溃，社会解体。第二种社会秩序则是一种

---

① 习近平：《共担时代责任 共促全球发展——在世界经济论坛 2017 年年会开幕式上的主旨演讲》，《人民日报》(第 3 版)，2017 年 1 月 18 日。

健康的社会秩序，这种社会秩序是建立在成员间相互信任、彼此理解的基础之上的，这种社会秩序是保证国家长治久安的社会基础。

与两种社会秩序相对应，社会动员也相应地分为两种：一种是暴力方式的强力动员；一种是以人心向背为指向的软性动员。第一种动员是建立在公民不合作态度上的动员机制，既不快捷也不高效，最后的结果是动员效率极其低下；第二种动员是建立在民众普遍认同基础之上的社会动员，所以这种动员的特点是快速而高效，由这种动员而形成的社会秩序，坚韧而有弹性，宽容而有民主。中国特色社会主义制度和体制所表现出的动员性质就是第二种，其所表现出的动员特点即是快速而高效。中国特色社会主义制度这种快速高效的社会动员能力，从历史上分析，正是风云变幻的国内外艰难局势，锤炼了中国共产党应对复杂形势的超强能力。实践证明，无论是发展中国家，还是发达国家，无不惊叹中国特色社会主义制度快速务实的动员能力，以及给中国社会的长期稳定和经济发展带来的制度红利。2003 年党面对"非典"病毒的肆虐，中央一声号令，全国总动员，最终战胜了传染性非常强的"非典"疫情；2008 年全国总动员，利用举国体制抗击南方特大雨雪冰冻灾害和汶川特大地震，在这种情况下，又举全国之力成功举办了 2008 年奥运会；而时隔两年，在党中央的强大领导下，2010 年又成功举办了上海世博会。近几年又先后完成了三峡工程、青藏铁路、高寒地区高铁、载人航天、"蛟龙"探海等重大工程建设和高端科技项目。在经济领域，借助中国特色社会主义宏观制度优势，中国不但成功规避了 1998 年东南亚金融危机，而且成功应对了 2008

年以来发源于美国的金融危机带来的冲击。当在美国次贷危机打击下的世界经济形势一片灰暗之时，中国的经济总量却在2010年超过日本成为世界第二，并为世界经济复苏发挥了重要作用。近年来，随着中国经济进入“新常态”，中国又开始发挥中国特色社会主义宏观制度快速高效的动员能力，使用强有力的手段去杠杆、去产能，关停并转了一大批传统高耗能企业，实现供给侧结构性改革，在“一带一路”倡议的引领下，继续实施“振兴东北老工业基地”“中部崛起”经济战略；在“京津冀协同发展”“长江经济带协调发展”的基础上，力争形成“陆海内外联动，东西双向开放”的总体改革开放格局。这种格局的实现，离不开中国共产党快速高效的社会动员能力。试想一下，如果中国共产党没有全国一盘棋的高效快速的社会动员能力，这一系列动人心扉的“中国故事”、享誉中外的“中国速度”、振聋发聩的“中国奇迹”能发生吗？所以，中国不管是在“前30年”还是在“后30年”所取得的一切成绩，都和中国特色社会主义宏观制度所具有的快速高效的组织动员能力息息相关。离开中国特色社会主义制度的这种超强的社会动员能力来谈“中国崛起”是无法令人信服的。针对中国特色社会主义宏观制度优势带给中国人的制度自信，美籍日裔政治学家福山深刻指出：“30年来，中国经济令人惊异地快速发展体现了‘中国模式’的有效性，可有望再保持30年的增长，中国的政治传统和现实模式受到越来越多发展中国家的关注。在印度‘民主’模式和中国‘权威’模式之间，更多的国家钟情于中国，前者代表分散和拖沓，后者代表集中和高效。”[①]诚哉斯言，对比中西方很多国家，中国在发展过程中，由这种极强的动员能力所形塑的这种制度模式，为非西方国家在向现代化发展的过程中提供了一个非西方的蓝本。中国的这种发展道路，尤其适合于发展中国家对发达国家的赶超。

当然，从本质上分析，这种快速高效的动员能力跟中国特色社会主义的领导核心——中国共产党的自身特点是分不开的。中国共产党是中国政治结构和政治过程的中轴和核心，中国特色社会主义宏观政治体系中的立法、行政和司法等一切介入政治过程的变量，都被以各种方式整合进中国共产党的领导体系中去了。中国共产党在领导中国特色社会主义革命和建设的过程中，所表现出的这种超强的社会动员能力，是借助于从上到下的各级党组织来完成的。遍布于社会各个领域、各个方面的党组织系统，一旦遇到紧急情况，这些如毛细血管一般的基层党组织都能起到非常强大的社会动员作用。基于中国共产党自身的这一特点，中国特色社会主义宏观制度在发挥作用的过程中，就表现为中国政府动员能力的强大与有效。也正是这种强大的制度动员能力，保障了中国改革开放四十多年来的经济持续、稳定的发展，进而取得了一系列成就。尽管国内外目前对是否存在一个“中国模式”还存有争议，但中国特色社会主义宏观制度在现实的运行过程中，所表现出来的强大的社会动员和整合能力却是有目共睹的。正是中国共产党这种快速高效的动

---

① 转引自上海市哲学社会科学规划办公室、上海社会科学院信息研究所编：《国外社会科学前沿 2009》(第 13 辑)，上海：上海人民出版社，2010 年，第 666 页。

员能力，使中国特色社会主义取得了一个又一个的伟大胜利。就如一些学者在谈到中国特色社会主义制度自信时所指出的："我们的优势表现在有强大的动员能力，具有集中力量办大事的能力。我们的党组织遍布全国，有8200多万名党员，联系人民群众更有优势，动员能力是其他政党体制不能比拟的。"①从改革开放以来中国经济发展的现状来看，这种超强的社会动员能力极大地推动了中国经济的高速发展。就如同张维为在《"中国模式"成功的制度原因》一文中指出的那样："理解中国，特别是解释'中国模式'得以成功的制度原因，可以把重点放在解读中国的国家性质以及中国的一整套制度安排上。"②的确如此，相对于目前美国经济、政治的衰败和欧盟多国主权债务危机及英国的脱欧，中国特色社会主义务实高效的制度，越发显示出独特的世界意义。中国的制度优势，对于破除"言必称希腊"的"西方中心主义"话语模式和"民主万能论"的思维定式，都具有积极的建设性意义。

中国特色社会主义宏观制度快速高效的动员能力，还与中国的意识形态软实力建设密不可分。从改革开放四十多年来的历史进程看，经过20世纪70年代末思想理论界对"实践是检验真理的唯一标准"的大讨论，全国人民解放了思想，统一了认识，中国共产党恢复了实事求是的思想路线。在这种思想路线的指引下，在中国特色社会主义建设的实践中，陆续形成了"社会主义初级阶段论""社会主义本质论""三个有利于"等马克思主

① 王晋：《"三个自信"底气足》，《经济日报》，2012年11月14日。

② 张维为：《"中国模式"成功的制度原因》，《共产党人》，2014年第23期。

义中国化的理论成果。这些理论成果，作为指导中国特色社会主义建设的软实力，在中国特定的改革时期起到了凝聚人心、动员社会的重大作用。这种社会动员的软实力相对于社会动员的硬实力来说，更具有化育人心、直指心灵的训导功能。目前，中国特色社会主义建设“五位一体”的总体布局、中华民族伟大复兴的中国梦、“四个全面”的战略布局、五大发展理念、社会主义核心价值观等，形成了党中央在新时期治国理政的新理念、新思想、新战略，这些新理念、新思想和新战略势必会通过自身的动员和整合能力，使广大群众凝心聚力，致力于建设中国特色社会主义的伟大实践，进而为实现中华民族的伟大复兴提供精神动力和智力支持。

三、文化超越

一方面，人类命运共同体理念坚持各文明间平等的原则。与“新帝国主义”的文化优越论不同，人类命运共同体理念立足中华优秀传统文化，秉持国际平等正义原则，讲求天人合一，民胞物与；追求协和万邦，和而不同。人类命运共同体意欲建构的是“新天下主义”，意欲形成的是存异求同、天下一家的和合景象。人类命运共同体理念向世人展示的是中国传统文化“己欲立而立人、己欲达而达人”的东方智慧，其着眼于全人类的文明进步，超越国家、民族和宗教之间的隔阂、纷争及冲突，代之以和平发展、合作共赢。展望未来，作为对“新帝国论”西方中心主义的反驳，人类命运共同体理念超越了“新帝国论”的意识形态藩篱，规避了西方的霸权主义意识形态，引导人类不同文明间学习互鉴，共同进步。另一方面，人类命运共同体理念对“新帝国论”的非“教导文明”形成解构。“新帝国论”从本质上习惯于把西方文明看作教导文明，把自己的文明看作一种独特优越的文明而孤芳自赏，著名的思想家杜维明先生把西方基督教文明的这种特点称为“教导文明”，他在不同的场合多次提出西方应该从高高在上、颐指气使的“教导文明”向与其他文明形态平等对话的“学习文明”转化。人类命运共同体理念的愿景就是期望在国际文化交往中，各个国家间都能风雨同舟、命运共担，致力于把整个世界看作一个人的世界，而非物的世界，人不分种族贫富，都是作为人类的一分子而存在，强调人之为人，就具有天赋的基本权利，倡导在关系到重大的国际问题时，要通过各方协商晤谈，建立起国与国之间真正友好协作的平等关系，人类命运共同体的这种文化态度就形成对“新帝国论”孤芳自赏、高高在上的主人公姿态的解构。

可见，作为吸收借鉴中华优秀传统文化、革命文化和先进文化，从而形成了具有中国特色、中国气派、中国风格的话语范式，人类命运共同体理念反对暴力和强权，追求世界大同、人类和谐，所以，人类命运共同体跟“新帝国论”极右翼立场完全不同，前者是完全站在人民的立场上，以世界劳动人民为主体，完全符合世界劳动人民和平愿望的话语范式，人类命运共同体理念是对联合国宪章的继承和发展，是中国文化智慧的现实体现，是中国国际秩序观的创新与发展。我们坚信，人类命运共同体理念对于扩大中国文化的亲和力、国际影响力和道义感召力，对于制止“新帝国论”造成的世界乱局，引导世界各国从整个人类命运的高度去关注国际交往和世界局势具有积极意义。

体现人文德性的价值理性与体现快速和效率的工具理性是制度的两个属性，如果在现实中只是注重了制度的工具理性而忽略了制度的价值理性，将导致严重的社会后果。在人类历史的制度嬗变中，制度本身所蕴含的这种价值理性和工具理性一直处于二元张力之中。早在古希腊时期，亚里士多德就把弘扬美德的实践伦理，通过追求家庭之善的伦理学和追求国家之善的政治学表现出来。这在本质上是置制度的工具性于伦理精神的统辖制约之下，保证制度本身的工具理性不被异化，从而被制度的价值理性所导引。而古罗马逐步打破这种制度德性第一、效率第二的规则，单纯重视了法治治国却轻视了道德建邦，最终导致非一日建成的罗马城在顷刻间“樯橹灰飞烟灭”。而在欧洲中世纪，制度的道德价值完全压倒了制度的工具理性，形成一种史华慈所谓“德性统治”的状态。这种状态由于过于重视德性而忽略制度的效率，从而使整个社会失去了活力，这是制度的价值理性对工具理性的另一种异化。而当文艺复兴之后，随着现代科技为表征的现代性逐步崛起，虽然培根、伏尔泰、孔多塞等思想家对人类的物质前景和道德前景都比较乐观，但是卢梭作为“思想乌鸦”，几乎是第一个体察出了在现代性制度的效率和财富背后所蕴藏的道德危机。从卢梭开始，这种重视道德的人文主义和重视工具理性的“工程—技术主义”之间的张力，就贯穿于整个西方思想史。直到现在，霍耐特、齐泽克等西方左翼还在不遗余力地对资本主义的道德异化进行着深刻地批判。可见，没有道德制约的制度会沦为没有灵魂的工具，任何制度的创设首先要考量其道德关怀的价值原则。中国特色社会主义宏观制度在注重快速和高效的同时，更多是把德性人文的价值伦理放在首要位置。

从中国历史来看，如果把秦以来的中国近两千多年的历史嬗变逻辑进行高度概括，就会发现这样一个特点：中国是一个高度重视价值领域的以道德治国的国家，其"德治"传统悠久于"法治"传统。虽然在20世纪轰轰烈烈的社会主义革命中，我们形成了所谓的社会主义"中传统"；在改革开放后，我们又有了自由市场的"小传统"。但是无论"中传统"还是"小传统"，都遮蔽不住两千多年中华民族以德治国的"大传统"。这个"大传统"对中国特色社会主义宏观制度的精神禀赋，形成了重要的潜在影响，更何况作为社会主义的"中传统"和作为市场经济的"小传统"，其本身也和中国以德立国的"大传统"内在契合：中国的共产主义作为一种群众运动而存在的同时，也是作为道德意义上追求更加美好的社会状态的价值理念而存在；自由市场的"小传统"更是以发展经济实力的方式来造福于十四亿民众，"仓廪实而知礼节"，通过发展经济以满足民众对幸福和富足的需求，也是对德性人文的间接贡献。所以，综观中国特色社会主义宏观制度的"前世"和"今生"，都是以终极的人文关怀为旨归，致力于全心全意服务民众，坚持以人民为主体。中国作为人民民主专政的国家，其国家性质也决定了中国的宏观制度，要以人民为主体，始终坚持人民必胜的信念，就如同党的十八大报告中所指出的那样："必须坚持人民主体地位……最广泛地动员和组织人民依法管理国家事务、管理经济和文化事业、积极投身社会主义现代化建设。更好保障人民权益，更好保障人民当家作主。”[①]下面再来具体分析中国特色社会主义宏观制度理论和实践中所体现出的人文关怀和德性治理。

人类命运共同体理念对国家间的健康交往进行了价值定位，如同习近平总书记所说：“只要我们牢固树立人类命运共同体意识，携手努力、共同担当，同舟共济、共渡难关，就一定能够让世界更美好、让人民更幸福。”[②]习近平总书记是以一种担当精神和责任意识，站在增加全人类福祉的立场上，在日内瓦大力倡导人类命运共同体理念，呼吁世界各国应该进一步消除贸易壁垒，实行自由贸易。

坚持中国特色社会主义制度自信，还在于中国特色社会主义制度在其运行中，表现出的灵活多样的应变能力和实事求是的务实精神。中国的经济制度是以公有制为主体，允许多种所有制共存。通过这种灵活的所有制安排，极其灵活务实地解决了思想界对所有制进行单一理解的问题。在资源配置上，中国共产党摒弃了把社会主义只和计划联系在一起的思维定式，指出了社会主义也可以有市场，资本主义也可以有计划，市场和计划只是资源配置方式而非判断社会性质的标准。在分配体制上，更是灵活务实地实行以按劳分配为主体，多种分配方式并存的分配制度。通过这种分配体制改革，极大地调动了劳动者的生产积极性，为国家财富的迅速积累奠定了基础。总之，这些灵活务实的做法成功地解决了困扰中国人多年的市场和计划

---

① 十八大报告文件起草组：《中国共产党第十八次全国代表大会文件汇编》，北京：人民出版社，2012 年，第 13 页。

② 习近平：《共担时代责任 共促全球发展——在世界经济论坛 2017 年年会开幕式上的主旨演讲》，《人民日报》(第 3 版)，2017 年 1 月 18 日。

的关系之争，为实体经济的迅速发展解除了意识形态障碍。同时，在实际的经济运行中，从改革开放之初安徽凤阳小岗村十八户村民分田到户，到目前农村土地流转制度改革；从 20 世纪 90 年代“抓大放小”的国企改革，到目前“中国制造 2025”政策的制定……这些政策方针的实施都是根据发展变化了的社会现实不断进行调整。这些灵活务实的经济策略的实施，使中国四十多年来的改革开放取得了巨大成就。同时，从本质上分析，中国特色社会主义制度体系的这种灵活务实的制度体制，也反映了中国传统文化中重视差异、和而不同的气质特点。著名学者姚洋作为近年来特别关注中国社会转型的学者，他认为中国经济之所以取得如此大的成绩，主要在于中国制度本身所特有的灵活多变的中性优势和求真务实的精神气质。他在《是否存在一个中国模式?》的演说辞中，明确指出中国模式的制度性体征表现为“中性政府”“财政分权”“新民主化制度”和“务实主义政党”四个方面。张维为则把这种灵活务实的制度优势概括为“一国四方”。“‘一国’，即中国是一个‘文明型国家’，‘四方’指的是中国在四个方面的制度安排：在政党制度方面，是‘国家型政党’；在民主制度方面，是‘协商民主’，包括决策领域内的‘新型民主集中制’；在组织制度方面，是‘选贤任能’；在经济制度方面，是‘混合经济’。”① 张维为认为，正是“这些制度安排保证了中国的迅速崛起，也是‘中国模式’超越西方模式的重要制度保证”。② 张维为的这个观点高度概括了中国特色社会主义制度整

① 张维为：《“中国模式”成功的制度原因》，《共产党人》，2014 年第 23 期。

② 张维为：《“中国模式”成功的制度原因》，《共产党人》，2014 年第 23 期。

体架构的灵活性和实用性，佐证了中国的制度和体制从创设到运行的不唯书、不唯上，只唯实。

不但经济制度和体制在运行中灵活务实，中国特色的政治制度和体制在其运行中也表现得异常灵活和务实。这种灵活和务实主要表现在多重性国家结构和国家官员的选拔机制上。中国国家结构的选择，完全摒弃教条主义的误导，根据中国的国情而灵活选择和运作。所以在中国的不同地方，制度的运行主体既有典型的单一制地方制度，也有民族区域自治制度，还有特别行政区制度。这种国家结构灵活务实地解决了中国由于地区广大、各个地方具有不同地域风俗而造成的难以进行体制统一的难题。这些具体制度的设计和运行，有效实现了中国特色社会主义制度效率和公平的有机统一，体现了中国特色社会主义制度灵活务实的巨大优势。美国著名的中国问题研究专家傅高义在《邓小平时代》一书中，这样描绘了中国特色的官员选拔机制，他说："由于下级对如何开展自己的工作享有很大自主权，因此在选拔和培养领导班子成员上相当认真。每一级年轻干部，假如他的整体思想能力、遇到压力时的可靠程度、判断力、与同事共事的能力以及服务于党和国家的献身精神可能会有不俗的表现，就有可能被选出来进行特别的培养、指导和考验。"[①]的确如此，以习近平总书记为代表的十八届中央政治局常委们，就是在经历了许多年的基层锻炼和工作经历之后，才逐步进入国家权力中心的。正是凭借他们长期的基层工作实践

① ［美］傅高义：《邓小平时代》，冯克利译，北京：生活·读书·新知三联书店，2013年，第647—648页。

经验，才能在施政的过程中，做出“接地气”的可行性决策。在官员的日常管理中，对各级官员进行科层制管理的同时，又通过思想政治教育的方式对官员进行政治教育，真正实现对官员的政治纪律和心灵修养的双重约束。针对中国特色社会主义这种灵活务实的制度优势，著名学者李君如分析指出：“中国特色社会主义是马克思主义基本原理与当代中国实际和时代特征相结合的产物。这种结合，内在地包括了原则性和灵活性的统一，从根本上决定了中国特色社会主义制度既有刚性又有韧性，因而它能够经受住那么多的挑战和考验而不断向前发展。”①

可见，中国宏观制度运行的灵活多样和求真务实，促进了整个社会人才的自由流动和社会阶层的升降通畅，从而保证了整个国家和社会的生机和活力。特别需要提出的是，20 世纪 90 年代就宣称“历史终结”的福山，面对灵活务实的中国特色社会主义制度优势带来的巨大冲击，也宣称“历史终结论”有待进一步推敲和完善。福山在日本政论杂志《中央公论》的专访中指出：“中国发展模式的价值内核源于延续几千年的政治传统，可概括为‘负责任的权威体制’。这种传统达到了西方难以企及的历史高度。”②福山在最近出版的《政治秩序的起源：从前人类时代到法国大革命》一书中，更是批评他的导师亨廷顿在《变动社会的政治秩序》一书中把“人类历史晚期的政治世界视为理所当然”③

① 李君如：《中国特色社会主义制度具有强大韧性》，《人民日报》，2015 年 6 月 12 日。

② 转引自上海市哲学社会科学规划办公室、上海社会科学院信息研究所编：《国外社会科学前沿 2009》(第 13 辑)，上海：上海人民出版社，2010 年，第 666 页。

③ ［美］弗朗西斯・福山：《政治秩序的起源：从前人类时代到法国大革命》，毛俊杰译，桂林：广西师范大学出版社，2014 年，第 2 页。

的观点，认为亨廷顿在该书中只是把重点放到了“发展中国家如何推动政治的现代化，但没有解释这些现代化制度在其发源地是如何成形的”[①]。福山借此引出他对目前包括美国在内的欧美国家政治建构和制度运作的担忧，而对中国制度的灵活务实表达了敬意。福山在《政治秩序的起源》一书中，认为“国家”“法治”和“负责任政府”是现代政治秩序得以保证的基本要素。在他看来，即使是存在一种相对健全的制度设置，但如果相互之间没有达到一种灵活务实的动态平衡，这种制度运作仍然是无效的。“国家”“法治”和“负责任政府”三个因素中不管哪一个因素独大，都会形成整个政治局面不可挽救地“衰败”。福山就从这种“三分法”的结构主义观点出发，论述了中国政府主导型的制度模式灵活务实地引领了中国经济的高速发展。

总之，中国特色社会主义制度有效调节了普遍和特殊、内因和外因之间的张力，把政治实践中的地方和中央、社会和国家的关系处理得恰如其分。中国特色社会主义宏观制度的价值属性、运作特点，特别能够适应中国这样一个地域广大、人口众多的现实国情。这种制度与体制的成功运作，使很多突发事件和社会危机都被有效化解，从而保障了人民的安居乐业、国家的长治久安。当然，辩证地看，中国特色社会主义制度优越，并非指这种制度和体制完美无瑕、无懈可击。恰恰相反，中国特色社会主义的优越恰恰表现在它能认识到自身存在的缺陷和问题，然后在这个自我认识的基础上不断调节自身，在发展中

---

① ［美］弗朗西斯·福山：《政治秩序的起源：从前人类时代到法国大革命》，毛俊杰译，桂林：广西师范大学出版社，2014 年，第 2 页。

不断壮大自己，从而做到更优。这是中国特色社会主义制度的真正优势所在，也是广大民众对这种制度和体制充满信心的原因所在。尤其是面对当下复杂多变的经济形势和风云变幻的国际政治局势，如欲规避经济发展过程中的“中等收入陷阱”和国际关系中所谓大国崛起、必有一战的“修昔底德陷阱”，只有在发展壮大自己经济实力的基础上，讲好中国故事，发出中国声音，让世界了解中国，让中国走向世界，在全面深化改革、扩大开放的话语背景下，赋予中国特色社会主义制度以世界意义，才能使人民对中国特色社会主义制度更加充满信心。

后　记

本研究是在笔者博士论文《马克思社会形态演进动力论》的基础上的深化，致力于思考的是历史唯物主义中关于社会发展的动力问题。笔者经过研究，最后得出的结论是历史唯物主义关于社会的发展动力问题具有两重性：结构性动力和主体性动力。这其实涉及社会学领域中的一个既老又新的问题：行动和结构的关系问题，而这个问题的谱系，甚至可以上溯至古希腊的“逻各斯”和“努斯”精神之间的张力问题，文艺复兴之后，行动和结构的关系以实证主义和非理性主义的张力表现出来。吉登斯在综合研究传统社会学理论的基础上，建构了“结构化理论”，试图对这个问题进行回答，然后以之为理论工具对历史唯物主义进行批判性解读，然而，吉登斯所创设的这些理论解释工具究竟在多大程度上能解释这个纷纭复杂的现实世界呢？如果说从英国工党1997年上台到2010年下台这十三年时间中是吉登斯理论发展的黄金期，而曾经影响了布莱尔、克林顿和施罗德的吉登斯社会理论，在面对新的国际局势、新的时代挑战，其理论本身改变现实的能力也面临着重大的考验。

结合中国国内来看，当本研究完成之时，恰逢党的十九大胜利闭幕之际，在不断的修改过程中，又恰逢“不忘初心，牢记使命”主题教育活动的开展，中国特色社会主义进入了新时代，习近平新时代中国特色社会主义思想已经写入党章，新时代有新任务、新使命和新担当，中国人民在中国共产党的带领下，正踏步走在实现中华民族伟大复兴中国梦和“两个一百年”奋斗目标的康庄大道上，中国特色大国外交在继承中国传统“天下”体系的合理元素和马克思主义国际主义的基础上，倡导人类命运共同体理念，立足中国，拥抱全球，反对单边主义和强权政治，通过“一带一路”倡议、“亚投行”以及“丝路基金”等，来体现习近平总书记在2017年年初达沃斯经济论坛上提出的“构建人类命运共同体，实现共赢共享”的价值目标。坚持中国特色社会主义制度自信，不但源于中国特色社会主义制度孕育于中华五千年的优秀文化，还源于其自身对世界上众多制度特长的博采借鉴和兼收并蓄。“泰山不让土壤，故能成其大。”中国特色社会主义制度既以经典社会主义制度为蓝本，又不断吸收借鉴传统社会主义制度的优势，在发展过程中，既学习吸收欧美资本主义制度运作的长处，又以亚洲强国制度的发展得失为镜鉴。实现中华民族的伟大复兴、建构人类命运共同体、赢得文明交流中的话语权，必须立足中国，面向全球，开放包容，博采众长，以世界眼光和全球战略，促进中国特色社会主义制度在开放中永续发展。

中国目前面临的国内外局势跟吉登斯的社会分析理论有什么关系呢？笔者认为，如果把这些社会历史现象放置到更广阔的社会历史背景中去考察，目前这种国内外局势都与吉登斯社会学理论的分析范畴密切相关，吉登斯所关注的现代政治主题，诸如“民族国家”“工业主义”“合理化”“监控”以及“暴力”等，都以各自的传统形式或异变形式出现在目前的国际舞台上，传统的“资本主义”作为历史唯物主义分析的范式，在经过几百年的发展之后，已经变异为一种新样态并通过这种新样态来体现自己的存在，而作为国家形态，也正在由“传统帝国”“绝对主义国家”向更加多元化的现代“民族国家”转化，换句话说，用某一个单一模式来解释现代性发展显然无法做到理论和现实的自洽，吉登斯在历史唯物主义研究过程中所使用的这种“结构化”分析模式就极具启发性，目前的国际关系和外交形势不是靠某一种单独的分析工具就能予以解释的，更多是需要把这些因素放置到整个时空背景中，通过各个要素之间的长时段特点和彼此间的博弈来予以界定。

从未来看，在由诸多元素所组成的国际关系体系中，诸元素间的博弈令人眼花缭乱、目不暇接——民族分离主义、社群主义、民粹主义、新法西斯主义等各种社会思潮都在借助各种话语彰显着自己的存在，面对这种世界乱象和国际局势，就如同哈贝马斯以商谈伦理来建构人际交往，也如同布迪厄对信任社会资本的高度重视，自 20 世纪 90 年代以来，吉登斯从提倡超越“左”与右的“第三条道路”到对“气候政治”的关注，其一直致力于建设一个建立在反思现代性基础之上的理想社会。吉登斯社会理论的最后归宿是“生活政治”，“生活政治”是一种建设性的思想方案，这个方案主要表现为吉登斯从其“空想现实主义”出发，利用哲学社会科学本身所具有的“双重解释”功能，发挥主体的行动能力，把美好社会的建设寄托于人类社会关系的改善和主体间关系的重构，就如同滕尼斯把人类社会分为“社会”与“公社”、涂尔干把社会分为“有机团结”和“机械团结”、斯宾塞把社会分为“军事型社会”和“工业型社会”一样，吉登斯把社会分为“生活政治”和“非生活政治”，寄希望于把历史唯物主义社会形态变迁的“解放政治”维度，向现代化的“生活政治”转变，这种“生活政治”更多体现在一种人和人之间互信关系的构建和良好社群的形成过程中，这些积极、健康的主体间性必须建立在积极能动的“生活政治”状态之中，吉登斯通过对“生活政治”的设想，把“结构化理论”从一种致力于消弭行动和结构的纸上谈兵，转化为一种带有理想色彩的现实的政治实践。然而，面对目前民粹主义和平均主义的诉求和民族主义的单边主义走向，这种建立在现代多元文化主义和主体间商谈基础之上的“生活政治”理想有多大的实现可能性呢？

党的十九大进一步强调全面深化改革的目标是实现国家治理体系和治理能力的现代化。国家治理，“小智治事，大智治制”，习近平总书记在庆祝中国共产党成立95周年的“七一”讲话中指出：“中国共产党人和中国人民完全有信心为人类对更好社会制度的探索提供中国方案。”[①]探索更好社会制度的“中国方案”，需要中国共产党坚定不移的担当精神和强大恢宏的制度想象力。总体来看，中国特色社会主义制度是在兼收并蓄经典社会主义制度、传统社会主义制度、现代资本主义制度以及亚洲发达国家制度的基础上形成的，从而保持了其有容乃大的制度品质和激发其无限活力的内在基因。

中国特色社会主义制度是一整套包括经济政治文化在内的

---

① 习近平：《在庆祝中国共产党成立95周年大会上的讲话》，《人民日报》(第2版)，2016年7月2日。

“制度群”，按照党的十八大报告对中国特色社会主义制度的经典描述，中国特色社会主义制度包括“人民代表大会制度的根本政治制度，中国共产党领导的多党合作和政治协商制度、民族区域自治制度以及基层群众自治制度等基本政治制度，中国特色社会主义法律体系，以公有制为主体、多种所有制经济共同发展的基本经济制度，以及建立在这些制度基础上的经济体制、政治体制、文化体制、社会体制等各项具体制度”[①]。这些制度以马克思、恩格斯对经典社会主义制度的阐释为蓝本，同时又在马克思主义中国化的过程中参照中国的具体实际逐步形成。如果说中国特色社会主义制度是以经典社会主义为蓝本，那么何谓经典社会主义制度呢？

从历史的角度看，在19世纪、20世纪轰轰烈烈的国际共产主义运动中，对何谓经典社会主义制度的理解存在诸多的分歧，既存在“第二国际”的“经济决定论”观点，也存在斯大林模式的“历史决定论”观点，这两种观点都把社会主义制度的实现理解为仿佛无主体的必然性过程。国际共产主义运动史上对社会主义制度的这些不同理解，直接造成了中国革命过程中对什么才是真正的社会主义的理论的困惑。这直接导致在中国革命过程中，要么教条式地用自己所理解的社会主义来裁断中国的社会主义革命和建设的对与错；或者反过来，以中国特殊国情为由来否定经典社会主义的基本要义。这两种对何谓经典社会主义的极端的理解方式，都曾给中国特色社会主义革命和建设造成

① 胡锦涛：《坚定不移沿着中国特色社会主义道路前进 为全面建成小康社会而奋斗》，北京：人民出版社，2012年。

了长期的不良影响，使人们对社会主义的科学性产生了怀疑，并一度使什么是社会主义的问题，变成了莫衷一是的“我注六经”还是“六经注我”的解释学问题。笔者反对这种“一千个人眼里，有一千个哈姆雷特”的解释观点。虽然不同的人由于其知识结构和个人成长经历等的不同，导致对何谓经典社会主义的认识肯定有所不同。但是经典社会主义制度还是有其基本特质的，特别是在《共产党宣言》《哥达纲领批判》以及《反杜林论》等一系列马克思主义经典文本中，马克思、恩格斯从价值理性、制度安排和运动状态三个方面来对经典社会主义进行价值定位和事实定位。经典社会主义的这三个方面属性，分别反映了社会主义制度的价值理性、工具理性以及情景理性。

从价值理性来看，经典马克思主义制度首先是一种形而上的价值理念，是一种建立在对资本逻辑支配下的一种人压迫人现象的批判之上，是对资本主义制度所造成的人道主义灾难的猛烈批判。所以，社会主义制度首先是作为资本主义制度的替代方案而存在的，社会主义制度体现了人对解放和自由的根本价值的追索。而从工具理性来看，任何价值理念都应有一种外在制度性工具来对其进行外在表现。所以，在制度安排方面，经典社会主义强调在经济制度上的公有制、政治制度上的议行合一制以及文化制度上的人民主体性。另外，经典社会主义制度还表现为一种持续不断的情景性的社会运动。马克思、恩格斯本人从来都不是教条地看待周围的一切，而是根据周围社会政治环境的变化不断调整着自己的策略。虽然他们在不同的经典著作中，对什么是经典的社会主义做了自己的理解，但同时他们对带有理想色彩的预置性社会改造方案又特别地警惕。在马克思看来，社会主义并不是一种“应当确立的状况，不是现实应当与之相适应的理想”①，而是“那种消灭现存状况的现实的运动，这个运动的条件是由现有的前提产生的”②。从马克思的这些观点中不难看出，所谓的经典社会主义反对前置性预设理想图景，坚持从实际出发的持续不断的革命运动，认为“共产主义是追求实际目的的最实际的运动”③，通过这些革命的历史运动，才能真正意义上实现社会主义。当然，这里的“不断革命”指的是在历史唯物主义意义上，通过本质和实存的不断结合，中和普遍和特殊，根据社会现实，通过生产力的不断发展来推动社会历史的不断前进。

在明确了“价值理念”“制度设置”和“不断革命”为经典社会主义的三个基本维度之后，中国特色社会主义制度是如何以经典社会主义制度为蓝本的呢?

从中国特色社会主义制度的价值理念来看，中国特色社会主义制度就是以人民为主体，致力于实现人的解放和自由。邓小平是从发展生产力的角度来阐明这个问题的。他说：“社会主义的本质是解放生产力，发展生产力，消灭剥削，消除两极分化，最终达到共同富裕。”④“共同富裕”从本质上是一个带有伦理意义的价值目标，这个价值目标要通过解放和发展生产力来

---

① 中共中央马克思恩格斯列宁斯大林著作编译局：《马克思恩格斯文集》(第1卷)，北京：人民出版社，2009年，第539页。

② 中共中央马克思恩格斯列宁斯大林著作编译局：《马克思恩格斯全集》(第3卷)，北京：人民出版社，1960年，第40页。

③ 中共中央马克思恩格斯列宁斯大林著作编译局：《马克思恩格斯全集》(第3卷)，北京：人民出版社，1960年，第236—237页。

④ 《邓小平文选》(第3卷)，北京：人民出版社，1993年，第373页。

实现。在邓小平社会主义“本质论”的指引下，中国特色社会主义制度不管是以公有制为主体，允许多种所有制形式共存的经济制度和体制，还是人民代表大会制度以及政治协商制度等，都是从价值角度体现解放和自由的基本指向，其目的都是为了人的自由而全面发展。在中国特色社会主义建设过程中，从改革开放初期的大力发展社会生产力到目前由五大发展理念引导的科学发展，从“八荣八耻”的伦理要求到培育和践行二十四字的社会主义核心价值观，都集中体现了中国特色社会主义制度的价值特色，从本质上都是对经典社会主义制度所蕴含的解放、自由价值理念的继承和发展。

从中国特色社会主义制度的工具理性来看，中国特色社会主义经济制度是实行以生产资料公有制为基础，多种所有制经济共同发展，并且真正做到了让公有制对整个国民经济起一个主导性作用；在分配制度上，中国特色社会主义制度实行了适合中国国情的以“按劳分配”为主体、多种分配方式共存的分配模式；在政治制度方面则成功创设了共产党领导的多党合作和政治协商制度以及民族区域自治制度等。这些制度设置作为政治上层建筑体现着作为软实力的公正、自由等价值观念。

从中国特色社会主义制度运行的情景理性看，中国特色社会主义制度处于一个不断发展、完善的过程之中，没有最好，只有更好。邓小平在 1992 年视察南方时就指出：“恐怕再有三十年的时间，我们才会在各个方面形成一整套更加成熟、更加定型的制度。”①展望未来，制度建设作为一个动态过程，将永

① 《邓小平文选》(第 3 卷)，北京：人民出版社，1993 年，第 372 页。

远处于一个不断完善的过程之中。习近平总书记在主持十八届中央政治局第一次集体学习时也指出：“中国特色社会主义制度是特色鲜明、富有效率的，但还不是尽善尽美、成熟定型的。中国特色社会主义事业不断发展，中国特色社会主义制度也需要不断完善。”①可见，中国特色社会主义制度的发展是一个指向未来的物质产品不断积累、人民道德素质不断提升的漫长过程。任何企图毕其功于一役的短平快以实现共产主义的想法和做法，既不符合党的执政规律和社会主义建设规律，也不符合人类社会的发展规律。

中国特色社会主义制度建立在传统社会主义基础之上，并在实践中不断割除传统社会主义的积弊。如果说“经典社会主义制度”是马克思、恩格斯对社会主义蓝图的基本定位，那么本文所谓“传统社会主义”则是特指苏联社会主义模式。因为苏联在国际共产主义运动史上第一个建立了社会主义制度，苏联社会主义制度在实际的运行中，形成了一整套具有自身特色的经济政治文化模式。这种模式有其特殊的形成过程和独特的自身特色。历史地看，俄国十月革命胜利后，苏维埃政权曾根据变化了的革命条件，先后实行过“战时共产主义”和“新经济政策”等策略，随着列宁的去世和斯大林的上台执政，苏联按照自己对社会主义制度的理解，建立了一套相对稳定的当时就有别于西方市场国家政治经济的“斯大林模式”。这种模式的特点是在资源配置方式上，实行纯粹的计划经济体制，在分配方式上实行计划分配。后人把这种体制称为“斯大林模式”。后来的社会主

① 《习近平谈治国理政》(第1卷)，北京：外文出版社，2014年，第10页。

义国家大部分都是在模仿“斯大林模式”的基础上建立起来的，这种模式带给了这些社会主义国家短暂的快速发展，但随着时间的推移，其发展潜力被充分挖掘之后，这种模式在实体经济上给各个社会主义国家后来的发展却带来了体制性障碍。另外，“斯大林模式”的专断和高压控制手段同时也对社会主义的声誉造成了不良影响。随着苏联解体和东欧剧变，在新的历史条件下，社会主义国家都面临着对本国社会主义制度模式的新探索。

中国作为一个社会主义大国，在新中国成立初期实行“一边倒”的外交政策，经济政治文化制度也学习苏联。但是随着时间的不断推移，苏联的“斯大林模式”在中国开始显示出“水土不服”，如毛泽东后来所说，在经济建设上照搬苏联，“这在当时是完全必要的，同时又是一个缺点，缺乏创造性，缺乏独立自主的能力。这当然不应当是长久之计”。① 在毛泽东看来，应该同民主革命时期一样，中国经济建设也应该自力更生，独立探索出一条中国特色的社会主义道路来。但因当时复杂的国际、国内局势，新中国成立伊始，百废待兴，再加上理论准备不足，缺乏社会主义建设经验，所以当时的中国并没有能够完全摆脱苏联社会主义模式的影响。而真正革新苏联模式的传统社会主义，实现经济政治文化上的新突破是在 20 世纪 70 年代末中国的改革开放之后。

“文革”结束之后，1978 年年底召开了党的十一届三中全会，在这次会议上，确立了解放思想、实事求是的思想路线。在这个思想路线的指导下，全会一致同意中国应把工作重心转

① 《毛泽东文集》(第 8 卷)，北京：人民出版社，1999 年，第 305 页。

移到经济建设上来，致力于不断改变与生产力发展不相适应的生产关系，实行改革开放。从此开始，在中国大地上掀起了波澜壮阔的改革开放运动。对苏联僵化的社会主义模式进行批判和改革，从经济政治各个方面开始割除传统社会主义的各种积弊，为中国特色社会主义的新发展开辟道路。当然新时期面临的改革任务和局势是异常复杂的，如何改革传统的社会主义制度模式，形成具有中国特色的社会主义制度模式，实际上就是一种探索，也是有风险的。邓小平多次强调要“摸着石头过河”，强调边实践，边探索，边总结，逐步推广。实践证明，这是一条正确的认识路线。经过这种从实际出发的深入改革，中国特色社会主义建设出现了前所未有的新局面、新气象，中国经济飞速发展，政治、文化建设都取得了很大的成绩，原来被压抑的社会生产力被极大地释放，至2010年，中国经济总量超过日本成为世界第二。所以，若把邓小平理论指导下的中国改革实践纳入世界社会主义五百年的长时段来看，四十年来波澜壮阔的改革开放实践证明，如果没有对传统苏联社会主义制度模式的革新，就不可能有今天繁荣富强的中国特色社会主义制度的大好局面。然而，辩证地看，正是因为有了苏联模式的弊端作为参照，才有了中国特色社会主义经济起飞战略的精准定位和路径选择。

当然，改革没有完成时，这种对苏联传统社会主义的革新不是一蹴而就的，而是要在未来漫长的改革过程中逐步完成。所以，邓小平说：“改革的意义，是为下一个十年和下世纪的前五十年奠定良好的持续发展的基础。没有改革就没有今后的持续发展。所以，改革不只是看三年五年，而是要看二十年，要看下世纪的前五十年。”[①]展望未来，继续深化改革，进一步革除传统社会主义的弊端，发展中国特色社会主义，是中国特色社会主义制度建设的应有之义。就如同习近平总书记在十八届中央政治局第二次集体学习时所指出的那样：“改革开放只有进行时，没有完成时。没有改革开放，就没有中国的今天，也就没有中国的明天。改革开放中的矛盾只能用改革开放的办法来解决。”[②]党的十八届三中全会更是把“全面深化改革”作为中国特色社会主义进一步发展的动力，并指出：“必须以强烈的历史使命感，最大限度集中全党全社会智慧，最大限度调动一切积极因素，敢于啃硬骨头，敢于涉险滩，以更大决心冲破思想观念的束缚、突破利益固化的藩篱，推动中国特色社会主义制度自我完善和发展。”[③]所以，在目前的利益格局下，只有“全面深化改革”，才能使中国特色社会主义制度按照否定之否定的辩证逻辑，通过继承“经典社会主义”，革新“传统社会主义”，向更高层次的社会主义迈进。

在改革开放四十多年的建设实践中，中国共产党领导中国人民在探索中前进，“摸着石头过河”和“顶层设计”相结合，使中国经济总量早在2010年就超过日本成为世界第二，并成功举办从2008年奥运会到2016年G20峰会在内的一系列国际盛会；从国际货币基金组织的份额改革到落实2030年可持续发展议程，这一系列的事实证明：中国特色社会主义制度适合中国国

---

① 《邓小平文选》(第3卷)，北京：人民出版社，1993年，第13页。

② 《习近平谈治国理政》(第1卷)，北京：外文出版社，2014年，第69页。

③ 《中共中央关于全面深化改革若干重大问题的决定》，北京：人民出版社，2013年，第7页。

情，使中国经济、政治、文化都得到巨大发展，全球治理的中国主张、中国方案，正成为世界经济走出低迷、政治秩序保持稳定的有力佐证。而需要特别指出的是，中国特色社会主义制度从不回避在经济社会发展过程中出现的问题。比如面对严重的贫富分化而提出精准扶贫；面对官员腐败坚决全面从严治党；面对经济进入新常态而实行“三去一降一补”的供给侧结构改革。中国特色社会主义制度充满了伸缩自如的制度弹性。从理论上阐释中国特色社会主义制度弹性的历史根据，分析中国特色社会主义制度形成的历史过程，将更有助于中国特色社会主义制度在未来的发展和完善。

中国特色社会主义制度是一种具有高度融合力的开放系统，它不间断地从古今中外的社会制度或体制中吸纳养分以丰富自己。按照马克思社会形态演进理论，社会主义作为一种制度，是对资本主义制度的扬弃，社会主义是在资本主义母体上成长壮大的。因为资本主义制度存在剥削、压迫、奴役、不公正、不和谐等诸多体制性问题，所以，马克思在《资本论》等著作中，揭示出资本主义制度内在的经济运行矛盾，并深刻指出资本家对工人创造的剩余价值的无限贪婪。面对这种社会制度，马克思提出要以一种新的社会制度来代替这种非人道的社会制度。所以，马克思所倡导的共产主义既是一种具有历史高度的价值系统，同时又是一种要付诸实施的社会工程，其存在的最终目的就是要完成对资本主义制度的批判和超越。

虽然按照马克思所设想的社会历史演进的逻辑进程，社会主义制度替代资本主义制度是历史的必然，虽然在时间序列上应该是社会主义要完成对资本主义的超越，但是在现实的社会实践中，随着资本主义社会制度的自我调适和国际共产主义运动中自身出现的问题，处于全球垄断阶段的当代发达资本主义，与处于社会主义初级阶段的中国特色社会主义还无法实现彻底决裂。不但无法决裂，资本主义世界经过长期实践所形成的相对成熟的市场经济运行模式，反而值得处于社会主义初级阶段的社会主义国家学习借鉴。所以，中国特色社会主义非但不排斥西方资本主义先进的东西，而且积极学习借鉴西方资本主义世界先进的经验和方法。只有通过这种学习借鉴，增强自身主体性，才能实现社会主义自身的优越性。改革开放以来的实践也证明：在中国特色社会主义制度建设过程中，就是因为中国特色社会主义制度具有这种海纳百川的宽广胸怀和锲而不舍的学习精神，才使中国特色社会主义制度建设取得了一系列的成绩。中国特色社会主义制度，不但成功应对了1998年的亚洲金融危机，而且成功应对了2008年的世界性金融危机。所以，中国特色社会主义制度充当了这么多年欧美资本主义制度的学徒状态，自身主体性越来越强。当西方资本主义疲于应付包括主权债务危机和金融危机的时候，中国经济在一个强有力的制度规则下，取得了一个又一个骄人的成绩。

当然，中国特色社会主义制度通过扬弃资本主义，扬其长处，弃其短处，对欧美资本主义制度进行吸收借鉴，并非意味着中国特色社会主义制度与欧美资本主义制度开始“趋同”。“趋同论”的观点混淆了资本主义与社会主义的本质区别，认为资本主义加强了宏观调控，而社会主义也学会了利用市场。特别是二战以来，不管是社会主义国家，还是资本主义国家，都在根据变化了的经济局势而不断调适自己，都在无意识地吸纳对方的长处来完善与发展自己。比如凯恩斯主义之后西方国家越来越强的宏观调控制度、社会福利制度等；而社会主义国家也在大力发展社会主义市场经济。欧美资本主义国家倡导自由、平等的价值理念，而中国特色社会主义也在积极倡导自由、平等的价值理念，并且把这些理念作为社会主义的核心价值。这仿佛都在佐证“趋同论”的正确性。这种观点其实是错误的，这种错误的观点把中国在开放中向欧美资本主义制度的学习，看作中国特色社会主义制度与欧美资本主义制度逐渐变得一致。其实相互间的学习和吸纳并非意味着两者之间就完全趋同，中国特色社会主义制度和欧美资本主义制度两者之间有着本质的区别，这种区别就是中国特色社会主义是以人民为主体，一切制度设置都是建立在民本基础之上的，而欧美资本主义制度从本质上还是为私人资本服务的制度设置。并且中国特色社会主义制度是在“扬弃”欧美资本主义制度，并非“成为”欧美资本主义制度，“扬弃”和“成为”是两个不同的概念。马克思已经从政治经济学的角度对资本主义本身所固有的矛盾和缺陷进行了无情的批判。目前西方资本主义出现的这一系列问题，都是和资本主义自身无法克服的一些固有矛盾紧密联系在一起的。但是，资本主义制度本身存在的问题恰恰是中国特色社会主义制度所应该摒弃的，而对于像科学技术等具有中性特色的领域，中国特色社会主义完全可以拿来为我所用，服务于中国特色社会主义建设。

所以，中国特色社会主义制度主要是通过吸取借鉴欧美资本主义制度运作中表现出的长处和优势而不断丰富自我的。以市场经济为例，欧美发达国家在实现现代化的过程中，形成了比较成熟高效的市场运作体制，这种体制对资源的优化配置使中国特色社会主义受到启发。所以比如早在党的十四大，中国就把市场经济模式作为经济体制改革的目标模式，这种目标模式目前正处于不断完善之中；再比如欧美资本主义较为成熟的法制、民生福利制度等，都可以被中国特色社会主义制度所吸纳借鉴，以弥补自己制度的不足。通过这种取长补短、吸收借鉴，中国特色社会主义制度的优越性就能更好地发挥出来。当然，吸收和借鉴资本主义的先进经验是为了最终超越资本主义，为社会主义制度代替资本主义制度做准备。中国特色社会主义制度在吸收借鉴资本主义制度优势的同时，又在规避欧美资本主义制度的私人利益至上、践踏他国文明、破坏生态环境、无节制消耗能源这种发展模式。综上所述，中国特色社会主义制度是在不断吸收借鉴欧美资本主义的长处，同时又在规避资本主义弊端的基础上而不断完善自我的。

从地缘上看，中国地处亚洲，中国和亚洲很多国家一衣带水，唇齿相依；从文化上看，中国和亚洲很多国家同根同源，同文同种。古代中国创设的政治、经济、文化制度都曾对其他亚洲国家产生过重大影响。然而近代以来，随着西方列强的不断侵入，包括中国、印度、日本在内的亚洲国家，几乎都面临着被西方列强瓜分侵占的悲惨命运。面对这种情势，亚洲各国开始救亡图存，以求自保。日本从明治维新开始“脱亚入欧”，全面学习西方，在经济领域实行市场化改革，在政治领域确立君主立宪的政权组织形式。在这些改革之后，日本很快就成为亚洲第一个实现现代化的国家，当日本崛起之后，迅速加入西方殖民的行列，韩国一度成为日本的殖民地。

随着世界被压迫人民独立运动的不断发展，特别是在二战后，亚洲独立的后发国家，在东西方长期冷战的时代背景下，为了生存，就必须首先扩大自己的经济实力。所以，20世纪六七十年代，东亚就产生了以韩国、新加坡等国家为代表的权威政府主导型的经济发展模式，并取得了很大的经济成就。权威型领导体制为这些国家的经济腾飞奠定了基础，所以这些国家在发展早期，就带有鲜明的重商主义色彩，即充分利用国家势力来推行贱买贵卖的外贸政策，同时实行高积累低消费的分配政策，在这些政策的作用下，这些依靠权威体制刺激经济从而发展起来的国家，都非常善于利用自己丰富而廉价的劳动力和便宜的土地资源等独特优势，吸引欧美发达国家投资办厂，然后出口，通过这种出口导向型经济体制的建构，这些国家不但吸收了外国先进的管理经验，而且学会了西方的生产技术，一批本土的技术和管理人才源源不断地被培养起来了，其结果就是经济的迅速起飞，东亚的韩国、新加坡等国家都是通过这种方式快速发展起来的。可见，东亚权威体制领导下的制度模式是率先大力发展经济，然后再逐步进行政治改革和社会建设，权威体制在使这些国家保持政治稳定的同时，又借助国家的力量来推进现代化建设。

中国具有不同于这些亚洲国家的世情、国情和党情，不管从地域、人口还是历史，中国都比这些亚洲国家要广大、众多和悠久。并且中国在改革开放的过程中，始终以谦虚的态度向这些邻邦国家学习。在改革开放之初的1978年，邓小平就率团先后访问了日本和新加坡，并向日本的铁路新干线和新加坡的先进管理咨询学习。邓小平是带领中国向亚洲发达国家学习的楷模，在这种谦虚谨慎学习精神的指引下，中国经济也获得了飞速的发展。抚今追昔，令人感慨：从邓小平参观日本的新干线，到现在中国一日千里的高铁项目；从中国学习新加坡的先进管理经验，到现在许多国家学习借鉴中国的治理模式，这些深刻的变化都在昭示着学习和自主之间的辩证关系：只有不断向别人学习，才能具有自主能力；闭关锁国、闭目塞听、盲目自大反而会沦为他人的奴隶，这种辩证的主奴关系的转化耐人寻味。所以，只有不断向发达国家，向发展中国家，向一切有其长处的国家和民族学习，才能不断壮大中国特色社会主义的建设，唯有如此，中国特色社会主义的力量才会更大，成就才会更多。特别是在新的历史条件下，习近平总书记在治国理政过程中提出“人类命运共同体”的理念，这个理念高屋建瓴，站在全人类命运发展的高度，既对接了西方社群主义的发展观，又继承了中国传统的“天下”文明观，这个理念具有高度的人文关怀和思想特色，它昭示着一个人不管是什么肤色，属于哪个国家、哪个民族，都是人类的一分子，都具有共同的人类命运和利益关联。

展望未来，在经济新常态的历史条件下，中国特色社会主义制度作为一个开放的系统，始终处于不断向外界学习、交流的过程之中。因为任何一种制度，只有在关注本国国情的基础之上，参照世界先进制度，不断地学习交流才会有旺盛的生命力。根据改革开放四十年的经验教训，我国在制度建设方面，既要坚持制度文明的主体选择性不动摇，不唯书、不唯上、不唯洋，同时又不脱离国际社会世界发展大势，在经济互利、文化互鉴的前提下，充分学习吸收世界其他国家先进的管理经验和战略理念。只有如此胸怀，中国特色社会主义制度才会更加强大，我们对中国特色社会主义制度才会更有信心。所以，本研究通过对吉登斯历史唯物主义研究进行分析，笔者更多的是在思考中国特色社会主义制度自身如何获得更好的发展，这种思考促使笔者增加了对问题继续进行探讨的动力和激情，本专著只能说是笔者对主体和结构间关系思考的暂时性成果，笔者坚信，经验和学识是刷新对某一个老问题新看法的不二法宝，这个法则对于文科研究尤其如此，既然如此，笔者所能做的就是与时间赛跑，争取在有限的时间阅览更多的文献、参与更多的社会实践，以加深对这个问题的进一步理解。

致　谢

本专著是在我的博士后出站报告的基础上经过多次修改完成的，历时三年多而写就，在整理出版之时，心绪波澜起伏，感慨万千，回望这几年的学术历程，我的内心首先充满的是感激之情。

首先，感谢我的博士后合作导师、山东大学马克思主义学院徐艳玲教授，这种内心的感激来自于徐老师给我提供的博士毕业之后能继续思考的机会和平台，这种机会和平台对我而言是弥足珍贵的，这要从自己自小的性情习惯说起。我的童年是在一种沉默寡言，却不断思索的背景下度过的，四季之嬗变、人际之纷纭、存失之交替都是我思考、琢磨的对象，虽然自己的人生际遇几经变迁，但唯一不变的是我自小对周围一切敏感的观察和思考。和我的那些活泼可爱、口若悬河的小伙伴们相比，这种习性使自己成为一个生活在他处的“多余的人”，而这种“多余”却使我偷偷躲在一边享受思考的快乐——无拘无束，天马行空，无所羁绊，而在我思考的视域中，行动和结构之间的关系问题最后几乎成了我思考一切问题的元问题。在我的博士论文中，我试图借助马克思社会形态演进动力论来建构一个主体和客体、行动和结构之间得以沟通的理论框架，虽然建构了这样一个理论框架，但总感觉这个理论框架对现实的解释力不尽如人意，其中最为困难的地方仍然是对行动和结构之间关系的定位和解释，理解的难度曾使我一度陷入无边的痛苦，缓解痛苦的方法只有再次大量翻阅各个学科对同一问题的相关研究，以期发现与之相关的研究成果。

在对社会学文献阅读的过程中，马林诺夫斯基—帕森斯—默顿一系的结构主义和功能主义的重“结构”、轻“行动”的学术路向，使我感觉这些理论“可爱而不可信”，而克尔凯郭尔—叔本华—尼采一系的非理性主义又是重“行动”而轻“结构”，甚至是“无结构”而显得“可信而不可爱”，如何以非黑格尔思辨方式沟通结构和行动、主体和客体之间的关系，就成为我博士毕业后最艰苦的学术思考域。功夫不负有心人，如果我对行动和结构之间关系的思考更多是从哲学和政治学角度切入的，那么显然我的知识结构是不完善的，社会学传统理论早就对行动和结构之间的关系进行过深入研究。从实用主义的互动理论到詹姆斯的“多元的自我”，从杜威所倡导的调适与互动的社会心理学到库利的“镜中自我”，从托马斯的“情境定义”到米德和戈夫曼的符号互动论，社会学理论和实践对行动和结构的关系进行过深入的探讨，而从源头上看，马克思的历史唯物主义理论就包含了丰富的行动和结构之间的关系，从马克思的历史唯物主义汲取营养，同时又撷取传统社会学思想精华，其中，对行动和结构关系进行天才研究的集大成者就是吉登斯利用“结构化理论”对历史唯物主义进行的研究。

吉登斯历史唯物主义研究的“结构化理论”，是采用非辩证的沟通实证主义和人文主义的理论创新，对社会历史演进的主体性驱动力和结构性驱动力之间的关系进行深入思考，这个发现使我如获至宝，激奋异常，而对寻到的宝贝细细观赏需要一个相对雅静的思考环境，这个环境的提供便是有赖于徐老师不嫌弃我才疏学浅、基础薄弱而收我为徐门弟子，再加之山东大学马克思主义学院是全国第一批教育部遴选的重点马院，山东大学的学术环境和文献资料满足了我探研吉登斯思想理论的迫切愿望，所以，感谢徐老师，使我能在博士毕业后继续在百年老校山东大学开展自己的研究工作，在跟徐老师多年的交往中，徐老师以学术为志业的学者情怀和渊博学识都对我产生了很大的影响。经师易得，人师难求，漫长人生路能得一人师，夫复何求？

其次，还要感谢为我的研究提供灵感的各个领域的吉登斯研究专家。在研究过程中，我参阅了包括北京大学王铭铭教授、中山大学郭忠华教授以及中国农业大学赵旭东教授等诸位专家对吉登斯所做的各个角度的研究成果，这些研究成果使我醍醐灌顶、受益匪浅。王铭铭教授早在20世纪90年代就已经组织翻译了《社会的构成：历史唯物主义研究大纲》《民族—国家与暴力》等吉登斯的代表性著作；中山大学郭忠华教授对吉登斯的著作进行长期跟踪研究，不但组织翻译了吉登斯诸多著作，而且写就了许多有关吉登斯研究论文以及与吉登斯交往相处的诸多细节，从而使我能更形象直观地把握吉登斯的相关思想；费孝通先生的关门弟子赵旭东教授则在2017年出版《结构与再生产——吉登斯的社会理论》等著作来专门研究吉登斯的社会学思想；历史唯物主义研究重镇——天津师范大学学术大家庞卓恒先生的相关研究成果，以及庞先生的弟子张凡专门研究吉登斯历史唯物主义研究的硕士论文《吉登斯社会历史理论批判——评吉登斯“批判唯物史观”三部曲》都给我带来诸多的启发。从一定意义上讲，我的研究是建立在这些专家学者的研究成果基础之上的，我要向诸位吉登斯研究的先贤致敬，没有你们的研究前提，我对吉登斯历史唯物主义研究的诠解就会流于偏颇，甚至挂一漏万。德国著名诗人海涅认为“罗伯斯庇尔只不过是卢梭的手”，经济学家凯恩斯认为“务实主义者是一些已故经济学家的奴隶”，我感恩吉登斯和各位专家留下来的绚烂思想，这些思想定能转化为撼动现实、改变思维的强大雄力。另外，感谢参加我答辩的各位专家，没有你们的宽容，我的一些观点可能就不能表达；没有你们的指点，我的研究定驻留在浅薄之见上。感谢山东大学博士后管理站的毕老师和李老师，李老师的热情大方、毕老师的内敛深沉给我留下深刻的印象；感谢山东大学马克思主义学院齐主任、盛老师和赵老师，是你们的帮助，使我规避很多的冗务，得以顺利完成本研究。

再次，特别需要感谢的还有泰山学院马克思主义学院的老师和诸位同仁，我毕业于老泰安师专政史系，我的精神种子是在老泰安师专播下的，没有老泰安师专诸位老师们对我这棵并不茁壮的幼苗的精心呵护，也就没有我后来的学术生命。感谢泰山学院马克思主义学院的诸位同仁，与你们的多年相处让我有了一种家的感觉。尤其感谢泰山学院提供的出版基金，特别感谢科研处李峰处长和顾立汉副处长以及各位审稿专家，感谢你们为不断提升泰山学院科研能力所做的各种努力，没有你们对这部书稿的肯定，本书的出版就会大大推后。另外，还需要特别感谢的是首都师范大学出版社的杨生平总编辑以及拙著的责任编辑罗菁女士。本书的出版之际正值新冠肺炎疫情肆虐之时，罗菁女士在山西老家对我的文稿进行了逐字逐句的仔细编辑，并提出了许多建设性意见，在此，向未曾谋面的认真负责的罗菁女士致以最崇高的敬意。

最后，感谢我的父母、妻子和儿子，感谢你们能尊重并理解我从小的性情，无暇于家务，又无暇于赚钱，从大学专科一路求学直至博士后，一直以来，你们与我一起乐道安贫，无怨无悔，特别是我的妻子马冬梅女士，从来没有因为经常“流窜”于各种旧书摊和经常花钱买书而责怪于我。你们是我灵魂的摆渡人，因为有你们，才使我非但没有溺亡在浩瀚无边的知识海洋，反而体验到了在知识海洋“浪遏飞舟”的快乐。

李聪
2020 年 10 月